KB199407

여자의 사랑

여자의 사랑

쥘 미슐레 지음 정진국 옮김

L'Amour 1859

글항아리

일러두기

· 이 책은 Jules Michelet, *L'amour*(1859)를 완역한 것으로, 1899년 칼망 레비 출판사 판을
  저본으로 삼았다.
· 본문 중 ( )는 원저자가 보충 설명한 것이며, 〔 〕는 옮긴이가 보충 설명한 것이다.

미슐레와 같은 시대를 살았던 조각가 바리아스는 생리학이 밝혀냈던
여자의 수수께끼를 상징적 입상으로 표현했다. 「과학 앞에 옷을 벗는
자연」이라는 제목을 붙였다. 보기 드물게 대리석에 채색을 가미하면서
작가는 여자의 젖가슴이 지니는 영원한 따뜻함을 강조한다.

「에로스와 프시케」는 고전 화가들이 즐겨 다루던 주제였다. 이 그림을 그린 화가
프랑수아 제라르는 미슐레와 마찬가지로 나폴레옹 시대에 활동했다. 사실성보다는
신비주의를 앞세우고 있지만 여자의 마음을 사로잡으려는 에로스의 조심스런 몸짓이
두드러진다. 바로 미슐레가 강조하는 접근법이다.

베네치아 화파의 거장 티치아노는 아름다운 여인상을 많이 그린 것으로 유명하다.
미슐레는 티치아노가 그린 혈색 좋은 여자의 이미지에 감탄하곤 했다. 화가는 에로스와
베누스를 핑계 삼아 아기를 낳고 나서 더욱 건강하고 아름다워지는 여자의 비밀을 폭로한다.

이탈리아 르네상스 초창기의 수도원장 프라 안젤리코는 근엄한 수도원 공간을 아름다운 여인과 천사들의 공간으로 장식했다. 가톨릭에서 종교적 비의로 해석한 「수태고지」의 신비는 현대 생리학자들과 그들을 사랑한 아내들의 헌신으로 수태의 자연법칙이 발견되면서 상당히 시들해졌다. 그러나 성스런 수태를 기다리고 염원하는 여자의 마음은, 이 그림에서 보듯이 동정녀의 놀라움과 겸허함을 보이는 착잡한 태도에서 훌륭하게 반영된다.

르네상스의 거장 라파엘로는 지극히 순결하고 이상적인 성모를 그렸다고 평가된다.
천상의 아름다움을 간직한 성모라고 해도 손에서 책을 놓치지 않는 법이다. 하느님의
빛인 인간의 이성은 거저 얻을 수 있는 게 아니기 때문이다. 성모와 아기상은 인간을
인간답게 사랑으로 키우고 가르치는 어머니의 중요성을 성경의 우화를 빌려 표현한다.

네덜란드 인물화가 반 디크는 본문에서 여러 차례 말하듯이 우아하고 당당한
여인상을 즐겨 그렸다. 귀족의 부인이나 특권층 여성들의 지각없는 행동과 처신에
대한 미슐레의 비판도 아름답고, 가정과 세계의 중심이 되고 싶어하는 여성의 의욕
앞에서는 입을 닫는다.

프랑스 고전주의 화가 바토는 물가에서 발을 씻는 요정을 그리면서, 활짝 피어난 완숙한 숙녀의 눈부신 육체를 자연의 중심에 놓았다. 나무와 시내, 구름과 바람은 약간 자기도취에 빠진 듯한 자세로 몸을 기울인 그녀가 세상을 유혹하는 영원한 존재임을 암시한다.

17세기 네덜란드 화가 로이스달의 이 폭풍이 불어 닥치는 해변 풍경은 미슐레가 루브르에서 보고서 깊은 감명을 받았던 작품이다. 우리 열정을 빗댄 것 같다고 느꼈기 때문이다. 눈앞에 들이닥친 격랑은 금세 우리의 모든 것을 삼킬 듯하지만, 조금 눈길을 돌려 멀리 본다면 맑고 한없이 청정한 하늘이 기다리고 있다.

19세기 당시 프랑스의 농촌생활은 특별히 고되고 힘겨운 것이었다. 여자들은 농촌에서 남자와 마찬가지로 쉴 틈 없는 밭일과 가사에 시달렸다. 많은 농촌 소녀들이 대도시를 찾아 떠났고, 또 그곳에서 쉽게 불행해지곤 했다. 바스티앵 르파주는 잠시 들에서 넋을 놓은 듯 한숨 돌리는 시골 색시를 그렸다.

카롤뤼스 뒤랑의 「장갑 낀 여인」이다. 바로 『여자의 사랑』이 집필되던 당시
전형적인 부르주아 여인의 외출복 차림을 보여준다. 아내를 모델로 삼은 이 초상에서,
머리와 장신구를 가꾼 주인공의 여성적인 매력에 대한 자의식이 뚜렷하게 느껴진다.
어느 나라보다 상속법의 덕을 본 여성들이 가정에서 강한 발언권을 갖고 또 그 부작용도
많았던 프랑스에서, 자부심에 넘치는 당시 주부의 일면을 엿볼 수 있다.

차례

제2부 하나가 되는 길

제5부 다시 젊게 찾아오는 사랑

오랫동안 무시와 오해를 받으며 불순하다는 딱지가 붙은 여자라는 이 존재는
사실상 자연의 성자들 가운데 가장 성스럽다는 비밀이 밝혀졌습니다.

1. 사랑은 드라마가 아닙니다

이 책의 목적과 의미, 그리고 범위를 모두 드러내는 제목을 붙여봅시다. 진실한 사랑을 통한 정신의 해방 아니겠습니까?

어마어마하고도 모호한 사랑의 문제가 우리 생활 깊숙이 자리 잡고 있습니다. 이 문제는 곧 우리 삶의 일차적 토대입니다. 가족은 사랑에 기대고, 사회는 가족에 기댑니다. 결국 사랑이 모든 것에 우선합니다.

사람이 모여 사는 곳마다 풍습은 제각각입니다. 자유란 노예 풍습이 유지되는 한 빈말에 불과합니다.

우리는 이상을 찾습니다. 하지만 오늘날 실현할 수 있는 이상입니다. 언제가 최상의 사회에서 실현되리라 기대하는 그런 것이 아닙니다. 다른 어떤 것보다 우선, 가족의 사랑이 완전히 새로워져야 합니다.

빤한 사실이 있습니다. 지적 · 물질적 진보가 넘치는 마당에, 도덕심은 땅에 떨어지고 있습니다. 모든 것이 앞서나가고 발전하는데 정신만은 퇴화합니다.

지상 어디에나 거미줄 같은 전선이 세상을 덮고 보편적 사고를 모으고, 마침내 세상을 밝힐 만한 위엄을 뿜내며 퍼지고 있을 때, 도대체 우리가 이런 세상에 어떤 정신을 주입해야겠습니까? 모든 것을 기다리고나 있는 이 늙은 유럽이 온 세상에 빈곤한 정신이나 전한다면 어떻게 되겠습니까?

유럽은 늙었지만 젊기도 합니다. 부패에 맞서 젊은 기운을 차리는 재주가 있습니다. 유럽은 스스로 변하면서 세상을 바꿔왔습니다. 유럽만이 앞을 보고 예상할 줄 알았습니다. 유럽이 의지를 버리지 않는 한, 모든 것을 다시 한 번 구할 수 있습니다.

그런데 요즘 의지라는 것이 깊이 변질되고 있습니다. 그 원인은 여러 가지입니다. 우선 뇌를 두드리고 또 무르게 하면서, 우리의 정신력을 마비시키려는 정신적 · 생리적 원인부터 들어봅시다.

지난 한 세기 동안 알코올과 중독성을 띤 것들이 감당할 수 없을 정도로 널리 퍼졌습니다—사람마다 결과는 다양하지만. 이것들은 정신을 흐리게 하고 돌이킬 수 없게 야만 상태로 몰아넣었고, 신체를 뿌리째 갉아먹고 도처에 사람을 고립시켰으며, 가정에서도 한심한 고독을 즐기도록 하고 있습니다.

사회도 사랑도 가족도 필요 없습니다. 그 대신, 남자는 여자를 책임지지 않으면서(오리엔트의 일부다처제와 똑같이) 일부다처제라는 서글픈 재미를 보고 있습니다. 이런 생활은 끊임없는 변화 때문에 그만큼 파괴적이고 끝도 없으며, 자극적이고 신경질적입니다.

도시인은 점점 더 결혼하지 않습니다(공식적인 통계만 봐도 그렇습니다). 여자의 만혼도 그에 못지않게 심각합니다. 파리에서, 여성은 조숙한 데다 결혼 적령기도 일찍 찾아옵니다. 하지만 막상 결혼은 스물여섯 살이나 되어야 합니다. 결국 8년 내지 10년 동안 결혼을 기다리면서 딱한 모습으로, 별수 없이 심란하게 지냅니다. 결혼생활은 불안정하고, 또 거기에서 상대방을 고의적으로 유기하는 것에 대한 아무런 보완 장치가 없습니다.

사랑이란 여자에게 전쟁 같은 것일 뿐인 그런 야만 상태에서, 여자의 불행을 이용하고, 여자를 더럽히며, 이보다 심한 경우 굶주림에 방치하기도 합니다.

어느 시대에나 그 시대 특유의 큰 병이 있습니다. 13세기에 문둥병이 창궐했습니다. 14세기에 흑사병, 16세기에 매독, 19세기에 사고와 사랑을 지배하는 신경의 양극에서 그 병이 두드러집니다. 남자는 신경질적이고 둔감해진 두뇌에서 마비 증세를 보입니다. 여자는 자궁이 고통스런 원한에 사무칩니다. 이 세기는 자궁이 병든 시대입니다—다시 말해서 여자의 불행과

방기, 또 절망이 특징입니다. 그 결과 고통을 겪는 여자, 멍든 가슴을 품고 사는 여자는 병든 아이를 갖게 될 뿐입니다. 그 아기가 태어나더라도 항상 태어날 때의 짜증에 맞서, 필경 알코올과 최면적인 흥분에 의존하게 됩니다.

이런 남자가 불행히도 병든 여자에게서 자기 아이를 낳게 된다면 그 여자보다 증상이 더욱 심한 아이를 얻을 것입니다. 회복을 바라거나 근본적인 치료 대신 죽게 내버려두기도 합니다.

이 세기[19세기]에 들어서면서 우리는 사랑의 문제가 사회 토대에서 꿈틀대는 근본적인 문제라고 느끼게 되었습니다. 그것이 튼튼한 곳에서 모든 것은 강건하고 비옥합니다.

다른 많은 문제에서(예컨대 교육 같은) 생생한 광채를 발하는 유명한 이상주의자들이 사랑 문제에서만큼은 그다지 운이 없었습니다. 그들은 정신적 독립성을 거의 보여주지 못했습니다. 그들의 이론적 형식은 대담하지만, 당대의 풍습을 미적지근하게 건드렸을 뿐 결국 적지 않게 작금의 현실을 추인하는 꼴이 되었습니다. 그들은 일부다처제를 찾아내고 이 제도를 유토피아적 미래로 삼고 따랐습니다.

그들은 이 문제에서 가능한 한 실질적 법칙을 찾으려는 이렇다 할 정신적 탐구도 하지 않고서, 단지 역사나 자연사만 참조했습니다.

역사를 볼 때 인류는 신체적·정신적으로 강합니다. 그런데 이런 강인성은 바로 일부일처제 덕분입니다.

자연의 역사에서 우수한 동물들은 결혼생활을 하는 편입니다. 또 그렇지 않더라도 적어도 일시적으로나마 그렇게 하는 경향이 있습니다. 이런 경향이 그들을 우수하게 만드는 주요한 이유가 되곤 합니다.

사람들은, 동물의 사랑은 변화무쌍하며 그 분방한 쾌락을 자연스러운 것이라 여깁니다. 그런데 일정한 정착이 가능해지고 규칙적인 생활 수단이 자리 잡게 되면서, 동물들 간에도 일시적이나마 결혼이 성립됩니다. 이런 결혼은 새끼에 대한 사랑 때문만이 아니라 매우 실질적인 사랑 때문에 이루어집니다. 나는 이런 사실을 수없이 보았습니다. 특히 스위스에서 피리새 무리의 살림을 관찰했을 때, 암컷이 죽으면 절망에 빠진 나머지 수컷은 어린 새끼들을 죽게 내버려둡니다. 이는 분명 사랑 때문입니다. 그가 둥지를 지켜왔던 가장의 사랑과는 다른 것입니다. 그녀가 죽으면 모든 것이 끝입니다.

계절이 바뀌고 양식이 줄어들면 많은 종種은 일시적인 결혼을 파기할 수밖에 없습니다. 그렇게 함께 살던 짝들은 헤어질 수밖에 없고, 먹잇감을 찾아서 영역을 넓히려다보니 저녁에 둥지로 돌아올 수 없게 됩니다. 이렇게 의지와 상관없이 배가 고파 헤어집니다. 결혼의 정착생활에 쓰려고 만들어가던 살림살이는 중단·폐기되고 소용없어집니다.

그렇지 않다면 그들은 함께 남아 살았을 것입니다. 그들을 묶어주는 것이 쾌락만은 아닙니다. 새끼를 밴 암컷은 전혀 즐거움을 주지 않습니다. 사회생활, 공동생활의 진정한 본능은 매일 자기 곁에 자신의 것인 어린 새끼를 느끼는 즐거움입니다. 새끼가 자신을 알아보고 부르고 필요로 하며, 자신을 다른 어떤 종과 절대로 혼동하지 않으며(피리새나 꾀꼬리처럼), 오직 자신의 울음만 듣고 자주 걱정스레, 다정하게 외쳐 답합니다. 이를테면 아주 나직이(오직 자신만 들으려는 듯이) 한 마음에서 다른 마음으로 답하지요.

오늘날 우리는 마지못해 사랑의 문제로 돌아오곤 합니다. 천재적 문인들, 불멸의 소설 속의 주인공이나, 신랄하고 엄격한 이론과 웅변을 내세운 주인공들은 그 문제를 힘차게 흔들고 있습니다. 그럴 만한 이유가 있겠지만 나는 그런 책들을 검토하지 않으려 합니다. 나와 의견차가 너무나 크기 때문입니다. 감탄하고 공감하면서도, 그런 유의 어떤 책도 우리 문제의 근본을 충분히 꿰뚫어보지 못하고 있는 듯합니다.

그 문제의 생리적이며 도덕적인 두 면은 여전히 모호합니다.

알지도 못하고 지적할 엄두조차 나지 않는 논의가 계속됩니다. 사실이라는 절대적 권위를, 돌이킬 수 없이 단호하게 전해지는 문제를 대충 건너뛰고 있습니다.

여자는 사랑의 대상으로서 오랫동안 무시와 오해를 받은 근본적인 수수께끼였는데, 1827년부터 1847년까지 일련의 발견으로 그 정체를 드러냈습니다. 중세에 불순하다고 딱지를 붙인 이 신성한 존재가 사실상 자연의 성자들 가운데 가장 성스럽다는 사실을 알게 되었습니다.

여자의 합당한 여러 변화는 잘 알려져 있습니다. 그러나 그 확고부동한 성격은 그렇지 못했습니다. 이런 성격이 사랑의 결합과 결혼의 필연적인 지속성이 됩니다.

이런 것에 한마디하지 않고서야 어떻게 사랑을 이야기할 수 있겠습니까?

또 다른 근본 문제가 있습니다. 사랑은 사람들이 흔히 말하거나 그렇게 이해시키려 하듯이 한 편의 위기나 '드라마'가 아닙니다. 만약 사랑이 이런 것일 뿐이라면 우연한 사건으로도 그것을 주목할 만할 것입니다. 그렇다면 사랑은 우리가 가능한 한 값싸게 구하려드는 일시적이며 가벼운 증세 같은 것이겠지요.

하지만 다행히 사랑은(한 대상에 충실히 고정된 사랑을 전제로 할 때) 종종 길게 이어지는 것이고, 우리의 생명을 주고, 또 거듭나도록 자양을 주는 아주 색다른 열정입니다. 가령 갑작스레 변화하는 모습과 비극을 찾는 황당한 부류를 제외한다면, 사랑은 때로는 평생 동안 그 다양한 강도와 외적 변주에도 바탕은 변질되지 않은 채 똑같이 지속되는 듯합니다. 물론 그 불꽃은 변하기도 하고 오르락내리락하면서 형태와 색채가 달라지기도 합니다. 하지만 그 본질은 한결같음을 보여줍니다. 여자는 외모가 끝없이 변합니다. 한 여자에게 수천 가지 모습이 있습니다. 일반적으로 견고하고 끈질긴 습관이 바탕에 깔려 있지만, 사랑을 받으면 여자는 다시 젊어지고 변화하는 모습입니다.

세련되고 낭만적인 세계라는 예외가 아닌 대다수를 차지하는 일하는 사람의 정상적인 가정을 봅시다. 거기에서 여러분은 아내보다 일곱 살 내지 열 살 위의 남편이, 생활에 많이 얽매이고 우선 어린 동반자를 경험에서도 훨씬 압도하면서 마치 자기 딸처럼 사랑하는 것을 볼 수 있습니다. 물론 아내는 금세 그와 대등해지거나 그를 능가합니다. 즉 모성과 경제적 지혜는 남자 못지않게 그녀의 중요성을 더해주고, 누이처럼 사랑받게 합니다. 직장 일과 피로 때문에 남편은 곧 시들게 되지만, 건강하고 성실한 아내는 가정의 실질적인 수호천사로서 어머니처럼 사랑을 받습니다. 아내는 남편을 돌보고 그를 위해 대비합니다. 남편은 아내에 기대어 쉬고, 종종 어린애처럼 굴기도 하며, 그녀를 훌륭한 유모이자 확실한 보호자라고 느낍니다.

"소시민층에서" 남성이 여성보다 우위에 있다는 중대하고 심각한 문제가 어떻게 귀결되는지 봅시다. 매우 예민한 이 문제는 그것을 "당연시하는" 사람들이 문제입니다. 이것은 특히 나이의 문제입니다. 이 문제가 신혼 다음 날부터 아내가 어린 처녀일 경우 남편에게 유리하게 돌아가는 것을 알게 됩니다. 물론 아내에게 유리하도록 나중에 해결되기는 합니다. 토요일 저녁에 남편이 봉급을 가져오면, 아내는 일주일 동안〔유럽에서 지나 세기 자본주의 시장에서 임금은 주로 주급이었다. 아직도 일부 지역에 공공료 지급 등에서 이런 관행이 남아 있다〕아이의 식대를 떼어놓고, 남편에게 외식비로 돈을 남겨줍니다. 하지만 여자는 자기 자신은 잊어버립니다.

가령 사랑이 일시적인 변덕이라면, 유장하게 흐르는 루아르 강〔프랑스에서 대서양으로 흘러드는 가장 긴 강〕은 홍수라고나 해야 할지 모릅니다.

하지만 이 큰 강을 생각해봅시다. 이백 리를 흐르는 그토록 중첩되고 다양한 강은 마치 큰길이나 경작지의 관개수로와 환풍기처럼 수천 가지 영향을 줍니다. 그런 강을 잠시 극적으로 보이는 범람하는 때의 모습만으로 생각할 수 없는 노릇 아니겠습니까. 사실 부차적일 뿐인 그 일시적 사건은 잊어버리게 됩니다. 오히려 유익하고 비옥하면서도 시적인 감흥도 적지 않은, 거대한 물줄기에서 흘러나오는 규칙적인 생명의 서사시를 주목해봅시다.

사랑에서 극적 순간이 왜 흥미롭지 않겠습니까. 하지만 그런 불가분 거친 것일 수밖에 없는 순간은 우리가 목격할 수도 없고 또 어떻게 할 수도 없습니다. 그것은 가장 좁은 지점에서 볼 수 있듯이, 거품이 이는 사나운 격랑 같습니다. 강을 전체로서 또 줄곧 이어지는 물줄기로 보아야 합니다. 더 높은 상류에서 그것은 평화로운 시내였습니다. 하지만 더 먼 아래쪽 하류에서 그것은 거대하지만 차분한 하천이 됩니다.

사랑은 배우지 못할 것이 전혀 없는 능력입니다. 자연의 다른 모든 힘과 마찬가지로 사랑 또한 의지와 기술에 달려 있습니다. 사람들이 뭐라고 하든, 그것은 환경과 외적 상황과 습관에 따라 매우 쉽게 싹트고 또 교정됩니다.

나이가 많고, 더 많이 앞서 있고, 더 깨인 남자가 어떤 식으로 젊은 여자를 주도하겠습니까?

성숙하고, 우아함과 힘이 절정에 달한 여자가 어떻게 남자의 마음을 고쳐먹게 하고, 그의 피로를 덜어주고 다시 젊어지게 하며, 생활과 직장에서 불행을 박차도록 활기를 불어넣어주겠습니까?

남자가 여자를, 또 여자가 남자를 어떻게 지배합니까?

이런 것은 과학이자 예술입니다. 우리는 이에 대해 기본적인 문제나 제기합시다. 다른 이들이 심화시킬 테니까요.

이와 같은 것을 요약해본다면 다음과 같습니다.

우리는 아직도 사랑을 그저 배울 것이 없는 점에서만 생각하고 있습니다.

자연의 역사를 볼 때 사랑에는 불가피하고 심오한 운명적인 면이 있습니다. 그 정신적 발전에 무한히 영향을 주는 면인데 이것이 무시되었습니다.

사랑에는 자유로운 의지가 작용하는 면이 있습니다. 정신적 기술[윤리 또는 도덕]이 거기에 작용하는데도 이 역시 무시되었습니다. 이 책은 처음으로 이런 두 가지 맹점을 채워보려 합니다.

2. 사랑의 자매, 죽음

사랑의 운명적이고 변함없는 면이 밝혀지지 않은 만큼, 우리는 사랑의 자유와 그 개별적이고 다양한 자발성이 어디에서 시작하는지 정확히 몰랐습니다. 여자는 수수께끼였습니다. 이런 식의 말만 끝없이 늘어놓거나, 그에 동의하기도 하고 반대하기도 했습니다.

이런 주장을 펴는 사람들 가운데 누군가 나서서 논지를 분명히 했습니다. 즉, 사랑에 대해 많이 아는 그 사람은 사랑의 자매가 있다고 했습니다. 즉, 죽음이 그 자매입니다.

이 두 힘은 겉으로는 맞서고 서로 어울리지 못하는 듯합니다. 서로 싸우기는 하지만 그 힘은 똑같습니다. 사랑은 죽음을 죽이지 않고, 죽음도 사랑을 죽이지 않습니다. 그 바탕에서 둘은 놀랍게도 서로를 잘 이해합니다. 각각이 그 상대방을 해명합니다.

여기서(여전히 목숨이 붙어 있는 상태로) 죽음이 필요했다는 점을 주목해둡시다. 갑작스럽고 잔인한 모습의 격렬한 죽음 말입니다. 바로 이런 죽음이 우리에게 가르쳐주는 것이 많습니다. 사형수들은 소화의 비밀을 밝혀주었습니다. 자살한 여자들은 육체적 사랑과 생식의 비밀을 밝혀주었습니다.

폭력적인 죽음과 자살이 끊이지 않고 벌어지는 자리를 찾아가봅시다. 모든 연령의 수많은 여자가 본능의 자극을 받는 생리 중이었거나, 자기 아기와 함께 죽으려는 임산부들, 또 사랑에 좌절한 딱하기 그지없는 꽃다운 처녀들을 볼 수 있습니다.

파리 시에서 정확히 얼마나 되는지 알 수 없습니다. 그러나 자택에서 사망하지 않은 무연고 시신들을 안치한 파리의 시체공시소에서, 연간 50구俱를 수용합니다. 그러니 10년이면 오백 명 아닙니까! 극도로 공포에 질리고 본능적으로 망설였을 여자들을 생각해본다면 엄청난 숫자입니다.

여자들은 연중 어느 달에 가장 많이 이렇듯 험하게 죽었을까요? 잔인하게 버림받았다고 느끼게 되는 화창한 달이고 여자가 사랑하는 꽃피는 달입니다. 요컨대 사랑과 성적 교제는 겨울축제와 그에 이은 환락의 파티에서 남자가 우선 찾기 마련이 기 때문입니다. 그러다보니 여자들은 꽃피는 계절에, 다시 젊어진 자연과 해와 봄의 자연스런 영향을 받게 됩니다. 여자들은 뼈아픈 고독과 위로받지 못하는 불행을 견뎌보지만, 결국 죽는 편이 더 낫겠다고 생각합니다.

통계 수치로써 이런 것을 이해할 수는 없습니다. 이렇게 죽은 여자들 대부분은 미친년 소리를 들으며 사랑으로 격앙된 상태에서 죽어갑니다.

금세기가 시작하면서 과학은 거대한 발견에 돌입했습니다. 주프루아 생틸레르, 세르 두 사람은 '배태발육학'을 개척했습니다. 바에르(1827)는 난자의 성장을 연구하기 시작했고, 네그리에와 코스트가 그 뒤를 따랐습니다. 1842년 루앙에서 푸쉐가 이 모든 것을 정식화하고서 천재적인 책자로 대담하고 위대한 미래의 초석을 삼았습니다.

하등 포유류에 대한 연구는 거의 없었고, 여자에 대한 연구도 마찬가지였습니다. 천재적이고 박식한 코스트와 그 유능한 조수 제르브(해부학 실습을 도운)는 모든 진실을 보는 영광과 행복을 누렸습니다.

10여 년간(난자학 교수직이 개설되고부터 이 발견을 완성시킨 비할 데 없는 지도가 출간될 때까지), 두 사람은 몇몇 여성이 죽음으로써 사랑과 고통에 대한 일급의 수수께끼를 전해주는 것을 관찰했습니다.

～

그런데 더욱 중요한 것이 있습니다. 다른 소재에서 나온 사실들(루카스)로 다음과 같은 것이 입증되기 시작했습니다. 즉 남자는 가볍게 사랑으로 한 몸이 되지만, 여자는 그와 다르게, 그 행위를 우리가 믿기 어려울 정도로 심각하고 결정적으로 여긴다는 사실입니다. 그녀는 자신의 모든 것을 줄 뿐만 아니라 이는 돌이킬 수 없는 일이기도 합니다. 하위 포유류에게서 볼 수 있는 현상을, 규칙성은 떨어지지만 아무튼 여자에게서도 볼 수 있습니다. 여자는 수태하면 계속 변합니다. 과부는 두 번째 남편의 아기를 낳을 때 번번이 첫 번째 남편을 닮은 아기를 낳곤 합니다.

이것은 그야말로 무서운 사실입니다. 이런 결과는 남자의 마음을 짓누릅니다. 아니 이게 무슨 조화란 말인가! 자연이 그를 (첫 번째 남편) 이렇게나 아낀단 말인가? 그를 이어 그녀를 지배하는 두 번째 남편은 더욱 유리해지고, 고통을 떠안은 이 나약한 여자에 맞설 무기를 얻은 셈 아닙니까! 이렇게 곱절로 유리한 만큼 여자를 얼마나 따뜻하고 부드럽게 대하고 보호해야겠습니까!

여자는 이런 생명의 썰물과 밀물, 그토록 고통스레 인종하는

34

심오한 갱신으로 사실 부드럽게 달라질 수 있습니다. 당신이 여자를 사랑하게 되자마자, 그녀를 안아주자마자, 나쁜 영향을 막아주자마자 벌어지는 일입니다. 여자의 모든 광기는 남자의 어리석음에서 시작됩니다.

삶과 사고思考의 위대한 움직임은 얼마나 놀랍도록 규칙적이며 깊게 어울리는지 모릅니다! 세부는 복잡하고 모든 것이 우연처럼 보입니다. 하지만 한발 물러서서 바라보면, 서로 무시하고 무관해 보이는 완전히 다양한 작은 부분들이 놀라 자빠질 정도로 감탄을 자아내면서, 영원한 시를 빚어내며 서로 어울리고 조화를 이루는 특별한 관계를 보입니다.

지난 이십 년간 여자의 생리적 의존은 과학적으로 확실하게 입증되었습니다. 또 여자의 자유로운 개성은 문학에서도 강하게 발휘되었습니다. 고통을 겪을 수밖에 없게 한 이 자연의 법칙에서, 그녀를 고생하게 만든 그 법칙에 그녀는 이렇게 답합니다.

"아냐, 내게도 인간의 정신이 있어!"

이렇게 그녀는 운명과 인격에서 깨어 있습니다. 우리가 그녀를 염려하는 것 못지않게, 다른 한편으로 존경과 감탄을 자아냅니다. 이런 양면성이 우리에게 예기치 못한 행복으로 가는 길을, 깊어질수록 더욱 넓어지는 행복과 사랑의 전망을 터줍니다.

그녀를 활짝 피워준 젊은 힘을 누가 부인하겠습니까? 금세기의 위대한 산문가는 조르주 상드[프랑스의 사실주의 소설가]라는 여성입니다. 또 가장 열정적인 시인도 마담 발모르라는 여성입니다. 또 이 시대의 여성이 쓴 책 가운데 대성공을 거둔 것은 소설책으로, 스토우 부인[톰 아저씨의 오두막을 지은 미국의 소설가]이 썼습니다. 모든 나라 언어로 번역되고, 지구촌 어디에서나 읽히는 그녀의 소설은 자유의 전도자가 되었습니다.

여성의 첫 번째 발언[여성의 보편적이며 본격적인 문학활동이 19세기에야 시작된 셈이라는 점에서]이 저항의 목소리로 들려, 이 가엾은 환자가 깨어나는 고통스런 외침을 오해할 수도 있지 않겠습니까? 여자를 돌봐주고 사랑합시다. 아니, 자존심이 제아무리 강한 여자라도 진실한 사랑의 순간을 위해서라면 세상의 영광을 쉽게 내놓지 않습니까! 여자가 영원히 꺼지지 않는 불꽃같은 글로 쓰고 싶어하는 책, 그런 단 한 권의 책은 남자의 마음입니다.

요란한 문학적 표현은 있는 그대로의 현실적 변화를 크게 과장해왔습니다. 그와 같은 요란한 변화는 모두 피상적입니다. 여자는 있는 그대로일 뿐입니다. 최근의 과학은 여자를 이렇게 설명합니다. 즉, 여자란 사랑의 상처를 입은 타격으로 항상 몸속에서 피를 흘리게 되고, 그것을 고통으로써 해소하며, 누군가에게 기대기를 좋아한다고 합니다. 그녀가 세상에서 더럽혀지지 않고 혼자 있는 곳 어디에서나, 여자는 자신에게 매우 공격적인 우리의 관습에 순응합니다. 남자의 거친 욕심을 누그러뜨려가며, 계발하고 고상하게 하는 온순한 존재입니다.

여자와 아이는 귀중한 매혹이자 은총입니다. 남자는 일을 하느라 뻣뻣해지고 거칠어집니다. 여자가 얽매인 일은 자연의 과업입니다. 그것은 그 연약함과 아픔으로 여자를 부드럽고 시적으로 만듭니다.

코레조[16세기 이탈리아 르네상스 회화의 거장]는 항상(성에 차지 않는다는 듯 지칠 줄도 모르고) 갓난아기들을 그렸습니다. 바로 젖을 막 뗀, 생리적·필수적 생활이 막 지나고 처음으로 조금 자유롭게 된 무렵의 아기들입니다. 이런 자유는 형언하기 어려운 귀여운 모습의 움직임으로 드러납니다. 아기가 좋아하는 까닭은 자유를 느끼고 아낌없이 사랑받고 있다고 느끼기 때문입니다. 아기도 자신이 원하는 모든 것을 할 수 있으며, 항상 그런 사랑을 받을 것이라고 본능적으로 알기 때문입니다. 아기 엄마 또한 애정에 감탄할 만한 모습이 됩니다.

"정말, 생기 넘치네! 얼마나 튼튼한지… 나를 넘어뜨릴 수도 있겠어!"

바로 이런 감탄을 터트리지 않습니까. 그녀는 행복해하고, 아기의 저항과 깜찍한 반항에 감탄할 뿐입니다. 그런데 아기가 엄마만큼 엄마를 사랑할까요? 엄마는 그렇지 않다는 것을 잘 알고 있습니다. 가령 엄마가 조금 화난 듯하면 아기는 그녀의 품에 안겨버립니다.

여자가 처음 여성으로서 피어날 때, 그녀는 어머니가 아기 대하듯 남자를 대하지 않았겠습니까?

여자는 오랫동안 벙어리처럼 아무 말도 하지 않았습니다.

인도 연극에서, 아름다운 여자의 입에서 한마디도 듣지 못한 애인은 슬퍼하지 않았습니까? 그를 사랑하는 줄 어떻게 알겠습니까? 그녀는 인간입니까, 물건입니까?

"당신이 사랑한다는 이유로 절대 입을 열지 않는다고? 하느님, 제가 어떻게 해야 알 수 있나이까…"

이런 침묵에 동의하는지 못 하는지 알 수 없고, 생각을 깊이 숨기는 것은 사실상 별거나 다름없습니다. 이런 것이 바로 그토록 자주 묘사되는, 루크레티우스[라틴 철학자]가 격정이라고 했던 것, 쾌락을 즐기면서도 절망을 느끼게 되는 슬픔의 원인입니다.

그러다가 마침내 그녀가 말을 합니다. 얼마나 다행입니까! 그녀가 사람이었으니! 그녀가 갇혀 있던 어둠에서 자유로워졌다는 뜻입니다. 그녀는 미워할 수도 있지만… 차라리 괜찮습니다. 사랑할 수도 있다는 뜻이니까요. 나는 그런 여자를 원했으니까요. 이렇게 생생하고 강하게 처음 터져나온 말에 나는 매혹되고, 격정도 사라졌습니다. 아름다운 클리메네[바다의 요정으로 프로메테우스의 어머니]의 말을 들어봅시다. 하느님은 당신과 했던 맹세를 지켜주었습니다. 상처를 주신다 해도 좋아할 지경입니다! 하지만 아이고, 여자는 이미 상처를 받았습니다. 엄한 자연은 항상 우리가 상처받은 사람이기를 원합니다. 그래서 항상 나을 기회를 갖도록 말입니다.

솔직히 말해서 남자들끼리(여자들한테 절대로 말하지 않는 것인데), 서로(여자를 두고) 다투고 비난하는 어리석은 꼴을 보여왔습니다. 결투는 완전히 웃기는 일입니다[19세기까지도 결투가 신사적 행위로 통했다].

여자들은 자신의 이름을 걸고 하는 호전적인 말을 할 줄 모릅니다. 여자들은 싸우는 법을 가르치는 동성 친구들이 없는 곳에서라면 어디서든 정답고 사랑받기만 바랍니다.

여자들은 그렇게 사랑받기를 극도로 바라는 법이고, 또 그러기 위해 아무것도 아끼지 않습니다. 마담 드 가스파랭은 부드러우면서도 엄격하며 신비스럽고 웅변적인 책에서, 여자의 행복은 복종하는 데에 있으며 또 그렇기 때문에 강한 남자를 바란다면서, 여자들은 지휘하는 사람을 좋아하고 단호한 지휘를 싫어하지 않는다고 했습니다.

이 마담은 예수의 제자를 따른다고 믿고 있으면서도, 젊은 활력으로 그를 훌쩍 뛰어넘고, 여자가 무기력하게 인종하는 것이 아니고 사랑을 적극적으로 추구하려 하며, 가능하다면 욕망과 깨우친 생각까지도 좇고 싶어하지만 말을 하지 않을 뿐이라고 했습니다. 단 한 가지, 사랑받는 대상으로서 무시받지만 않으면 된다고 했습니다.

이는 사실이며 또 심오한 진실입니다. 여자를 괴롭히는 것은 폭군 같은 남자가 아니라 냉담한 남자이며, 복종하기보다는 복종할 기회를 제대로 갖지 못한다는 것입니다. 바로 그런 것에 불만입니다.

어떤 장애도, 유별난 보호도 바라지 않습니다. 이런 것은 이 마담이 잘 지적했듯이, 부부 사이를 틀어지게 할 뿐이며 여자를 비참하게 합니다. 부부 사이에는 아무것도 가로막을 것이 없습니다. 여자는 나약하고 무방비 상태로 그에게 바짝 다가갑니다. 그를 위해 두근거리는 그 가슴만으로….

여자에게 싸움이란 이런 것입니다. 용감한 여자가 이길 것입니다. 이제 여자가 남자보다 더 우월하니, 열등하니 하고 누가 감히 논설을 펴겠습니까? 여자는 그 두 가지 면을 다 갖고 있습니다. 마치 땅 위에 하늘이 있듯이, 그녀에게 그가 그 모든 주변의 위와 아래에 있습니다. 남자는 여자 몸에서 태어납니다. 그녀가 우리를 살립니다. 우리는 그녀 속에 들어앉아 있었습니다. 우리는 그녀의 숨을 쉬고 있었고, 그녀는 대기요 우리의 핵심입니다.

3. 25년간 구상한 청년에게 줄 참사랑 이야기

25년간 세 차례, 깊은 사회적 요구에 반드시 답해보겠다며 이 책을 구상하는 동안 그 요구는 더욱 깊어졌습니다.

1836년 애당초 나는 쏟아져 나오는 문학의 밀물 앞에서 역사를 보여주려 했습니다. 한창 중세를 연구하던 중이었습니다. 하지만 필수적인 글조차 책으로 펴내지 못하고 있었습니다. 나는 그 기회에 중세의 여자들에 관해 몇 쪽을 썼지만, 그게 전부였습니다.

1844년에 역사와 철학 교수로서 나는 쑥스럽기는 하지만 젊은이들의 믿음을 샀고 많은 사람의 공감을 얻었습니다. 나는 많이 보고 배웠습니다. 나는 대중의 풍속도 알았습니다. 그러면서 사랑을 진지하게 다루는 책을 써야겠다고 마음먹게 되었습니다.

1849년에 우리 사회의 비극으로 사람들의 마음이 갈기갈기 찢어졌을 때[프롤레타리아 혁명의 여파], 세상의 공기는 끔찍하게 싸늘했습니다. 이때는 우리가 모든 피를 흘린 듯했습니다. 모든 생명이 즉시 소멸한 듯했던 이런 현상 앞에서, 나는 여전히 남아 있던 얼마 되지 않는 열기에나마 호소했습니다. 법에 호소하면서 나는 도덕의 혁신을 주장했고, 사랑과 가족을 맑게 해야 한다고 주장했습니다.

✤

　1844년이야말로 돌이켜봐야 합니다. 적어두었던 기록과 당시의 수많은 편지를 모으면서, 대중이 내게 보여준 특별한 믿음 덕분에 나는 정말이지 어떤 파벌도 모른 채 고립되고, 시대의 싸움 밖에서 나 자신의 생각에 갇혀 있다는 것을 알게 되었습니다.

　이런 고립은 꽤 불편했습니다. 우선 나는 고립을 자초할 만큼 시간이 없었습니다. 나는 근시처럼 벽에 부딪히고, 울타리에 걸려 넘어지곤 했습니다. 나는 연구에 몰두했지만 이미 잘 알려진 낡은 것을 개발했다고 착각하고 있었습니다. 그럼에도 나는 젊었습니다. 나 자신 내 글이나 강의보다 훨씬 나았습니다. 나는 도덕과 역사 수업을 하면서 여전히 맑은 정신을 쏟을 수 있었습니다. 때로 모호한 형태이긴 했지만 마음은 정말 단순했습니다. 그렇게 논쟁의 와중에도 정신은 평온했습니다.

　어떻게 이렇게 되었을까요? 내 시간에 쫓기다보니 나는 사람들을 잘 몰랐습니다(책도 거의 몰랐고). 하지만 나는 아무도 미워하지 않았습니다. 나는 어떤 사고思考에 사고로 대응하는 습관에 젖어 있었습니다.

✤

　이런 내 모습에 대중은 놀랐습니다. 대중은 이렇게 세상을 모르는 인간을 본 적이 없었으니까요. 거리에서 일어나는 것을 전혀 모르고 있다니 말입니다.

널리 퍼진 격식이나 흔한 해법조차 몰라 거기에 대응하지도 못했기에, 나는 나 자신에게서 끌어내고 항상 내 속에서 파내야만 했습니다. 또 달리 줄 것도 없었기에 나 자신의 생활을 바쳐야 했습니다.

그들은 그렇게 원했고 또 응했습니다. 많은 사람이 내게 자신들을 드러내주었고, 숨은 상처를 당당히 보여주었습니다. 피멍이 든 가슴도 열어 보였습니다. 이 세상의 황당한 헛소리를 항상 의심하며 닫혀 있던 남자들도 어렵지 않게 마음을 열었습니다(나는 절대로 웃지 않았습니다). 화려하고 세속적인 부인들은 그만큼 불행하기도 했습니다. 경건하고 꼼꼼하며 근엄한 그녀들은 물론이고, 수녀들조차 체면과 여론 등 쓸데없는 장벽을 허물었습니다. 병들었을 때 그렇게 하듯이. 이상하지만 대단히 소중하고 감동적인 서신들을 받았습니다. 내가 소중히 간직하고 있는 그녀들의 서신입니다.

나는 이 세상에 없었습니다. 세상이 내게 다가왔다고 하겠습니다. 나는 그렇게 큰 빛을 보았습니다. 우리 본능의 비밀, 내가 결코 모르던 그것이 갑자기 모습을 드러냈습니다. 불과 몇 년 만에 더욱 많은 것을 알게 되었고, 이는 매일 저녁 살롱에서 보는 따분한 연극에서라면 절대 배울 수 없는 것이었을 듯합니다. 나는 마음 깊은 곳을 보고 배웠습니다. 그래도 그들의 호소에 답하자면 나 자신을 더욱 잘 알아볼 수밖에 없었습니다. 그럴 만한 수단과 힘을 찾아야 했습니다. 그토록 흔들리던 사람들을 하루가 멀다 하고 접촉하면서 태연자약했다고 자랑할 수 있기야 하겠습니까? 아무튼 이런 체험이 도움이 되었습니다. 내가 거기서 받은 인상, 사실적이고 뚜렷한 인상은 그들에게 때로 위안이 되기도 했습니다. 내게 공감한 사람들이 마음을 가라앉히기도 했습니다. 다른 수단이 없는 만큼, 나는 내 감정을 특별한 수법이 없는 기술처럼, 일종의 정신적 대증요법으로 다스리곤 했습니다.

내가 남자라는 것이 전혀 부끄럽지 않았습니다.

내가 알지도 못하는 시골 의사 한 사람은 내게 어느 날 편지를 보내왔습니다. 방금 약혼녀를 잃었다고. 일주일만 있으면 결혼할 예정이었다며, "절망에 빠져 있습니다"라고 했습니다. 그는 아무것도 원치 않았습니다. 부탁도 하지 않았습니다. 누군가에게 말하는 것밖에. 그는 진심으로 신뢰하는 사람에게 "나는 절망하고 있습니다!"라고 하고 싶었을 뿐입니다.

그러니 여기에 대고 무슨 말을 하겠습니까? 무슨 이야기를! 이런 끔찍한 곤경에 무슨 위로의 말을 찾을 수 있겠습니까? 그래도 급히 몇 자 적으려 했습니다. 최선을 다해보면서. 이런 편지를 쓰다보니 나는 너무 무용지물이라는 느낌이 들었습니다. 그 사람의 편지를 다시 읽어보면서, 가누기 어려운 심한 괴로움에 펜을 굴리지 못했습니다. 그것은 편지가 아니라 차라리 너무나 순진하고 잔인한 그 무엇이었습니다. 나는 눈을 들어 전체를 훑어보았습니다. 편지지가 젖었습니다〔눈물로〕. 나는 쓰던 편지를 지웠습니다. 읽을 수도 없게 돼버린 편지였지만 나는 거기에 서명을 하고서 그 사람에게 부쳤습니다.

⤬

이런 사람들에게 나는 작지만 내 마음을 주었습니다. 그러면 내가 무엇을 받겠습니까?

이른 아침에 여전히 집 안에 틀어박혀 일하고 있을 때, 어떤 청년이 황급히 문을 두드리고 들어섰습니다. 그는 이렇게 말했습니다.

"선생님, 이렇게 무례하게 찾아와 죄송합니다. 화를 내시지 않았으면 합니다. 소식을 전하러 왔습니다. 몇몇 카페, 유명한 술집 야외무도회장 주인들이 선생님의 가르침에 불평을 늘어놓고 있습니다. 자기들 업소의 손해가 막심하다면서요. 청년들은 진지한 대화를 하고 있고, 놀러다니던 습관을 버렸습니다. 그렇게 다른 것을 좋아하게 되었습니다. 무도회장은 폐업 위기에 처했습니다. 지금까지 학생들의 오락장으로 먹고살던 사람들이 도덕 혁명으로 위협받고 있다면서, 필경 망할 것이라 생각하고 있습니다."

나는 청년의 손을 잡고 이렇게 일렀습니다.

"자네가 전한 말대로 된다면 나는 승리를 선언해야겠지. 다른 성공 따위가 뭐 필요하겠나. 젊은이들이 고질적 습관을 버리고 자유를 구하는 날이 오는 것인데. 그렇게 된다면, 우리 교육이 내 인생의 영광이 될 테니 그것을 무덤까지 갖고 갈 걸세."

그는 떠났습니다. 혼자가 된 나는 다시 이렇게 중얼거렸습니다.
"그들에게 조만간 책을 선물해야겠어. 정신적 예속에서 벗어난 참다운 사랑의 책을."

그 무렵 나는 이 방대하고 심오한 주제가 얼마나 어렵고 큰지 의심조차 못 했습니다. 특히 나이에 따라 사랑이 달라지며 뜻밖에 독특하게 새로워진다는 것조차 까맣게 몰랐습니다. 나는 너무 과거에 압도되어 있었습니다. 역사가 나를 짓눌렀습니다. 그렇게 그때는 박식한 사람 행세나 할 뻔했습니다.
나는 내 나이를 벗어나고 싶었습니다. 또 바로 그것이 나를 벗어나도록 했습니다. 마음을 활짝 연 청년들은 믿음직하고 명석한 정신으로 내게 많은 것을 깨우쳐주었습니다. 그들은, 의식하지도 않고서, 이 책에서 차츰 드러나게 될 무궁무진한 사실의 보물을 상당 부분 내놓았습니다. 누구보다 내게 모든 것을 말해준 의사 친구들의 도움처럼 큰 것도 없습니다. 내게 우리 시대의 뛰어난 의사 친구들이 있었습니다. 10여 년간 나는 자연과학에서 정신적인 것의 미묘한 의미를 주목하던 탁월한 생리학자를 형제로 둔 셈이었습니다.

그 친구에게서 여러 문제에 대해 많은 것을 배웠지만, 특히 사랑에 관한 것이 결정적이었습니다.

천재적이고 매우 섬세한 이 친구 때문에 놀랐던 것은 그의 치밀하게 계산된 완벽한 가정생활 때문이었습니다. 그의 부인은 미모는 없었지만, 우아하고 순진하고 매력적이었습니다(알프스 자락의 사부아 지방 출신입니다). 그는 자기 생각과 연구와 발견을 결부시킬 수단을 찾아냈습니다.

그는 시험 도구를 올려놓을 시렁도, 실험실도 없이 자기 집 화롯가에서 그녀를 곁에 두고 일했습니다. 작고 편리하게 개조한 기계 장치를 개발하면서. 종종 복잡하고 또 규모가 커서, 집에서 멀리 떨어진 곳에서 그녀와 떨어져 하다보면 자칫 차분함을 잃게 되므로 집에서 연구하려 했습니다.

그런데 커다란 시련이 있었습니다. 이 부인은 어쩌다 여성병에 걸려 미쳐버렸고 또 한두 해 동안 헛소리를 했습니다. 그는 아내를 곁에서 지키며 그토록 산만하고 거친 환경 속에서 일을 계속했습니다.

그녀의 광기는 미미했지만 말을 많이 했습니다. 그녀는 깨어 있는 동안에도 꿈을 꾸었습니다. 불안한 우울증에 시달렸습니다. 그녀는 모든 대화에 자기 나름의 공상을 섞었고, 어떤 생각인지 조리 있게 따라가기 어렵게 했습니다. 그녀의 남편은 결코 인내심을 버리지 않았습니다. 어느 날 내가 그런 그에게 참 대단하다고 했습니다. 그러자 그는 이렇게 말했습니다.

"환자를 거칠게 다루는 요양원에서, 환자들의 사소한 언동에도 못 견뎌 하는 그런 곳에서라면 그녀는 정말로 미쳐버릴 걸세. 다시는 회복하기도 어렵겠지. 하지만 놀라지 않고 화내지 않도록 잘 돌봐준다면, 다정한 내 얼굴만 보면서 차분하고 똑똑히 해주는 말만 듣게 된다면, 그녀는 결국 다른 치료를 받지 않아도 낫게 될 거야."

사실 그의 이 말대로 되었습니다. 이보다 더 훌륭하고 모범적인 애정을 어디서 찾을 수 있겠습니까. 오직 장밋빛인 젊고 예쁜 애인에 대한 첫사랑에 들떠 있을 때, 청년들은 사랑도 하기 전에 "그녀를 위해 목숨을 바치겠노라"고 생각합니다. 알 수 없습니다. 목숨은 바치기 쉬울지 모르지만, 아무튼 한순간의 일입니다. 그러나 여러 해 지속되는 고문 같은 온갖 시련을 견디는 고집스런 애정과, 또 악몽에 사로잡힌 채 방황하고 병든 가엾은 사람을 교정하고 안심시키고 확고하게 붙잡아주는 꿋꿋한 힘은 강인한 사랑의 위대한 증거입니다.

내가 특히 놀란 것은, 그가 아내가 이해하지 못하는 것으로써 아내의 복종을 끌어낸 점입니다. 그때까지 그녀가 살아왔던 완전한 정신적 발전과 소통의 결과입니다. 심하게 허약해진 몸과 파탄에 빠진 정신이었지만 그녀 속에서 무언가 모든 것을 이기고 살아남아 있던 것, 마음에 들고 싶어하는 욕구와 결합, 한마디로 사랑이 있었습니다.

이런 사실과 또 다른 분석을 통해서 나는 생리학자들이 생활하는 운명적인 세계와 윤리학자들이 묶여 있는 비교적 자유로운 세계 사이에 "자발적 운명"이라고 할 복잡한 세계가 있다고 느꼈습니다. 다시 말해서 우선 자유로운 의사에 따른 습관이지만, 사랑을 통해서 다행스런 필연성이나 제2의 본능처럼 되는 세계 말입니다.

이것이 바로 사랑이 창조하는 커다란 과업입니다.

얼마 전에 이 문제를 다룬 한 유명 문인은 여자가 순종한다는 것은 그 타고난 열등성 때문에 그럴 것이라고 생각했습니다.

앞서 내가 말했던 마담은 여자는 열등하진 않지만 그래도 따른다고 했습니다. 동등하지만 복종한다고. 어떻게 이런 모순된 말이 공존할 수 있을까요? 그 부인의 설명은 부족했습니다. 그저 성경과 하느님의 은총이라는 기독교적 감정에 애매하게 의존했습니다.

49

각자 그것을 달리 생각하기 때문에 더욱 어려운 문제입니다.

남자가 연하의 여자를 지배하겠지만, 연상의 여자는 영향력이 아주 셉니다. 하지만 서로 실질적인 의견의 일치를 얻고 지속적인 관계가 보장되려면 그 마음이 하나가 될 신뢰가 필요할텐데, 바로 두 사람이 함께 갖고 있는 습관입니다.

이런 것을 이끄는 방법이 있습니다.

물질적 생활의 틀이 큰 몫을 합니다. 물질적이고 정신적인 모든 소통의 형식 말입니다. 허랑한 책들이 이미 더럽혀지지만 않았더라면, 나는 이것을 "사랑의 기술"이라고 하고 싶습니다.

나는 사랑의 기술을 철저하게 이해합니다. 시작은 아주 쉽겠지요. 하지만 이 기술은 본능[자연의 힘]을 돕는, 즉 사고와 나이, 또 죽을 때까지 한결같은 본능을 보조하는 이 기술을 나는 사랑의 회춘(5부를 보시오)이라고 하렵니다.

나는 "늙은" 여자라는 관념을 우리 머릿속에서 효과적으로 추방했다고 생각합니다. 여자들은 더는 늙지 않을 것입니다.

이 책의 집필 형식에 대해 잠시 언급해볼까요?

그 형식이란 별것 아닙니다. 진지하며 사실상 새로운 주제를 다루는 이 책에서, 다만 독자가(이 문제와 관련된 모든 사람) 문체에 너무 매달리지 않았으면 합니다. 그런 것은 바라지도 않았습니다.

문학적인 작업이 아니기 때문입니다. 나는 가능한 "달리고 헤엄치며, 기어오르고 날아오르며"(영국의 사상가 밀턴의 말을 인용해보았습니다), 여기까지 왔습니다. 때때로 나는 모든 사람에게, 대중에게, 또는 단 한 사람만을 염두에 두고 말하기도 했지만, 구술 형식을 전제로 삼았습니다.

그러려고 나는 내가 결혼시킨 한 쌍의 젊은 남녀를 상상의 인물로 내세웠습니다. 그들 삶에 나 또한 완전히 뛰어들어보는 것입니다.

그럼에도 이 책은 소설이 아닙니다. 소설을 쓸 재능도 없습니다. 게다가 소설체는 지나치게 개인적인 이야기를 하게 된다는 점이 불편합니다.

나는 익명으로 한 쌍의 연인 또는 부부를 가정했습니다.

이름을 붙인다면(루소의 '에밀'이나 '소피'처럼) 관념을 해칠지 모르겠기 때문입니다. 독자는 이 전기의 무용한 부분인 그 연출에 관심을 둘는지 모릅니다. 그러면 독자는 유용한 것과 내용을 잊게 됩니다. 그래서 나는 우리 시대의 사악함에 대해 말하려거나 내가 직접 심각한 사실을 지적하려 했을 때, 즉 나의 확신과 믿음을 털어놓고 싶은 강한 표현 욕구를 느꼈을 때, 이 한 쌍의 인물을 잠시 자유로이 활용하려 했습니다.

말하자면 이 책에서 번번이 다시 등장하는, 내가 만들어낸 청년은 실재하지 않는 것일까요? 그렇게 생각하지 않습니다. 그 확실한 증거는 내가 그에게 말을 하고 있다는 사실입니다.

4. 독신생활의 폐단과 가족의 힘

루브르 박물관 조각작품들 가운데 「안드로메다의 해방」을 본 적이 있으신지요.

이 군상은 많은 시련을 겪었습니다. 백오십 년간이나 베르사유 숲속에 있다가 야만스런 사람들에게 허옇게 긁히기도 했습니다. 세련된 맛을 잃어버리기도 했지요. 아무튼 원래 조각가 피에르 퓌제가 열정적으로 조각했던 그대로, 미묘하고 부드러우면서도 활달한 생기를 되찾기는 했습니다[이 작품을 지금은 「페르세우스와 안드로메다」라고 한다].

병든 자기 시대의 정신에 아픔을 겪었고 또 루이 14세의 노예선이라는 지옥을 보면서 살아야 했던 이 위대한 예술가는, 프로방스 출신으로서 평생 동안 불운한 죄수들을 조각했습니다. 마치 나무에 묶였다가 사자에게 잡아먹히는 밀론처럼 말입니다[이 작품도 현재 루브르에 소장되어 있다]. 처참하게 깨진 툴롱의 아틀라스 상들도 그런 것입니다. 가엾은 안드로메다도 마찬가지입니다.

페르세우스는 안드로메다를 집어삼키려 달려드는 괴물을 이제 막 죽인 참입니다. 형언하기 어렵게 환호할 만한 힘으로, 그는 단김에 맨손으로 처녀가 묶여 있던 쇠사슬을 끊었습니다. 죽은 듯 실신한 그녀는 제정신이 아닙니다. 누가 자신을 구해 주었는지도 모릅니다. 그 무거운 사슬에 묶여 마비되었던 그녀는 자신을 가눌 수도 없을 정도로 겁에 질려 있습니다. 더 이상 그렇게 겁먹을 수는 없을 거라고도 하겠지요. 이 완벽한 포기와 극단적으로 나약한 상태는 그녀를 구한 사람으로서는 훨씬 유리합니다. 결국 그녀는 죽지 않았기 때문입니다. 그 작은 심장은 고동치고 있는데, 그런데 누구를 위해서 그렇게 뛰고 있겠습니까?

빤하지 않겠습니까. 눈을 감고, 전신을 그에게 기대고 있습니다. 더욱 가까이 감격에 차서! 그 예쁜 입에서 이런 말이 튀어나옵니다.

"나를 잡아주세요, 받아주세요, 날 데려가주세요. 나는 당신 거예요, 나를 맡아주세요. 나를 드릴게요. 내 운명인지 몰라요, 당신 좋을 대로 하세요."

일견 부조리하지만(여전히 정념의 표시로서), 열정적이고 매혹적인 작품입니다. 작가는 안드로메다에 대한 우리의 연민을 부추기려고 성숙한 여인인데도 어린아이처럼 작게 표현했습니다. 그녀는 그 구원자와 다른 인종처럼 보입니다. 구원자는 키가 아주 헌칠한 청년으로서, 크다기보다 차라리 늘씬하며, 로마 퇴폐기에 등장하는 나약한 헤라클레스처럼 루이 14세 시대의 여성화한 통치기를 그려보게 합니다. 이런 모습에서는 결코 고대의 강인한 입상을 생각할 수조차 없습니다.

아무튼 이 훌륭한 사내는 자기 목적을 이루었습니다. 그는 사랑과 연민의 위대한 성과를 거두었습니다. 이 작품을 보는 사람마다 감동적으로 외치곤 합니다.

"아, 페르세우스는 복도 많지! 내가 저기로 달려가 소녀를 구했으면 얼마나 좋았겠어!"

여자를 구하는 행운! 나약한 본능에 얽매인 신체적 운명을 벗어나게 하고, 불행하게 간힌 곳에서 장벽을 허물어 끌어내고 들어올려, 그녀를 강하게 만들어 제 것으로 삼는다니! 그녀만 구원받는 것이 아니라 바로 그 구원자가 구원받는 것입니다.

이런 상호적인 구원은 물론 남자가 주도합니다. 그는 더욱 강합니다. 훨씬 건강합니다(그는 게다가 여자의 생리 같은 큰 병이 없습니다). 훌륭한 교육을 받았습니다. 법의 보호를 받습니다. 직업도 최상이고 수입도 넉넉합니다. 교통수단(배)도 갖고 있습니다. 병이 들면 다른 곳으로 배를 타고 옮겨갑니다. 가난한 안드로메다는 이런! 그 바위에 묶인 채로 죽어가야 합니다. 만약 그녀가 혼자 힘으로 능숙하게 그곳을 벗어난다면, 우리는 "바람둥이구면"이라고 할지 모릅니다.

하지만 페르세우스, 일단 당신 손으로 해방되면 그녀가 당신을 얼마나 많이 돕겠습니까! 셀 수도 없을 정도겠지요.

막일을 거들어줍니다. 가령 당신이 가정에서 행복하다면, 저녁 때 요란한 춤판이나 술독에 빠져 사랑을 찾아다니지 않을 것입니다.

나약함을 도와줍니다. 당신, 애늙은이 같은 남편은 살이 찌고 핏기도 없고, 이미 끝장을 본 듯 풀이 죽어 여자들의 비웃음을 사는 딱한 친구처럼 자신을 다스리지 못합니다. 진정한 사랑은 당신을 지켜주고 힘을 추스르게 합니다.

우울한 일을 돕습니다. 강하고 남자가 하는 일을 하는 사람은 일터로 나가면서 집 안에 사랑하는 마음을 남겨두고 나가며, 오직 그 가족 사람만을 생각하며, 그렇게 즐거운 마음에 온종일 즐겁습니다.

금전적으로 도와줍니다. 수학적으로 매우 정확한 메뉴를 받아듭니다. "한 사람 먹는 밥상에 젓가락 하나 더 얹으면 된다"는 식으로….

결혼하면 무한정 낭비하게 될까 두려워 독신으로 사는 사람들이 있습니다. 이런 사람들은 카페와 식당과 극장에서 낭비가 심합니다. 매일 피우는 하바나 시가[쿠바 제 명품 잎담배]만으로도 한 사람 몫을 낭비하게 됩니다.

왜 담배를 피웁니까? "잊으려고요"라고들 합니다. 이보다 더 고약한 것은 없습니다. "우리 인간이란 결코 잊을 줄 모릅니다." 나쁜 줄 모르고 있는 사람이 더 불행하지 않습니까! 그런 사람은 치료법을 찾지 않습니다. 잊고 사는 사람은 자신과 나라를 잃습니다. 사랑스럽고 믿음직한 사람과 가정을 꾸린다는 커다란 이점, 그 사람에게 모든 것을 털어놓을 수 있는, 그 사람과 함께 숨 쉬며 살 수 있다는 것, 그런 여자는 당신의 몽상과 망각을 막아줍니다. 아파하고 사랑하며, 생각하며 살아야 합니다. 이것이 진정한 인간생활입니다.

독신자라는 소리를 듣습니다. 그게 어떤 사람입니까? 알아보았지만 그런 신화적인 존재를 만나지 못했습니다. 나는 결혼한 사람들만 보았습니다. 물론 일시적으로 동거하는 사람들입니다. 은밀하고 수치스러워하면서 석 달 동안이나 일주일, 아니 몇 분일지도 모릅니다. [오늘날 프랑스를 비롯한 서구에서 동거를 수치스러워하지는 않는다. 되레 주민의 절반을 넘어서 더욱 증가 추세에 있다. 결혼의 법적 제약과 이혼의 분쟁이라는 구속을 피하고 싶어하기 때문이다. 이혼이 매우 어려운 가톨릭 사회라는 제도의 특별한 경직성과 보수성도 이런 세태를 부추겼다. 심지어 동성 간의 동거자도 사회보장을 받는다. 물론 법과 도덕과 풍습이 달라진 결과였다.] 이런 일시적 동거는 여자에게 불행이며 남자에게도 비용이 많이 듭니다. 많이 먹는 고래도 '담 오 카멜리아' [알렉상드르 뒤마 피스가 1848년에 발표한 동명 소설의 여주인공. 이성보다 열정으로 살며, 독신의 화류계 여자로서 많은 유력가를 유혹하는 실물을 모델로 삼았다. 이 소설은 베르디의 오페라 「라 트라비아타」를 비롯해 여러 편의 영화로 각색되었다] 같은 여자보다 훨씬 적게 듭니다.

만약 경쟁심을 부추기고 화장품에 돈을 쏟아 붓도록 하는 고약한 친구가 없는 여자라면, 결코 낭비하지 않습니다. 아내는 당신이 힘들게 번 것을 고이 절약할 것이고, 그래서 너무 잔금이 많이 남아돌아 계산이 틀린 것은 아닐까 걱정할 판입니다. "두 사람"이라고 하지 맙시다. "한 사람 몫이면 네 사람이" 살 수 있다고 합시다. 아내는 두 아이까지 거뜬히 먹일 것입니다.

　결혼이 예측을 할 수 있게 하는 합리적인 것일 때, 또 식구가 너무 빠르게 늘어나지 않는 한, 여자는 거추장스럽기는커녕 자연스러운 필수조건입니다. 영국인이 왜 그토록 쉽게 이민을 떠나며, 그것이 영국이라는 나라를 얼마나 이롭게 합니까? 아내가 그를 따라나서기 때문입니다. 숨 막히는 기후(인도처럼)만 제외하면, 영국 여자는 식민지 어느 곳에서라도 씨를 뿌립니다. 영국인이 조국의 힘과 위대성을 창조했던 것은 가족의 힘 덕분입니다.

　좋은 아내와 직업, 이 둘을 모두 가졌다면 그런 청년은 떠나든 머무르든 자유롭습니다.

　당신이 떠날 때, 최소한 잠시 떠나더라도(프랑스를 영원히 떠날 사람이 있을지 의문입니다), 사랑과 자유의 세계와 함께라면 든든할 것입니다. 당신은 바람이 불어오는 곳을 향해 "세상이 내 것"이라고 외칠 것입니다.

　당신이 못된 생활과 공허한 낭비에서 벗어난다면(사랑 덕분에), 근심에 찌든 딱한 백만장자의 웃음을 지을 수는 있지만 운명 앞에 비굴한 무리를 경멸하게 될 것입니다. 그러면서 말합니다. "쯧쯧, 보물을 찾아 뛰어다니며 헛고생 하시누만… 난 사랑하고 있습니다. 나는 내 보물을 찾았거든…."

　직업과 아내, 바로 가장 일차적인 자유의 조건입니다. 다른 것들은 그다음입니다.
　내가 직업이라고 한 것은 사치스런 예술이 아닙니다. 원한다면 일찍부터 한 가지쯤 예술을 즐겨도 좋을 것입니다. 그렇지만 우선 모든 사람에게 유용한 기술이 있어야 합니다. 여자를 사랑하고 부양하려는 사람이라면 예술과 기술 사이에서 정확한 선을 찾으면서 허송세월하며 자존심만 채우며 살 순 없기 때문입니다. 그 선은 현실에서 공상에 불과합니다. 깊은 바탕을 들여다보면, 대부분의 직업이 사실상 실질적인 예술로 뻗어나가고 있다고 보이지 않습니까? 제화공이나 재봉사는 조각가에 가깝습니다. 나 자신을 뭐라 하겠습니까? 자연[본능]을 느끼고, 모범으로 삼고 고쳐보고 하는 재단사로서, 고전 조각가의 세 가지 일을 하고 있다고 하겠습니다.

　이 모든 것을 생각해봅시다(당신이 대학생이든 젊은 일꾼이든 상관없이). 쉬는 날에, 당신의 인생을 멀리 내다보고 준비하며 정비하기 시작해봅시다. 이런 시간을 활용하고 또 우연히 이 책을 손에 쥐게 되었다면, 몇 줄 읽고서 상상을 좀 해봅시다. 이 책은 여러 결함이 있지만 특히 너무 간략한 것이 흠입니다. 나중에 언젠가 다른 사람들이 더 훌륭한 것을 내놓길 바랍니다.

이 책을 쓰는 사람이 이 일을 마치고 지하에 묻혀 누워 있을 때, 더욱 유능한 사람이 그 불완전한 초고에 어떤 장을 끄집어내 그것으로 풍부한 불멸의 대작을 만들어낼 수도 있을 것입니다. 하지만 같은 소재를(나든 그 누구든 마찬가지로, 사랑과 인간의 마음이라는) 다룰 수밖에 없을 테니까, 당신은 벌써 이 건조한 소재로 다시금 당신 자신의 책을 쓰고 있을지도 모릅니다.

일요일 저녁을 생각해봅시다. 극성맞은 친구들이 눈이 휘둥그레지면서 계단을 뛰어올라와 문을 두드리며 이런 말을 하지 않던가요.

"아니, 여태 뭐 하고 있어? 곰이야? 모두들 기다리잖아. 샤르트뢰즈, 쇼미에르, 릴라(당시의 유명한 춤판)로 갈 거야. 아망다, 엘로이즈, 잔느통도 같이 갈 건데."

그들에게 이렇게 답해봅시다.

"나중에… 아직 할 일이 남았거든."

만약 이렇게 답한다면, 내가 보장하겠습니다. 창가에 핀 옅은 꽃들 사이로, 파리의 안개 사이로 또 다른 꽃송이가 나타날 것이라고. 장래 색싯감의 가볍고 뿌연 이미지 말입니다.

그녀는 당신보다 조금 어리겠지요. 그녀는 열넷, 당신은 스물한 살? 그녀는 더 커야 합니다. 그녀는 어리기는 해도 당신이 그녀를 많이 생각한다면, 당신을 당신 어머니 아버지보다 더욱 잘 지켜줄 것입니다. 그녀는 어려도 엄격하기 때문입니다. 그녀는 당신의 무모한 정열을 허락하지 않을 것입니다. 그런 꿍꿍이를 품고 있다면 그녀는 이렇게 말하겠지요.

"안 돼, 오빠. 나를 위해 지금은 일이나 해."

나는 당신에게 이 매혹적인 이미지를 보호자요, 사부요, 가정교사이자 주인으로 삼으라 하겠습니다. 그 아이가 열여덟, 열아홉이 되면 서로 역할이 달라질 테니까. 결혼하면 그 아이는 당신 집으로 들어와 행복에 겨워할 것이고, 당신은 그렇게 가장이 됩니다.

그러면 하느님께 감사하게 될 것입니다. 하느님의 가호로 여자를 당신 것으로 만들었으니까. 신성한 모순의 기적인 여자를.

이 책에서는 가설이 아니라 사실로써 여자를 설명하려 합니다. 여자는 달라지고 또 달라지지 않기도 합니다. 여자는 변덕스럽고도 충실합니다. 여자는 끝없이 어둠과 밝은 은총 사이를 오가는 존재입니다. 당신이 아침에 사랑하던 여자가 밤에는 다른 사람이 되기도 하지 않습니까. 알사스의 한 수녀는 꾀꼬리 노래 소리를 듣느라 삼백 년 동안이나 자신을 까맣게 잊고 있었다는 전설이 있습니다. 그런데 누가 한 여자의 모든 변화를 주목하고 들을 줄 알 것이며, 그런 모습에 항상 놀라워하고 즐

남자는 여자 몸에서 태어납니다. 그녀가 우리를 살립니다. 우리는 그녀의 숨을 쉬고 있으며, 그녀는 대기요, 우리의 핵심입니다.

거워하거나 아파할 줄 알겠습니까. 지겨워하지도 않으면서….
오직 한 여자만이 천년만년 그를 차지할 것입니다.

　그런데 사랑의 힘은 여자에게 깊이 새겨진 혁신하는 힘과 행
운으로, 사랑하는 대상과 하나가 될 정도로 그를 파고듭니다.

　그렇게 해가 갈수록 여자는 여자다운 우아함을 보입니다. 하
지만 그 확고한 바탕에는 남자가 있습니다.

　만약 이 책을 믿고서 한 걸음씩 실천한다면, 당신은 자신의
본능에 충실하고 바깥의 영향에 휩쓸리지 않는 여자를 지키게
될 것입니다. 이 말 한마디만 더 하겠습니다.

　"권태로울까 걱정 말고. 여자는 끊임없이 변하니까. 그녀에
대한 믿음도 걱정 마시게. 여자는 변하지 않을 테니까."

제1부

사랑의 대상

"우리는 아직도 사랑을 그저 배울 것이 없는 점에서만 생각하고 있습니다. 자연의 역사를 볼 때 사랑에는 불가피하고 깊은 운명적인 면이 있습니다. 그 정신적 발전에 무한히 영향을 주는 면인데 이것이 무시되었습니다. 사랑에는 자유로운 의지가 작용하는 면이 있습니다. 정신적인 기술이 거기에 작용하는데도 이 역시 무시되었습니다. 이 책은 처음으로 이런 두 가지 맹점을 채워보려 합니다."

여자는 낮의 보상이고, 저녁의 포근함이며, 휴식입니다. 여자에게서만 남자는 망각을
찾습니다. 죽음처럼 깊은 망각 말입니다. 매일 다시 살아나는 죽음으로 그는 되살아납니다.

1
여자에 관하여

사랑의 대상으로서 여자는 매우 각별한 존재입니다. 척 보기에
남자와 달라 보이는 것 이상입니다. 반대로 다른 것 이상으로,
이 세상을 살맛나게 해주는 다정하고 조화로운 싸움을 하고 있
다는 점이 특이합니다.

　여자는 그 자신, 그 내부에서 상반된 성질로 갈등을 겪고 있
습니다.

　여자는 아름답고 시적이며, 활달한 직관과 예견에 따라 성장
하면서도 본능적으로 상당히 약하고 고통에 시달립니다. 매달
날아오르는 이 딱하고 귀한 수수께끼 같은 존재는 자연이 알려
주는 고통〔생리통〕을 힘겨운 위기로 겪으면서, 그 고통을 사랑
으로 수습합니다.

　여자는 전혀 우리(남자)처럼 하지 않습니다. 여자는 다르게
생각하고 말하며, 움직입니다. 여자의 취미는 남자의 취미와

다릅니다. 피도 우리처럼 흐르지 않습니다. 일순간에 폭우처럼 쏟아집니다. 여자는 숨도 우리처럼 쉬지 않습니다. 내장이 장차 부풀어 위로 올라갈 때에 대비해, 여자는 본능적으로 높은 쪽 늑골 네 개로 호흡합니다. 바로 이런 요구에서, 여자의 위대한 아름다움이 나옵니다. 부드럽게 굽이치는 가슴은 말없는 웅변 속에서 모든 감정을 표현합니다.

여자는 우리 남자처럼 먹지 않습니다. 양도 다르고 음식도 다릅니다. 왜 그럴까요? 우리처럼 소화하지 않기 때문입니다. 여자의 소화 작용은, 여자가 근본적으로 내장 깊은 곳을 좋아하기 때문에 매번 말썽을 일으킵니다. 그 깊고 둥근 사랑의 수반(골반이라고 하는)은 소화 기능의 규칙성에 반대되는 다양한 감정이 넘치는 바다이기 때문입니다.

이런 몸속의 차이는 또 다르게 놀라운 외면으로도 나타납니다. 여자는 별도의 언어를 갖고 있습니다.

곤충과 물고기는 말이 없습니다. 새는 노래합니다. 새는 말을 하고 싶어합니다. 남자는 명쾌하게 말합니다. 하지만 여자는, 남자의 말이나 새의 노래를 넘어서 완전히 마술적인 언어를 구사합니다. 그 말과 노래를 가로막는 말입니다. 즉 뜨거운 한숨과 탄식입니다.

헤아릴 수 없는 힘입니다. 여자가 어떤 것을 느끼자마자 그 심장은 즉시 두근댑니다. 그녀의 가슴은 높이 솟아올랐다 내려갔다, 다시 솟아오릅니다. 여자는 분명 말조차 할 수 없게 되지만, 바라는 모든 것을 얻게 됩니다. 우리가 알아서 굴복하니까. 남자의 어떤 잔소리가 여자의 침묵 같은 효과를 낼 수 있겠습니까?

여자는 보통 한 달에 일주일간 생리통이라는 고통을 겪습니다. 이것은
그 바탕에서 사랑이라는 드라마를 지어내는 내적인 상처가 아무는 과정입니다.
여자는 단지 환자일 뿐 아니라 상처받은 사람입니다.

2
여자는 환자입니다

그 깊은 바다 앞에 앉아 생각에 잠긴 채 나는 기슭에 닿는 물결을 그려봅니다. 처음에는 말이 없다가 예민하게 출렁이며 무섭게 솟아오르는 첫 번째 물결입니다. 나는 그 물마루에서 반짝이는 물결이 퍼트리는 전기에 감전되고 맙니다.

하지만 얼마나 넘치는 감정과 신앙심과 존경심으로, 그 부드럽고 미묘하게 드러내지 않다가 급기야 난폭하고 비통해지는 맨 처음 신호를 주목하곤 했습니까. 주기적으로 또 다른 커다란 바다의 조류와 역류를 예고하는 예민한 인상 말입니다! 바로 여자라는 대양大洋 말입니다!

그런데 그 표시는 너무 뚜렷해서 친한 사이가 아닌 사람의 눈에도 금세 드러나곤 합니다. 건강해 보이는 여자도(사실 그만큼 약하기도 하지만), 심각한 병에 걸린 듯이 폭풍처럼 노골적으로 끓어오르곤 합니다. 창백하고 치명적인 병에 걸린 또 다른 여자에게서, 그 속에 급류처럼 흐르는 파괴적인 움직임 같은 것이 감지됩니다. 대부분에게서 그다지 세지 않은 영향은 차라리 유익해 보입니다. 즉 여자는 그 영향으로 더 젊어지고 새로워집니다. 단, 고통이라는 대가를 치러야 하고, 기분을 이상하게 뒤흔들고 의지를 약하게 하는 정신적 불안을 감수해야 합니다. 이런 영향 때문에 그녀는 오래전부터 잘 알던 사람에게조차 완전히 다른 사람, 완전히 새로운 사람으로 보이기도 합니다.

그런데 몹시 천박한 여자에게도 시적 정서가 없진 않습니다. 이미 오래전부터 월경할 달의 중순에 들어서면서부터 여자에게 다가올 변화의 조짐이 두드러집니다. 물결은 이미 높아지기 시작합니다.

여자는 동요하거나 꿈에 젖어봅니다. 여자는 자신을 믿지 못합니다. 때로 눈물을 흘리기도 하고 한탄하기도 합니다. 그녀에게 대단히 조심해야 하고, 극히 다정하게 말해야 합니다. 돌봐주고, 감싸주고, 가능하다면 귀찮게 굴거나 그렇게 느끼지 않도록 해야 합니다. 이때는 대단히 상처받기 쉬운 상태이기 때문입니다. 여자는 자신 깊숙한 곳에 그녀 자신보다 더욱 강한 힘을 지니고 있습니다. 이는 마치 무시무시한 신神 같은 능력입니다. 또 전혀 예상치도 못한 특이하고 웅변적인 말을 던져 우리를 놀라게도 합니다. 하지만 이 모든 것을 지배하는 것은(그녀를 자극하는 야만적인 행동을 저지르지 않을 경우), 더욱 큰 온화함이자 심지어 사랑입니다. 뜨거운 피가 심장의 박동을 세차게 합니다.

"생리적이니까 그만큼 자연스럽고 운명적인 사랑일까?"

그렇기도 하고 그렇지 않기도 합니다. 만사는 구별되지 않고 뒤섞여 있으므로 모든 것이 수수께끼입니다.

여자는 사랑하고 아파하며, 사랑하는 사람의 손에 매달리고 싶어합니다. 그런데 바로 이것이 그 어떤 것보다 인류에게서 사랑을 강화하는 부부생활을 확고하게 합니다.

사람들은 아직 힘이 없는 아이들을 키우다보면 가정이 만들어진다고 합니다. 그렇습니다. 어린아이는 어머니에게 매달리지만, 남자는 우선 어머니 그녀 자신 때문에, 자신이 보호한다고 생각하는 여자와 또 그녀의 행복에 대한 애정으로 가정에 묶여 있습니다.

남자보다 더 높거나 낮게, 자연의 거추장스런 힘에 장악되어 수치스러워하면서도, 남자라면 절대로 갖지 못할 몽상과 예감과 뛰어난 직관력으로 고양된 여자는 남자를 언제나 매혹하고, 악의 없이 흘리며, 또 남자는 그렇게 매혹에 사로잡힙니다―바로 이것이 사회생활입니다.

그는 거역할 수 없는, 일종의 매력적인 독재자 같은 힘을 발휘하는 그녀 곁에서 꼼짝 못합니다. 항상 되풀이되는 이런 생리적 위기, 이런 사랑과 고통의 수수께끼가 매달 그를 그녀 곁에 붙들어놓습니다. 여자는 한마디로 그를 붙들어맵니다.

"내가 아플 때일수록 자기를 더 사랑하게 된단 말야!"

여자는 걱정에 넘쳐, 또 좋은 어머니로서의 관대함으로 보살필 여유가 없을 때, 자신이 마음대로 동원할 수 있는 착한 남편을 요구합니다. 이유야 어떻든 자신을 그에게 하소연하고 호소합니다. 그녀는 감동하고, 두려워하고, 냉정하고, 꿈을 꿉니다! 어떤 모습이 될지 어떻게 알겠습니까? 천둥이 오늘 저녁에 칠지 밤에 칠지. 이미 그녀는 그것을 느끼고 있고 자기 속에 그런 것이 있는 줄 알고 있습니다.

"여보, 제발, 손 좀 잡아줘… 마음이 놓이게.
– 나 일하러 가야 하잖아…
그럼 빨리 와… 오늘 나는 당신 없인 못 살아."

이런 말을 변덕스럽게 합니다. 하지만 사실 그렇습니다. 변덕을 부리는 듯 보여도 여자들은 자연의 힘에 완전히 복종합니다. 기후와 달의 때를 알면서, 결국 생리주기에 대한 날씨와 달의 작용을 알게 되면서 우리는 옛날의 예언 못지않게 그것을 더욱 확실히 미리 알 수 있습니다.

우리는 여자의 기분이 어떨지 거의 단김에 알아차립니다. 우울할지 즐거울지, 그녀의 생각과 욕망과 꿈이 언제 때맞춰 나타날지….

보통, 여자들은 자신이 기대는 사람에게 착하고 부드럽고 따뜻합니다. 여자의 짜증과 분통은 거의 언제나 아픈 데서 나옵니다. 하지만 그렇게 아파하고나 있다면 꽤나 어리석지 않겠습니까. 그러니 견디는 것 이상으로 아픔을 다스리기도 하고 함께 나누기도 해야 합니다.

그녀는 느긋하게, 이 우울한 때를 안타까워하면서, 종종 눈물로 용서를 바라며 당신의 목을 감싸 안고 이렇게 말합니다.

"자기 잘 알지… 내 탓이 아니라는 걸."

이것이 통과의례일까요? 절대 그렇지 않습니다. 여자가 과도한 일로 자신의 성性을 죽여버리지 않는 한(오래전부터 남자 몫을 해온 거친 프랑스 여성 농민처럼), 또 그녀가 여성으로서 사는 곳이면 어디에서나 여자는 일반적으로 한 달, 4주에 1주간 고통을 겪습니다.

이렇게 아픈 주간이 되기 바로 전 주부터 이미 고통이 시작됩니다. 이 고통스런 주간 다음의 8일 내지 10일간은 뭐라고 꼬집어 말하기 힘든 나른함과 무기력이 이어집니다. 이것은 그 바탕에서, 이 모든 드라마를 지어내는 내적인 상처가 아무는 과정입니다. 사실이 이런 만큼 28일 중에서 15일 내지 20일은(늘 그렇다고 해야 할 텐데), 여자는 단지 환자일 뿐만 아니라 상처받은 사람입니다. 여자는 끊임없이 사랑의 상처를 받습니다.

셰익스피어는 "동정심은 어린애 모습을 보인다"고 했습니다.

여자들은 그가 바른말을 했다고 할 것입니다. 어린애라는 말에서 여자들의 가슴은 활짝 열리고 부드러워집니다.

그렇지만 우리, 현실을 더 많이 알고 있는 남자들은 깡충대고 조심성 없으며, 수백 가지 자연의 혜택을 받고, 그 어린 성장력과 커나가는 힘에 넘치는 아이들은 아픔을 거의 못 느끼고 또 동정심의 절대적 상징도 아니라고 할지 모르겠습니다.

정말로 불행한 사람과 동정을 받을 그 참모습을 모른다는 말일까요?

겨울 어떤 달에, 종종 일시에 벌어지는, 경박하고 잔인한 군중 틈에서 불가분 웃고 있어야 하는 무도회 같은 시시콜콜한 사건을 치르면서도, 여자는 몸이 불편해 수심에 가득 차 초조해합니다.

이런! 그렇다면 그 어머니는 어디로 갔으며, 그녀를 돌보고 그녀를 위해 일하는 사랑하는 남자, 따뜻한 방 안 화롯가에서 저녁을 보내게 할 남자는 어디로 갔단 말입니까? 그가 아내를 이런 날 일찍 잠자리에 들게 하고 보살핀다면, 그녀는 나직한 목소리로 이렇게 답하지 않겠습니까?

"아이고 하느님, 내 마음을 자기한테 다 줄게. 당신, 내 남편 말야!"

3
여자는 일하지 말아야 합니다

종종 시작이 반인 줄을 잘 아는 진정한 일꾼들은 잦게 중단되는 일에서 결과가 신통치 않다는 것도 잘 압니다. 병적이고 자주 방해받는 여자는 매우 좋지 않은 일꾼입니다. 그 유동적인 체질, 그 존재의 바탕인 끊임없는 갱신 때문에 오랫동안 어떤 일에 진득하게 붙어 있기 어렵습니다. 여자를 온종일 앉아 있게 하는 것은 대단히 야만적입니다.

여자는 일에 거의 적합하지 않습니다. 건강이 좋을 때조차 그렇습니다. 그러니 남자가 가볍게 안겨준 거대한 '노동'인 임신 중에는 얼마나 그렇겠습니까! 임신하고 나서 처음 네 번째 달에 아기는 아직 둥둥 떠다니고 있을 것입니다. 요동치는 한 척의 배 속에서 옆으로 부딪치면서 움직이고, 다섯 번째 달(섭취기가 시작되는)에 아기는 자기 어머니로부터 양분을 빨아들이고 또 자신의 피를 봅니다. 그러다가 마침내 최소한 석 달 동

75

안은 아기의 발길질에 다친 가엾은 내장을 보강해야 하니, 대체 그녀가 무엇을 하길 바라겠습니까? 이 끔찍한 피로 끝에 그녀를 일터로 돌려보내야 합니까? 그녀가 자신의 최상의 것, 그 피와 골수와 생명을 주고 난 뒤에 말입니다.

경제인 등은 여자가 산업에 기여하는 것은 극히 예외적이며, 지표상에 거의 드러나지도 않을 만큼 미미한 부분이라고, 유럽 대륙에서 지도상의 작은 점 하나에 불과하다고들 하지 않습니까. 이들은 전 세계를 잊고 있지 않습니까!

어느 지역 어느 시대에도 여자는 가사에 종사해왔을 뿐입니다. 야만족에서도 약간의 농사나 텃밭 가꾸기 정도만을 할 뿐입니다(전사들이 큰 사냥 일로 분주한 동안).

이렇게 일을 조금, 거의 하지 않는 가운데 여자는 이 세상의 두 가지 보물을 만들어냅니다. 무엇입니까? 아기, 사내아이, 아름다움과 민족의 힘입니다. 무엇이 더 있습니까? 인간의 꽃입니다. 예술과 온정과 인류애라는 꽃, 즉 문명이라는 것입니다. 까마득한 시원부터 모든 것이 아내이자 어머니인 여자가 우리 가정에 가져다준 세심하고 정다우며 끈기 있는 문화에서 나왔습니다.

여자도 남자처럼 활동하지만 그 방식은 완전히 딴판입니다. 나는 열두 시간을 일하면서도 전혀 일이라고 생각하지 않는 여자를 보았습니다. 부지런한 이 여자는 이렇게 겸손하게 말했습니다.

"나는 공주처럼 살아요. 저 사람이 일해 나를 먹여 살리지요. 여자들은 아무짝에도 쓸모가 없어요."

이 "아무것도 아니라는 것"이 부드럽고 느리며, 중단되고 자발적인 일입니다. 항상 그녀가 남편과 자식을 위해 하고 싶어 하는 것입니다. 이 일은 그녀의 정신을 빼앗지도 않고, 그녀의 사고로 짜낸 직물 같은 것입니다. 여자는 거기에 마치 씨실처럼, 남자가 바빠 미처 생각지도 못한 가사를 짜 넣습니다. 종종 자식의 미래에 대한 진지한 꿈과, 물론 인간성과 자애의 보편적이며 고상한 시적 정서를 엮어 넣습니다.

어떤 사람이 유명한 마담 스토우에게 어떻게 『톰 아저씨의 오두막』을 썼냐고 물어보았습니다.

"이보세요, 집 안에서 혼자 감자탕을 끓이면서 그렇게 했거든요!"

여자의 일은 그녀에게 여전히 사랑에서 나오는 것일 수밖에 없습니다. 왜냐하면 여자는 다른 것을 잘 못 할지도 모르기 때문입니다. 그러면 도대체 여자의 타고난 목적과 그 사명은 무엇이란 말입니까? 우선 사랑하고, 그다음에 단 한 사람을 사랑하고, 세 번째는 영원히 사랑하는 것입니다.

그러니 항상 억척같습니다. 세상이 그녀를 흔들거나 바꾸려 하지 않을 때, 여자는 남자보다 더욱 성실합니다. 여자는 매우 고르게 꾸준히 계속되는 과정을 좋아합니다. 강이나 시내가 흐르듯 멈추지 않는 것을 좋아합니다. 마치 깊은 숲속의 외롭고 아름다운 샘 같습니다. 그 숲 근처를 지나던 1842년 7월에, 나는 그 샘의 이름이 무언지 물어보았습니다. 그 이름은 공교롭게도 "투주르"〔'한결같이' 라는 뜻〕라고 했습니다.

4
남자는 두 사람 몫을 벌어야 합니다

그녀는 잠이 들었습니다. 가엾고 작은 그녀를 차마 깨울 수 없습니다. 그녀는 행복하게 꿈꾸고 있으니까요. 오물거리는 입에서 그 기분을 엿볼 수 있습니다. 사랑, 바로 당신을 꿈꾸고 있습니다. 아직 다섯 시밖에 안 되었고, 침대에 더 누워 있는 것이 좋습니다(특히 이런 달거리를 할 때). 아침에 좀 더 자두는 것이 좋습니다. 그런데 그녀의 입에서 가볍게 흘러나오는 숨결에서 무엇을 알 수 있습니까? 그녀는 무슨 생각을 하고 무엇을 바라는 것일까요?

"나는 몰라요.
– 아 그러세요, 나는 아니까 말씀해드리리다.
오직 남편 생각, 그에 관한 모든 것만 생각하고 있다고!"

이렇게 아주 간단합니다. 하지만 그것이 한세상입니다. 그 말 속에 모든 것이 들어 있고, 자연의 완전한 공식과 결혼의 복음이 있습니다. 그녀의 말을 들어봅시다.

"여보, 나는 강하지 않아요. 큰일에 어울리지도 않고 오직 당신만을 사랑하고 돌볼 뿐이에요. 당신처럼 손재주도 없어요. 너무 오래 복잡한 일에 집중하다보면 피가 머리까지 솟아올라 붓고, 골치가 아파요. 나는 아무것도 만들 줄도 몰라요. 나서지도 못하고, 왜? 항상 당신만 기다리고 바라보고 있거든요.

기운이나 힘도, 참을성이나 발명하는 일, 솜씨도 다 당신 것 아닌가요. 당신은 발명할 줄 아는 사람이니 그 재주와 힘으로 보금자리를 만들어주세요.

보금자리 그 이상이지요. 편안하고 따뜻한 세상, 내가 더는 아파하지 않고, 울지도 않고, 모든 사람이 축하해주는 그런 행복한 나라 말이에요. 그런데 이런 포근한 보금자리를 만들어준다고 나 혼자 행복하겠어요? 만약 나 혼자만 그렇다면 야속할 거예요."

그녀가 말을 하는 지금, 그녀의 생각을 정리해봅시다. 그 법칙을 말해볼까요? 그것은 사랑의 법칙입니다.

"지상의 여왕, 여자로서, 여자의 이름으로 남자에게 명하노니 세상을 바꾸고, 정의와 평화와 행복의 땅으로 만들고, 천국이 다시 이곳으로 오게 하라."

"그럼 그녀가 내게 무엇을 주긴 합니까?"

그녀 자신입니다. 여자는 바로 당신의 영웅성에 따라 가슴을 열 것입니다. 다른 사람들을 위한 천국을 만들어봅시다. 여자는 당신의 천국을 안겨줄 줄 아니까.

남자가 여자를 위해 일하며, 혼자 짐을 지고, 그녀를 위해 피곤과 인내에도 행복해하며, 노동의 고통과 세상의 충돌에서 그녀를 구하는 바로 그것이 결혼이라는 천국입니다.

저녁에 그는 지쳐 돌아옵니다. 지겨운 일과 사건에, 고약한 사람들에게 시달렸습니다. 그는 괴롭고 축 처져 남자답지 않은 모습입니다. 하지만 자기 집에서 무한한 선의와 그토록 커다란 평온을 맛보며 온종일 참아야 했던 잔인한 현실을 의심합니다.

"그래, 그게 전부가 아니었어. 그건 악몽이었을 뿐이야. 진짜 현실은 바로 당신이야!"

바로 이것이 여자의 사명이자(대를 잇는 것 이상으로), 남자의 마음을 되살리는 것입니다. 그에게 보호받고 부양받는 그녀는 그를 사랑으로 부양합니다. 사랑이야말로 여자의 천직이고 또 그녀의 유일한 본질입니다. 여자가 지상의 모든 험한 일을 할 수 없도록 하는 자연의 법칙은, 바로 그 천직을 지키도록 하려는 것 때문입니다.

남자의 일은 돈을 버는 것이고, 여자의 일은 쓰는 것입니다.

남자가 하는 것보다 여자가 더 잘 소비하고 계산한다는 말입니다. 다시 말해서 남자로 하여금 모든 쾌락에의 지출에 무심하고 싱거워하게 합니다. 어째서 다른 곳을 찾겠습니까? 사랑하는 여자 외에 무슨 낙이 있다고?

"여자는 곧 집이다."

현명한 인도의 법 가운데 한 구절입니다. 인도 시인의 말은 이보다 더 낫습니다.

"여자는 행운이다."

서유럽의 경험으로 이런 말을 덧붙일 수도 있습니다.

"특히 여자가 가난할 때."

그녀는 가진 것이 아무것도 없으니 결국 모든 것을 가져다줍니다.

5
부자 색시와 가난한 색시

여자는 따뜻하고 믿음이 깊으며 이끌 수 있는 데다 마음이 고
와야 합니다. 다른 나머지는 부차적입니다.

　오늘날 가장 중시하는 재산 문제부터 시작하자면, 온순한 여
자가 부잣집 딸인 것을 결코 본 적이 없다고 하겠습니다. 거의
누구나 [결혼한] 그다음 날부터 끝없는 자만심을 드러냅니다.
특히 자신의 지참금이나 그 이상의 것을 지출하려 합니다. 부
자가 되었다고 생각하던 사람은 실상 가난해지고, 투기의 요행
에 몸을 맡길 수밖에 없게 됩니다.
　12년 전쯤에 이런 말이 자명하다는 것이 더욱더 확인된 적
이 있습니다.
　"망하려거든 부자 색시와 결혼하시지요."

재산을 잃는 것보다 더 큰 위험이 있습니다. 자기 자신을 잃고, 당신이 행하고 당신에게 힘과 개성을 주던 습관을 바꾸는 것입니다. 앞에서 좋은 결혼이라고들 하는 것으로서, 당신은 이를테면 여왕의 남편이거나 결혼함으로써 왕이 되는 식으로, 한 여자의 "부록" 같은 존재가 될 것입니다.

　매우 아름다운 과부, 완전히 사랑스럽고 선량한 한 과부는 어떤 남자에게 이렇게 말합니다.

　"나한테 50만 리브르의 연금이 있어요. 얌전하고 세속적이지도 않잖아요. 저는 당신을 사랑하니 원하는 대로 하겠고요…. 내 옛 친구로서 당신이 내게서 무슨 결점이라도 보셨나요?

　– 단 한 가지 있지요, 부인. 당신이 부자라는 게 탈이지요."

　"뭐요! 부자인 게 죄인가요?"

　아닙니다. 여기에서 말하고 싶은 것이라면 오직, 남편보다 더 부자였던 신부는 새롭게 달라지기 어렵다는 것입니다. 여자는 남편의 사상과 생활방식과 습관을 취하지 않으려 합니다. 여자는 틀림없이 자기 식대로 하자고 합니다. 그녀는 남편을 하인 취급할 것이고, 다툼이 시작됩니다. 부드럽게 두 사람의 삶을 섞는 일도 점차 소원해집니다. 접근에 의한 접목은 불가능합니다. 부부생활은 없어집니다.

반대로 더욱 가난할수록 여자는 선의에 넘칩니다. "그녀는 사랑하고 믿습니다."(엄청나게 중요한 일이지요!) 이뿐일까요? 아닙니다. 세 번째 것이 있습니다. 그녀는 아무나 줄 수 없는 것, 즉 자신이 사랑하는 사람을 "이해"합니다.

조건과 교육의 차이가 지나치게 벌어지거나 넘어야 할 수준 차가 여러 가지일 때, 큰 어려움이 있습니다. 많은 시간과 기술, 그리고 바쁜 남자로서 항상 갖추기 어려운 참을성이 필요합니다. 때로 행복하게 태어나 아름다움과 건강미가 넘치며, 똑똑하고 순수하며, 사랑스럽고 온순해서 감탄을 자아내는 시골 처녀가 보입니다. 그런 여자를 붙잡아야 합니다. 그녀와 서로 이해하려고 부딪치게 될 장애들을 보면, 애달플 만큼 놀랄 것입니다. 여기에서 그녀는 자신이 할 수 있는 한 최선을 다할 것입니다. 그녀는 남자의 말에 귀를 기울이고 유익한 기회로 삼을 것입니다. 또 모든 것을 당신에게 맡길 것입니다. 심지어 이런 것조차 아무 상관이 없습니다. 그녀는 이런 것에 별로 신경을 쓰지도 않습니다. 그녀는 혈기도 왕성합니다. 거친 일에서 벗어나 다른 곳에 정착한 촌사람은 기질적으로 모든 것에 무뎌집니다. 하지만 여자는 이 모든 것에 예민해집니다. 그녀는 울면서 "그토록 우스운 존재"라는 데에 몹시 당황합니다. 전혀 그렇지 않은데도 말입니다. 그녀는 자기 세계와 능력 내에서는 대단히 영리합니다. 잘못은 그녀에게 있지 않고, 격차 해소를 쉽게 할 수 있다고 믿었던 당신에게 있습니다.

이 시골 처녀는 이웃 도시의 훌륭한 노동자와 결혼할 수도 있고 그렇게 되기도 합니다. 또 이런 결혼에서 태어난 처녀가 어머니보다 더욱 세련되어, 교양을 갖추고 나서 학식 있는 사람과 결혼할 수도 있을 것입니다. 그녀는 그를 따를 것이고, 모든 것을 어려움 없이 이해할 수도 있고 정신적으로 완전히 결합할 수도 있을 것입니다.

그런데 앞으로 어떻게 되겠습니까? 또 어떻게 되어야 할까요? 민족과 마찬가지로 계급도 차츰 서로 녹아들고 있습니다. 옛날의 모든 장벽은 사랑이라는 평등의 교사, 전능한 중재자 앞에서 허물어질 것입니다.

6
프랑스 여자를 잡아야 합니까?

사랑하고 이해하는 것만으로 부족합니다. 눈빛과 생각에서 서로 반짝반짝 부딪치는 그 무엇을 나누어야 합니다. 그래서 나는 같은 민족으로서 이 세상 어느 여자보다 프랑스 여자를 더 좋아합니다.

독일 여성은 순수하고 어린애 같은 유순함과 사랑으로 천국으로 이끕니다. 영국 여성은 정숙하고 독립적이며 몽상적입니다. 가정에서 한결같으며, 신의 있고 정답고 든든한 아내로서 이상적입니다. 가슴을 쥐어짜는 에스파냐 여성의 열정과, 이탈리아 여성의 아름다움이나 우아함과 놀랄 만큼 천진난만한 상상력은 저항할 수 없게 하고, 기분 좋게 하며, 결국 두 손을 들게 합니다.

그런데 남자에게 그의 가슴을 매력적인 활력과 즐거움과, 두드러진 용기와, 여자의 언어와 새의 노래로써 되살리는 사랑

못지않게, 여자를 이성理性의 빛으로 대해야 한다면, 그에게는 프랑스 여자가 필요할지 모릅니다.

그러나 한 가지 염두에 둘 것은 프랑스 여성들이 매우 조숙하다는 점입니다. 프랑스 여성은 열여섯 살에 이미 사랑에 대해 성적으로 열아홉 살 영국 여성처럼 성숙합니다. 이런 것은 본질적으로 고해하는 가톨릭 교육 때문입니다. 이것이 정말이지 처녀를 조숙하게 합니다—프랑스에서 그렇게 열심히 가르치는 음악도 큰 역할을 합니다. 영국 여성도 그렇게 하지만 그녀에게는 그저 의무일 뿐입니다. 이탈리아와 독일 여성은 스스로 음악을 즐깁니다. 그렇지만 프랑스 여자는 예술의 형태를 빌린 사랑을 위해 즐길 뿐입니다. 사랑이 오면 음악은 떠납니다. 그토록 많은 시간을 쏟은 그 피아노만 홀로 남겨둔 채….

일반적으로 프랑스 처녀의 살결은 눈부시지도 않고 눈에 띄게 순수하지도 않으며, 독일 처녀처럼 순박하거나 마음을 누그러뜨리는 매력도 없습니다. 이 나라에서 이성 사이는 오랫동안 썰렁했습니다. 우리 어린이들은 조숙하고, 다혈질에 햇볕에 그을렸습니다. 프랑스에서는 태어날 땐 그렇지 않던 피부가 이내 누렇게 되고 맙니다. 프랑스 여자는 결혼하면서 놀랍게도 청순미가 피어나는 반면, 북유럽 처녀는 되레 그것을 잃고 또 종종 시들어버립니다.

이 땅에서 추녀와 결혼할 위험은 거의 없습니다. 그렇게 못난이가 되는 것은 종종 사랑이 없기 때문입니다. 사랑 받으면 완전히 달라져 알아볼 수 없을 정도가 됩니다.

7
여자는 정착과 사랑의 심화를 원합니다

여자는 오늘날 자신들을 내세워 벌이는 싸움에 별로 감흥이 없습니다. 이 커다란 어이없는 논쟁은 그녀의 관심사가 못 됩니다. 여자가 남자보다 우수한가 열등한가? 이런 이론은 부차적입니다. 여자가 세심하게 살피는 곳 어디서나 그녀는 안주인입니다. 여자는 집과 살림과 금전을 관리하고 모든 것을 관장합니다.

그녀가 순종할까요? 이 말에 그녀가 저항하리라고 봐야 합니다. 그녀는 웃으며 고개를 젓습니다. 그녀는 순종할수록 더욱 확고하게 집권하리라는 것을 잘 알기 때문입니다.

여자는 근본적으로 무엇을 원합니까? 그녀의 은밀한 생각은 무엇입니까? 그녀가 굳이 따지지 않고 언제 어디서나 좇는 본능적이며 복잡한 사고, 현명함과 광기, 신의와 변덕이라는 분명한 양면성을 아주 잘 설명하는 사고 말입니다!

여자는 남자가 만족할 줄 모르는 욕망과 끝없는 호기심으로 자신을
둘러싸기를 바랍니다. 여자의 감정은 복잡합니다. 자신 속에 끝없이 찾아낼
것이 있다고 믿고 어떻게 해서든 이런 탐구를 좇는 끈질긴 사랑으로
항상 사람을 놀라게 합니다.

여자는 사랑받기를 바랄까요? 물론입니다. 하지만 너무 일반적인 말로는 깊은 속내를 알 수 없습니다.

그녀가 육체적 쾌락을 원할까요? 물론이지요. 하지만 평범한 수준입니다. 그녀는 예민하고 절제하며, 우리 남자보다 더욱 정숙합니다.

여자는 자신의 주변을 지배하고 싶어합니다. 집 안과 침대와 방과 식탁 등 그 모든 작은 세계의 주인이고 싶어합니다. 고대 페르시아 사람도 볼테르도 이 점에 동의했습니다. "바로 그것이 숙녀의 즐거움이다"라고. 사실 그렇습니다. 하지만 앞서 세 가지와 결부된 더욱 내밀한 감정으로 설명할 수 있습니다.

은밀하고 본질적이며, 기본적이자 핵심적인 것은 모든 여자가 사랑과 매력의 중심이 되고 싶어한다는 사실입니다. 그 주변의 모든 것이 그리로 쏠린다는 느낌을 받고 싶어합니다. 여자는 남자가 만족을 모르는 욕망과 끝없는 호기심으로 자신을 둘러싸기를 바랍니다. 여자의 감정은 복잡합니다. 자신 속에 끝없이 찾아낼 것이 있다고 믿으며 또 어떻게 해서든 이런 탐구를 좇는 끈질긴 사랑으로, 수천 가지 예기치 못한 멋과 정념으로 항상 사람을 놀라게 합니다.

궁금하기 짝이 없는 이런 사랑에의 집착, 한 사람에게서 무한하게 찾아내려는 이런 악착같은 노력은 매우 순수하고 배타적이며, 일부일처제의 가정으로 집약됩니다. "하렘의 후첩의 처소"보다 더 썰렁한 곳은 없습니다. 그런 것은 마치 '고난의 성배聖杯 같은 꽃받침에 이르지도 못하고 잎사귀 둘레만 끊어 먹으며 이 장미 저 장미를 기어다니는 벌레의 사랑 같습니다.

❦

여자는 모든 역사를 통해서 일부다처제의 필사적인 적입니다. 여자는 단 한 사람의 사랑을 원합니다. 하지만 그 사랑이 진정으로 열렬하게 탐하고 설레며, 항상 불꽃처럼 더욱더 타오르려고만 하는 것이기를 바랍니다. 여자는 자신이 가장 좋아하는, 임자가 된 남편이 결혼하고 나면 자신의 보물[아내]이 원하는 것을 거의 찾지도 않고, 어리석게도 아무것도 얻을 것이 없다고 생각하는 것을 절대로 용서하지 못합니다.

그러다보면 대단히 성실하게 태어나고 늘 그랬을 사람도 다른 곳에서 자기 사람[배우자]보다 더 잘 알아보려 사람을 찾으려 하고, 거기에 빠지고, 더 큰 행복을 찾으려는 불행한 시도를 하게 됩니다. 여자가 이 일에서 성공하는 법은 거의 없습니다. 애인에게서도 남편에게서나 다름없이 깊은 단절만 느낄 뿐입니다. 둘 다 최상의 것은 깊은 속에 있는 줄 모르기 때문이지요.

남자는 욕구하고 여자는 사랑합니다. 남자는 수백 가지 종교를 창립하고 일부다처제를 합법화했습니다. 남자는 오래 즐기며 살고 싶어합니다. 즉 그는 우선 쾌락을 추구하고 나서 수많은 가족과 관계를 지속합니다. 그러나 여자는 사랑밖에 원치 않습니다. 소속되고, 자기를 주는 사랑 말입니다.

여자에게 사랑은 얼마나 위대합니까! 또 자신에게 의무로 부과된 일부다처제의 불순함에 얼마나 크게 저항합니까! 인도의 힌두교 경전에서 여자는 한 사람만 사랑하고 싶어합니다. 하지만 처벌받고, 죽습니다. 페르시아의 배화교 경전에서 마법사가 여자에게 좋아하는 것을 말하라고 독촉하자 여자는 면사포를 요구하고, 그것으로 얼굴을 가리고 나서 이렇게 말합니다.

"사랑받고, 남편에게 배우고, 주부가 되고 싶습니다."

이런 훌륭한 답에 마술사는 기분이 상했고 그녀는 두들겨 맞아 죽었습니다. 하지만 그녀의 영혼은 하늘로 날아오르며 이렇게 말하지 않았겠습니까.

"나는 순결합니다."

이렇게 고대에도 주목할 만큼 강한 것이 여자의 가슴속에 있다는 사실이 폭로되었습니다. 즉, 자식으로 생명을 이어간다는 것보다는 오직 사랑만이 두드러집니다.

여자는 사랑 속에서 사랑을 보고, 그 애인과 남편을 봅니다. 아이는 그다음 이야기입니다. 종족의 대를 이으려고 걱정하는 것은 남자입니다.

독실한 젊은 부인(마담 드 가스파랭)조차 여자의 비밀을 폭로하는 이 미묘한 문제를 서슴없이 지적했습니다.

"결혼의 목적은 결혼이지요. 아이는 그다음입니다. 부부의 사랑은 모성애보다 더욱 겸손하고 희생할 줄 알아야 합니다. 아이는 어머니의 연장延長이지만, 어머니는 아이에게서 자기 자신을 사랑하기 때문이지요."

  그녀는 이 말을 담백하고 대담하게 했습니다. 그녀는 페르시아 부인처럼 면사포를 달라고 하지도 않았습니다. 자신이 아내로서 잃지 않고 지켜온 정절만으로도 충분히 겸손하다고 생각했기 때문입니다.
  근본이 지극히 순수한 말입니다. 또 아이에 대한 관심에서, 그 말은 아기 자신이 했을지 모를 말입니다. 가령 아기가 태어나기 전에 말을 할 줄 안다면, 자신이 태어나도록 두 사람이 우선 결합하길 바란다 하지 않겠습니까. 두 사람이 완전히 한마음이 되어야 태어날 수 있으니까요. 보금자리가 마련되고, 포근한 둥지가 기다릴 것이고요. 이혼하게 되면 아기는 몸과 마음 모두 황폐해질지 모릅니다. 따라서 교육을 비롯한 모든 가족 문제보다 훨씬 중요한 우선적인 문제가 있습니다. 즉 사랑입니다. 사랑하는 두 사람이 서로 같아지고 차츰 하나가 되는 것입니다.

  모든 위선을 넘어, 결혼의 목적이란 아기를 갖는 것일 뿐이라 믿고, 또 어머니는 어머니이기에 앞서 남자의 동반자요 아내라는 사실을 잊고 있던 중세 사상에 반대한 건전한 여자의 생각이 바로 이런 것입니다.

중세의 이런 무지는 아주 심각합니다. 사람들은 여자는 아이가 없다 해도 수없이 풍부한 다른 생산력을 갖고 있다는 점을 모릅니다. 여자는 남편을 위한 아내이고, 단순하다 해도 서로가 모르는 사이에 감정과 사고와 습관까지 전해줍니다. 피곤할 때마다 산만하고 무기력한 남편은 아내를 포용하면서 또 그 순결한 품속에서 자기 힘을 재충전합니다.

여자는 남편의 딸과 같습니다. 그는 아내에게서 젊음과 신선함을 되찾습니다. 여자는 그의 누이인 셈입니다. 그녀는 험로를 헤쳐나가고, 또 약하기는 해도 그 힘으로 버텨냅니다. 여자는 어머니처럼 그를 감싸줍니다. 그가 막막하게 고민할 때마다, 그가 하늘에서 찾는 별이 더는 보이지 않을 때 그는 여자를 바라다보고, 그러면 그 별은 그의 눈에 들어옵니다.

우리가 목격하고 있는 오늘날의 어지러운 방종과 맹목적인 소동과 풍속 때문에 문제의 바탕을 착각해서는 안 됩니다. 그런 여자, 계층, 시대에 맞추어서는 안 됩니다. 영원한 여자를 보아야 합니다.

여자는 모든 역사를 통해서 정착의 가장 핵심적인 요인이었습니다. 이는 상식만으로도 알 수 있습니다. 여자가 어머니이고 가정이기 때문만이 아니라, 인간적 연대에서 남자들의 연대에 비해 매우 큰 몫을 하기 때문입니다. 여자는 그러한 인간적 유대에 스스로를 몽땅 던지고 자신을 되찾으려 하지도 않습니다.

단순한 여자라도 어떤 변화에도 반대한다는 사실은 잘 알려져 있습니다. 여자는 첫 번째 남자에서 두 번째 남자로 옮겨가면서 빠르게 퇴색하고, 그래봐야 백 퍼센트 손해를 볼 뿐입니다. 그렇다면 세 번째, 열 번째 남자하고는 어떻게 되겠습니까?

역할이 서로 뒤바뀌었을 때, 즉 여자가 주도적으로 변화를 주장할 때, 그 저하와 피폐, 그 소외라고 할 것은 무섭고 이상하며 불행과 절망의 신호가 됩니다. 이런 도착적 본능에 따르더라도 여자는 그 불행을 초래한 자보다 덜 비난받습니다. 남자의 죄이기 때문입니다.

오늘날 우리가 보는 이 놀라운 광경, 화장에 대한 걱정과 선동과 광증을 봅시다. 더는 젊지도 아름답지도 않은 여자들이, 매일 아침 새로워지길 바라면서 초조하게 허영심을 다투는 변덕만 한 걱정도 달리 없습니다. 치장과 화장의 이 놀라운 변주는 대부분 사랑을 유지하고 싶어하는 병들고 미숙한 심리적 공상입니다. 애인을 붙잡아두려고 끊임없이 분장하고 변하려 애쓰면서 이런 공상에 끔찍하게 충실한 사람이 있습니다. 어쨌든 엄청난 외로움 속에서, 사막 속에서 또 그와 함께 찾은 알프스 산장에서조차 그러고 있을 것입니다.

그렇다면 여자들이 그렇게 해서 소기의 목적을 이뤘습니까? 그렇지 않습니다. 이런 지속적인 변화로 확고해지기보다 오히려 더 초조해지기나 합니다. 이런 말을 해주면 어떨까요?

"여보, 왜 그렇게 빨리 변하지 못해 안달이요. 왜 나를 끝없이 의심하려는 거지? 어제, 당신 너무 예뻤어! 그 멋진 여자를 얻으려고 내가 덤볐었잖아. 그런데 지금 그 여자는 어디 있는 거야? 벌써 사라졌나? 아! 정말 그립군. 그녀를 나한테 돌려달란 말이야. 변화를 좋아하라고 하지 말고."

화장은 거대한 상징입니다. 참신할 필요는 있지만 너무 갑작스럽지 않아야 합니다. 특히 사랑을 돌려놓게 되는 완전한 변신 같은 것은 절대 필요 없습니다. 멋에 따라 다른 장신구 몇 개만으로도 전체를 바꾸기에 충분합니다. 꽃 한 송이라든가 리본, 자수 등 별것 아닌 것으로도 우리를 변화시키면 그 전체 인상도 자연스레 달라집니다. 이 변함없는 변화가 마음에 와닿는 것입니다. 물론 이런 말도 해줄 테지요.
"늘 다르면서도 한결같네."

❦

유행과 사치의 일시적 광기와 전염은 시대와 장소의 보편성에 따라 우리가 여자 마음의 기본 법칙이자 그 본질적 바탕으로서 제시한 것을 전혀 흔들지 못합니다. 여자가 바라는 것은 사랑만이 아닙니다. 불변성과 뭐라 할 수 없을 정도로 갈망하며 야릇하고 지속적인 열정과, 사랑을 영원히 깊이 파고들고 싶어합니다.

여자는 그런 사랑을 원하고 또 그럴 권리가 있습니다. 왜냐하면 그녀는 영원히 마르지 않는 재치로써 예기치 못한 행복을 길어내며 그것을 악착같이 찾을 것이기 때문입니다.

사람들이 가벼이 여기는 희극의 한 장면을 주목해봅시다.

부인: 정말로 네 주인이 나를 사랑한다더냐?
하인: 그럼요! 사모님. 사모님께서 매력이 새록새록해지는 만큼 주인님 사랑도 그렇게 새로워질 것이라 하셨어요.

하지만 부인은 대답하지 못했습니다. 왜 못 했을까요? 만약 영감이 숙맥처럼 늘 단조롭게 충실한 것이 아니라 사랑하는 여자가 더욱 잘 느낄 수 있을 만큼 만족할 줄 모르는 탐욕으로, 창의적인 사랑에 충실하다고 칩시다. 바다처럼 넉넉하고, 번쩍이는 가전제품처럼 기교가 뛰어난 부인은 그의 기대를 채워주고도 남을 것입니다. 그녀는 자신의 깊은 곳에 그녀를 아름답게 꾸며주는 욕망과, 유혹하는 겸양과, 우아한 정열로 타오르

는 붓꽃을 간직하고 있습니다. 그녀 능력의 한계는 어디쯤일까
요? 자연의 한계를 넘어서지는 못합니다. 그녀는 자연 그 자체
입니다.

8

당신은 자신만의 여자를 만들어야 합니다
그러면 여자는 더 바랄 것이 없습니다

열아홉 처녀라면, 스물아홉이나 서른 살 남자의 순종적인 아내가 되고 싶어한다고 할 수 있습니다, 기꺼이. 그녀는 모든 점에서 그를 믿고, 그가 자기보다 더 많이, 세상 사람이나 부모 못지않게 더 많이 안다고 생각할 수 있습니다(그녀는 눈물을 짜면서 시집가겠지만 진짜 괴로워 그러는 것은 아닙니다. 괴롭기는 뭘!). 그녀는 그가 자기한테 하는 이야기라면 모두 믿고, 자기 마음을 그에게 주면서, 그 깊은 바탕에서 갈라질 수 있는 미묘한 의견차를 논쟁하지도 않고 또 그 점을 충분히 이해하지도 않은 채로 믿어버립니다.

그녀는 과거와 무관한, 완전한 새 생활을 시작하고 싶어합니다. 그녀는 남자와 함께 다시 태어나길 바라면서 이렇게 말하겠지요.

"요즘 얼마나 처음 태어난 것 같은지 몰라! 당신 생각이 바로 내 생각이야. 이런 말이 있잖아. '네 민족이 내 민족이요, 네하느님이 내 하느님' 이라고."

그녀를 지킬 줄 아는 유능하고 영향력 있는 남자로서는 신나는 순간입니다.

우선 여자가 원하는 대로 할 뜻이 있어야 합니다. 또 그녀의 말을 곧이듣고, 그녀를 다듬어 새롭게 "만들어내야" 합니다.

그녀를 별것 아닌 존재가 되지 않도록 해야 합니다. 그 이전의 못된 습관과, 가족과 교육의 불운 때문에 가로막혔던 그 모든 것으로부터 구해내야 합니다.

아무튼 이런 것은 그 자신에게 유익합니다. 당신의 사랑에 유익하기도 합니다. 당신은 왜 아내가 당신을 통해서 새로워지길 원하는지 아십니까. 가령 당신이 그녀를 당신 것으로 만들고 당신 자신으로 만든다면, 날이 갈수록 당신이 그녀를 더욱 많이 사랑하게 되리라는 것을 잘 알기 때문입니다.

그러니 아내가 자신을 바치듯이 그녀를 진심을 다해 안아주어야 합니다. 예쁜 아기처럼.

✿

여자는 여성적 직관으로 요즘 시대에 사랑은 "그것이 찾는 것이 아니라, 만든 것"을 좋아한다고 느낍니다.

우리는 일꾼이요, 창의력을 발휘하고 물건을 만드는 사람입니다. 프로메테우스의 진정한 후손입니다. 우리는 다 만들어놓은 판도라를 원하지 않습니다. 우리가 직접 만들어내고 싶어합니다.

바로 이런 의지가 다음과 같은 것을 보장합니다. 우리가 냉담해지고 있다고 생각하는 우리 시대는 완전히 새로운 열정으로, 옛날 사람이 모르던 사랑의 힘을 갖게 될 것입니다.

옛날에, 고정된 이상형을 찾는 정열은 거의 사산아 같은 것이었습니다. 자신이 만든 대상이 아닌 것을 향한 이런 정열은 금세 식어버리곤 했습니다. 하지만 우리 현대인의 열정, 진보적 존재와 우리가 속속 만들어내는 다양하고 사랑스런 작품과, 또 진정 우리 것인 아름다움에 대한 우리의 정열은 능력만큼이나 유연합니다. 하루도 빠짐없이 꺼지지 않는 불꽃이 얼마나 타오릅니까!

어떻게? 가볍든 진지하든 간에 매번, 항상 어디에서나 기회만 있으면 타오릅니다. 그것은 마치 중국의 일부 고장을 덮고 있는 방대한 화산지대 같은 것이 아닐까요? 어느 곳이든 두드리고 조금 파보기만 해도 불꽃이 확 솟아오르니까요….

9
한 사람의 여자를 창조할 수 있을까요?

우리는 이렇게 계면쩍어하면서 자문하곤 합니다. 자부심이 강한 남자들도 이런 문제에서 나약함을 보입니다. 이런 일의 어려움이 엄청나다고 걱정합니다.

활짝 꽃을 피우려면 제철에 맞춰야 하지 않겠습니까! 어느 날 밤의 즐거움을 맛보려면 제때에 맞춰야 합니다! 하지만 완고한 교양 때문에 두려워하고 뒷걸음질치고 맙니다.

"나는 전혀 준비가 안 되었습니다. 생존 경쟁과 혹독한 교육과 즐거움을 너무 격렬하게 추구하며 살다보니 이미 지쳤습니다. 나는 이 처녀, 그녀의 창조주이자 이 세상의 신이 되길 바라는 사랑으로 가득한 그 젊은 마음을 잡기에는 너무 무력합니다. 내가 무슨 광이라도 납니까, 아니면 사랑이 많습니까? 대체 내게 사랑할 기분이나 있습니까?"

그렇지 않습니다. 자신을 경멸하지도 무시하지도 말고 차분히 끈기를 갖는다면, 삶이든 사랑이든 여전히 큰일을 할 수 있습니다. 당신이 좇아온 공허한 과거는 사랑이 아니었습니다. 그런 것에서는 사랑을 분간하지도 못합니다. 비록 감각은 무뎌졌어도 사랑은 실재합니다. 하느님이 따로 보관하고 있거든요. 심지어 매춘부를 위한 몫조차 남아 있지 않습니까. 심연이 깊을수록 하늘의 욕망(하느님의 뜻이자 자연의 뜻)은 더욱 끈덕지기만 합니다.

만약 당신이 색시와 재미나 보며 살려고 한다면 당신의 마음은 금세 시들 것입니다. 권태가 두 사람 사이에 끼어듭니다. 그렇지만 당신으로서는 불가능한 일입니다. 그녀가 얼마나 당신을 신뢰하며 또 당신과 똑같아지려고 합니까. 이렇게 사람이 변신하는 과정, 그 부드러운 결합이 깊어지면서 당신은 부부생활에서 첫날밤의 불꽃을 간직하게 될 것이고 그것을 더욱 키울 것입니다. 당신이 어떻게 더욱더 사랑하지 않을 수 있겠습니까? 그녀에게서 당신이 최고이며 또 순수해진다고 느끼게 될 텐데….

매번 그 깊은 애정으로 당신에게 원초적 본능의 빛줄기가 다시 비출 때, 당신의 요람을 비추었던 젊고 아름다운 빛으로부터 당신 속에서 희미해졌던 그 빛 속에서, 하지만 수호천사인 그녀가 매혹적으로 당신을 어느 때보다 더 아름답게 비추지 않습니까?

그러므로 그녀가 너그러운 마음을 보이거나 스스로를 주려고 할 때, 바보처럼 머뭇거리거나 이런 말을 하지는 맙시다(비겁하고 잘못된 수치심 때문에).

"나는 그럴 만한 자격이 없어."

당신은 이런 말을 할 자유가 없습니다. 결혼에서 중용이나 겸손은 불필요합니다. 강하고 힘차게 여자를 과장하지 않는 사람은 그녀를 사랑하지도 존중하지도 않는 사람입니다. 그가 그녀를 지겨워하는 것, 이런 권태란 그녀에 대한 미움이나 다를 바 없습니다. 그녀는 적어도 심정적으로, 그녀 자신만이 아니라 아이들과도 멀어집니다. 가족 전체가 낯설고, 적이 됩니다.

당신은 어떤 자격으로 그녀를 장악하겠느냐고 묻겠지요. 내 대답하리다.

결혼생활에서 그녀가 가장 힘주어 우선 "나는 당신 거예요"라고 말할 수 있다면, 이는 그야말로 행복이 뜨겁게 넘친다는 뜻입니다.

당신이 그녀의 주인인데도 그녀는 자유롭다고 느낍니다. 누구에게서 자유로우냐고요? 궁금하지요? 그녀를 스무 살까지 애지중지하던 친정어머니로부터 자유롭다는 말입니다. 서른 살이 다 되었는데도 어린 딸 취급을 하는 그 친정어머니 말입니다. 프랑스 [친정]어머니들은 끔찍합니다. 자식을 칭찬하지만 싸움을 걸고, 자신들의 눈부시고 위력에 넘치는 개성으로 자식을 무기력하게 합니다. 그 어머니들은 대단히 멋쟁이인 데다 종종 여전한 미모를 뽐내면서 아주 젊기까지 하지요. 딸이 출가하기 전에 엄마 곁에 있을 때, 남자들이 모여앉아 매일 밤 하는 말에 얼마나 야속해했습니까.

"아이고, 훌륭한 따님을 두셨군요. 그런데 어머니께서는 훨씬 더하십니다!"

잘살든 못살든, 여자들은 대부분 잘 먹지도 않고 특히 딸들에게 제대로 챙겨 먹이지 않습니다. 하지만 어머니는 완전히 우아하고 재치 있고 눈부시니 그보다 더 고울 수 없습니다. 하지만 딸은 그렇지 않습니다. 잘못된 식생활 습관으로 창백하고 가련하며 약간 야위었습니다. 가엾은 어린 딸은 결혼할 때까지 종종 "설익은 시절(볼품없는 사춘기)"을 계속 이어가기나 합니다. 그러다가 결국 당신을 만나 행복해지고 그 덕에 사랑스런 몸매에 아름다움까지 얻게 됩니다. 가령 당신이 그녀에게 더욱 관심을 쏟는다면, 부드러우면서도 당신 사랑만큼 강하게 안아준다면, 그녀는 그만큼 젊은 장미처럼 활짝, 그렇게 그 우울한 처녀 시절보다 훨씬 더 순결하고 참신하게 피어나게 됩니다.

아름답게 또 사랑으로써! 얼마나 행복합니까! 이런 말이 과하지 않습니다. 아름답다는 것! 여자로서는 천국이요, 모든 것입니다. 가령 여자가 당신에게 아름다움의 빚을 졌다고 느낀다면, 어휴! 그녀는 다른 모든 것에 쉽게 마음을 양보할 것입니다. 그녀는 당신을 모든 것을 결정하는 주인으로 느끼고, 종종 자기 고집을 피우려고 말썽을 부리지도 않을 것입니다.

그녀는 있는 그대로의 현실과 자신의 수호천사로서 열 살이나 열두 살 더 많은 당신의 세상 경험을 기꺼이 인정하겠지요. 또 당신이 안고 있을 수많은 사실과 위험을 가르쳐줄 것입니다. 즉 그녀가 아무것도 모른 채 정신없이 사로잡혀 맹목적으로 달려들었을지도 모를, 열여덟 처녀 시절의 모험 말입니다.

예를 들어봅시다. 처녀는 그토록 어머니로부터 자유롭고 싶어하면서도 막상 그녀를 떠날 때는 아쉬워합니다.

"엄마랑 같이 살면 얼마나 좋을까!"

이 말은 사실 새색시의 마음에 별로 없는 소망입니다. 신랑은 더 잘 압니다. 색시가 친정어머니와 함께 산다면 모든 것이 불행하고 그보다 더 고약한 것은 없게 되어, 거북하고 어지러운 생활을 하게 될 것입니다.

"그래도 최소한 나를 좋아해주고 능숙한 쥘리 같은 하녀라면 있어도 괜찮지 않을까? 쥘리가 내 옷을 얼마나 잘 입혀주었는데…."

여기서도 신랑은 주저합니다. 그는 색시가 부드럽고 노련한 하녀를 다룰 줄 알기는커녕 그 버릇만 나빠지게 하고 남편과 진짜 경쟁자가 되어, 그에 맞서 색시 편에서 일하면서 그녀를 추켜세우고, 여자의 사소한 슬픔을 위험하게 믿게 하면서 차츰 집안의 진짜 안주인이 될 수도 있다는 것을 알기나 하겠습니까! 다행히 신랑은 이 모든 것을 물리치고서 유혹하는 간악한 여자를 자기 집에 들여놓지 않습니다.

이것은 매우 중요한 문제이면서도 종종 합의하기 어렵습니다. 심지어 색시가 등을 돌리고 울 때도 있습니다. 아무튼 그러면서도 당신이 경험이 더 많으며 옳다고 여기기는 합니다.

이런 일에서 당신이 이긴다면 나머지는 식은 죽 먹기 아닙니까! 일이나 이해관계나 생각에서 그녀는 순순히, 당신이 더 잘 알아보며 남다르게 강하고 믿음직하다고 인정합니다.

남자가 직업을 갖고 전문성을 갖고 있다는 것은 얼마나 유리한 일입니까. 그는 준비체조를 해야 합니다. 자신의 행동 역량을 제어하고 접고 가두고 있는 경직된 관절을 풀도록 해야 합니다. 주물을 떠내다보면 스스로 단련되기 마련입니다. 여기에서 성공적인 작품을 뽑아내려면 잘해내려는 고집과, 의식과 진지한 욕구와 대단한 정확성이 필요합니다. 여자들은 이런 정확성에서 매우 유능할 것 같지만 실제로는 전혀 그렇지 못합니다. 또 여자들은 그런 정확성을 바라지도 않습니다.

젊기는 해도 여자는 생리적 출혈 때문에 쉽게 피곤해합니다. 이 수줍고 매력적인 붉은 꽃송이들이 뺨에 피어나면서 치장을 해주지만 이것은 장애입니다. 그런 핏기는 집중력을 떨어뜨립니다. 사랑받는 여자는 뿐만 아니라 그냥 내버려두면 당신에게 덤벼들어 "내 입장을 생각 좀 해봐!"라고 할지도 모릅니다. 마치 피곤한 아이가 열 발자국을 걸었을 뿐인데도 피곤해하면서 엄마 품에 안기고 싶어하는 것이나 다름없습니다. 어쨌든 힘들게 해서는 안 됩니다. 이 귀여운 느림보를, 즉 걷게는 하되 도와주고 지탱해주어야 합니다.

바로 여기에서 지금 아니면 영원히, 당신이 재치 있는 남자인지 아닌지 알 수 있는 기회입니다. 색시는 귀여운 아기처럼 자신도 모르는 사이에 어려운 질문을 풀어달라고 내놓고 있는 셈입니다. 당신이 어떻게 학교에서 배운 수법을 부인할 것이며, 어떻게 딱딱하고 추상적인 과학을, 순수한 것을 살아 움직이고 부드럽게 만들 수 있겠습니까. 금강석으로 꽃을 만들어 그 아이에게 주어야 할 텐데….

참 멋지고도 난해한 문제 아닙니까. 얼마나 어렵습니까! 하지만 당신에게 얼마나 유용한 문제입니까! 결코 이런 것 없이는 당신은 자신을 알 수도 없고, 깊이 알지 않는다면 당신은 절대로, 당신이 맡았지만 소화해서 당신의 본질 속에 녹아들지도 않은 이 과학의 주인이 되기 어렵습니다.

이런 과학에 당신의 뜨거운 피가 녹아들 때 비로소 당신은 그것을 잘 알게 됩니다. 그 피가 당신의 심장과 사랑을 통해 불타오를 때.

❧

모든 것을 다 따질 수야 있겠습니까. 어쨌든 나는 아직 완전히 통일되지 않은 현대 과학을 그렇게 간단명료하게 교육받지 못한 사람이나 여자와 아이에게 전할 수는 없다면서 은근히 당신의 기를 죽이려는 사람들을 마다하고, 이런 것에 답하자니 너무나 숨이 찹니다.

그래도 한마디면 됩니다.

현대 정신은 양면적입니다.

즉, "생명의 과학"은 사랑의 과학입니다. 이것은 사람들의 동일한 삶과 공통의 조상과 우애를 말해줍니다.

"정의의 과학"은 공정한 사랑과 고상한 애덕을 말합니다. 여기서도 우애가 있습니다. 이런 과학은 두 가지일까요? 아닙니다. 하나뿐입니다. 하느님의 커다란 두 채의 성전입니다. 우리가 이것을 300년에 걸쳐 지으면서 거의 정상까지 쌓았습니다. 이제 하늘에 바짝 다가간 하나의 첨탑이 되었습니다.

법이 더욱 인간적으로 고양되면서, 또 정의의 우애가 자연적이며 의학적인 우애와 만나면서, 생명과 사랑과 자애의 과학이 됩니다.

이제 현대 과학은 유일하며 하나뿐입니다. 남녀 성을 구별하지 않고 정의와 진실과 질서와 조화로서 그것을 보게 됩니다. 또 젊은 색시는 초보자로서 그것을 연민과 애정으로 느낍니다. 당신과 그녀 모두 사랑을 통해서.

❧

이보시오, 젊은 친구, 사랑받고 싶지 않겠소. 여자를 정복하고 싶지 않겠느냔 말이요!

그렇다면 인간이 되어야 합니다. 직업의 좁은 울타리를 벗어나(유용하고 필요하지만), 생명 전체에 대한 고상한 감정과 더불어 모든 사람을 사랑해봅시다. 그래야 여자보다 크고 고상하며 힘이 센 당신 자신이 사랑받을 자격을 갖게 됩니다. 여자는 오직 사랑과 사람이 전부 아닙니까.

당신이 법학도라면 저녁이나 일요일에 자연의 성당인 초목이 우거진 정원을 찾아보면 어떻겠습니까. 아니면 의사 친구를 따라 해부실을 찾아가 죽음을 공부해보든가.

당신이 의사라고 해도, 그래도 잠시 멈춰보면 고통이 얼마나 많은지 알게 되겠지요. 그 사회적 원인을 알아봅시다. 틈나는 대로 위대한 민간요법도 공정하게 알아봅시다. 행복을 되찾을 정의의 마을에서 병원을 비우게 할지 누가 압니까?

이 땅에서, 당신은 확실히 이해받고 있습니다. 당신의 색시가 연민과 온정과 믿음을 갖고 있는 덕분입니다.

아! 그녀는 얼마나 당신을 믿으려 합니까. 당신이 그녀를 새롭고 젊고 사랑스럽게 하려는 진심으로 그녀에게 다가설 때! 놀라운 대조 아닙니까! 당신의 순결하던 아내는 열일곱 약혼녀로서 신선하고 활짝 핀 장미인데도, 정신적으로는 근엄한 교육을 받은 탓에 당신에게 중세의 주름 잡힌 할망구 같은 모습으로 온 셈입니다. 그런데 반대로 당신은 현대인으로서 의견이나 이론이나 생각에서도 새롭고 강하며, 눈부시게 젊은 모습으로 그녀를 만났습니다.

이것이 바로 믿을 수 없는 사랑의 힘이니 당신은 얼마나 복이 많습니까!

애정과 존경에서 저지른 순진한 잘못으로, 그녀는 당신 것이 되어 당신에게 시대정신에서 나온 모든 것을 찾아줍니다. 그녀가 당신을 사랑하는 것은 린네〔유전의 비밀을 밝힌 생물학자〕 때문이고 또 꽃들의 신비 때문입니다. 그녀는 갈릴레오가 처음 보았던 하늘의 맑고 찬란한 별들처럼 당신을 사랑합니다. 그녀는 당신에게 사랑의 가장 깊은 비밀을 가르쳐주고, 또 고딕 시대의 야만적 불순성에 맞서 '여자는 순수하다'고 한 죽음의 과학까지 사랑합니다.

모든 것이 당신에게서 나오는 것이므로 겸손해야 합니다. 당신은 모든 장점을 갖고 있습니다. 바로 당신이 모든 존재와 이론을 만듭니다. 여자는 사실 그렇게 생각할 엄두를 내지 못합니다. 하지만 그녀의 '사랑'은 그녀를 위해 그것을 생각합니다. 왜냐하면 그녀를 만들어낸 창조자로서 당신은 또한 세계의 창조자이기도 하기 때문입니다. 세계와 하느님, 모두 당신 속으로 사라집니다.

제2부

하나가 되는 길

"이보시오, 젊은이, 이 글을 혼자서만 읽어보시구려. 자네 등 뒤에서 훔쳐보는 철없
는 친굴랑 제쳐두고 말이오. 혼자서만 읽는다면, 제대로 읽는다면야, 가슴이 뛰는 소
리가 들리지 않겠소. 신성한 본능이 자네를 흔들어 깨울 것이니."

나는 꿈을 꾸거나 소망을 빌 때, 사랑하게 될 사람들에게 바라는 것은 오직 사랑의 예술로 이끌어줄 고립입니다. 최소한 평화로운 몇 년이 걸리고, 마음을 섞을 수 있게 하고, 일상의 싸움터로 되돌아가기 전에 서로가 서로를 보강해주는….

1
목동의 집

사랑하는 사람들의 광증은 주목할 만합니다. 현명한 사람은 미친 사람의 말을 무시하지 않습니다. 순진무구한 사람도 어쩌다 뱉은 망언에서 진짜 예언을 하는 경우가 있습니다.

5월 어느 날, 시골에서 처음으로 수줍은 약혼녀와 산책하는 총각의 이야기를 들어봅시다. 양가 부모가 조금 뒤에서 너무 멀지 않은 거리를 두고 두 사람을 따릅니다. 총각은 자연에, 하늘과 땅에, 큰 행복에 젖어 환호하는 듯합니다. 그런데 이 땅과 하늘, 뭐라고 할까, 심지어 그 약혼녀조차 새로운 환희에 묻혀 보이지도 않을 지경입니다. 그런데 무엇인가 보는 것이 있습니다. 바로 목동의 집입니다.

"아, 저거 내가 바라던 곳 아냐! 작고 외진, 우리 둘을 위해 꿈꾸던 집이야⋯. 헤어지지도 함께 헤매지도 않고, 많은 사람

과의 불순한 접촉을 피해 세상을 잊게 하는 신비스런 낙원이
되겠지!"

이보시오, 총각. 자네의 흥분은 그렇게 심각하지 않고, 벌판
에서 흔들리는 작은 집은 물론 가냘픈 자네의 동반자에게 너무
힘든 거처이겠지만, 최소한 자네의 본능에서 다른 많은 사람이
나중에 큰 수고를 치르고 나서야 알게 될, 진정하고 바른 것이
있음을 알 수는 있군요!

큰길에 씨를 뿌리지 마라
급류 속에 나무를 심지 마라
무리에 휩쓸리지 마라

사교계 여자에게 무엇을 할 수 있을까요? 아무것도 없습니
다. 그러면 고독한 여자에게는? 무엇이든 할 수 있습니다.

그런데 이렇게 지켜야 할 사람은 그녀가 아니라 당신 자신입
니다. 그녀가 고독하면 할수록, 당신이 그녀와 함께 살아가면서
둘의 마음은 더욱 섞입니다. 내가 말하는 사회란 상류사회인데
그녀가 거기 사람이라면, 즉 자기 어머니, 누이, 소중한 친구와

함께 있다면, 바로 이런 데서 그녀를 멀리하도록 하는 것을 당신이 두려워 말아야 거기 묶인 끈을 풀어버릴 수 있습니다.

"그녀는 어머니와 함께 있으니 나는 친구들 만나러 가고, 그녀가 언니와 함께 있으니 나는 살롱에 갈 수 있지 않습니까."

그렇게 당신은 번잡한 세상으로 다시 말려들게 됩니다. 당신은 물론 그녀를 사랑하겠지만 전보다는 훨씬 덜합니다. 매일 저녁 피곤에 지쳐 귀가해서, 싫증이 난 모습(환락에 지쳐)과 건성으로, 가정에서 전과 똑같은 아내와 사랑을 다시 찾을 수 있다고 생각합니까?

"이렇게 당신 말대로라면 결혼은 칩거요, 갇혀 있는 생활 아니겠습니까? 여자 혼자 갇혀 있고? 남자는 힘들게 일하러 나가고? 이런 생활은 더는 사는 것이 아니고 이미 죽은 것이나 다름없습니다. 결혼하기 전에 우리 뜻을 폅시다. 초야의 침대는 무덤입니다. 친구도 공화국도 없습니다. 동포하고는 이별입니다. 사랑과 가정은 조국을 일소합니다."

이것은 내 생각은 아닙니다. 내가 바라는 것은 이와 완전히 다르게, 순수하고 자유롭고 튼튼한 사회입니다. 그곳에서 우애에 넘치는 식탁의 제일 좋은 자리에 아내를 앉히고, 어머니와 처녀를 앉히고, 그 축제는 꽃 장식에 둘러싸여 앉은 어르신들 곁에 숙녀들이 매력적으로 모인 그런 잔치입니다. 아내가 군중의 여왕이자 대중적 풍속의 엄격하고 세련된 중재자가 되는 이런 잔치는 미래 공동체에서 감동적인 멋을 보여줄 것입니다.

이 모든 것으로도 여전히 길은 멀어 보입니다. 따라서 그것을 기다리는 동안 이 시대가 감당할 만한 가능하고 실질적인 것을 들어봅시다.

여자에게 고독이 필요하다고 해서 늙고 질투심 많은 아르놀프[17세기 프랑스 극작가, 몰리에르의 희곡 「여성 학교」의 주인공. 늙은이로서 순진하고 어린 아네스를 고립된 수녀원 학교에서 가르쳐 훗날 결혼을 꿈꾸는 줄거리다. 몰리에르는 이 희곡을 발표할 무렵 마흔의 나이로 스무 살 어린 데다 자신의 애인의 딸인 아르망드와 결혼하여 큰 추문이 되었다. 이 딸이 자신의 친딸일지도 모른다는 중상까지 나왔다]의 집을 권하는 것은 아닙니다. 열쇠를 손에 쥐고 아네스를 감시하는, 그녀의 가슴을 답답하게 하고 정신을 마비시키는….

나는 우선 아네스가 자기 나이와 어울리는 젊은 남편을 가졌더라면 하고 바랍니다. 즉 열여덟에서 스물여덟 사이의. 이보다 더 차이가 나려면 아주 특별하고 드문 관계에서나 볼 수 있을 텐데, 거의 찾아보기 힘들 것입니다.

나는 아네스의 완전한 자유를 빕니다. 비록 그녀가 병약하게 태어나 고생하며 살고 있으나, 사랑은 그녀의 구원이요 결혼은 그에 따르는 해방입니다. 그녀는 동등해지고 결국은 더 우월해집니다.

"그 키요? 아무 상관없어요—내 마음만큼만 크면 그만이에요."(셰익스피어)

고독은 완전히 상대적입니다. 사랑은 너무 강한 것이어서 모든 여건을 압도합니다. 그는 많은 사람 사이에서 어쨌든 혼자일 수 있습니다. 그는 건강하고 순수합니다. 온갖 유행 속에서도. 궁전이든 헛간이든, 왕좌든 구멍가게든 그에게는 마찬가지로 보입니다. 아무튼 그는 하루하루를 채우고, 또 꾸준한 일과 부지런한 생활과 정직한 마음으로 덕을 쌓으며, 이 세상의 장애에 힘차게 맞설 수 있다는 사실도 잊지 맙시다.

파리에서 가장 칙칙하고 우울한 거리에서(뤼 데 롱바르가 그렇지 않을까), 대단히 화려하게 차려입은 미녀가 훌륭한 교육을 받고 큰 지참금을 내놓고도, 인생을 가게 한구석 작은 진열장 안에 갇힌 채, 20여 명의 사환을 지시하고 지배하면서 장부를 적고 숫자를 세며 사는 모습을 누가 보지 못했습니까? 그토록 많은 남자들 사이에서, 혼자서 돌봐주는 사람도 없는 안주인입니다. 그녀의 젊은 남편은 온종일 밖에서 사업에 분주합니다. 저녁에 두 내외는 만납니다. 부인은 장부를 덮어 제자리에 챙겨놓고 그의 곁으로 올라갑니다. 이보다 강하고 행복한 부부생활은 없을까요. 그는 그녀를 사랑할까요? 물론 찬미합니다. 이 끔찍한 가게가 두 사람에게는 목동의 집이나 다름없습니다.

❦

아무튼 당신을 위한 소망을 듣고 싶다면, 당신의 젊은 아내, 그 감정이 풍부한 존재가 영수증과 만기도래 채권 처리에 덜 바빴으면 합니다. 또 당신 자신도 온종일 그녀 곁에서 멀리 떨어지지 않았으면 합니다. 그 결혼은 아름답고 강하지만, 깊이가 있을까요? 차라리 두 사람의 친한 남자 동업자 같지 않을까요? 수익을 올리는 데 그토록 바쁜 사람들 사이에 진정한 마음의 결합이 있을까요? 침대 머리맡에서조차 아내는 큰 한숨을 지으며 이렇게 말합니다.

"여보, 내일이 말일이라는 것 잊지 마세요."〔정산하는 날〕

사랑은 의심할 나위 없이 불꽃이고 욕망이며, 어디서나 찾을 수 있는 낙원입니다. 하지만 교양이기도 합니다. 그것은 적당한 시간과 차분한 집중을 필요로 합니다. 서로를 알고 이해하며, 또 날이 갈수록 따뜻하게 서로의 영혼 깊은 곳으로 침투해 들어가야 합니다.

나는 꿈을 꿀 때, 소망을 빌 때(종종 우리 모두를 위해서),

군중 속에서 사랑하게 될 사람들에게 바라는 것은 오직 사랑의 예술(이라는 기술)로 이끌어줄 수 있는 고립입니다. 최소한 평화로운 몇 년이 걸리고, 마음을 섞을 수 있게 하고, 일상의 싸움터로 되돌아가기 전에 서로가 서로를 보강해주는….

⁂

 나는 머릿속으로 그 작고 외로운 집을 그려봅니다─목동의 집과 똑같진 않고 조금 큰 것입니다. 층마다 방이 세 칸씩인 삼층집입니다. 하녀는 없습니다. 혹 있다 해도, 안주인이 아이로 삼을 만하고 큰일을 도울 일손이 될 만한 착한 시골 소녀입니다. 도시에서 떨어진 이 집에서 매일 당신이 당신 일을 하는 것을 보고 싶습니다. 커다란 과수원이 딸리고 볕이 잘 들고 입지가 좋은 곳이며, 안주인은 작은 텃밭을 가꿀 곳입니다. 특히 물이 많아야 합니다.

 세부적인 것까지 예상하고 배치하고 정리하는 것은 남자의 몫입니다. 이런 정리를 더 잘할 수 있다고 주장하는 집안 여자들에게 의존하면 안 됩니다.

 이익이 큰 만큼 당신 혼자서 당신의 작은 새를 위해, 여왕이 되어 붙잡혀 살고 싶어하도록 그 포근하고 매혹적인 보금자리를 준비해봅시다.

 벌에게 자문을 구하면 벌은 이런 말을 하지 않겠습니까.

"나는 같은 알을 다른 방들에 나누어 낳아요. 여왕벌 방과 일벌 방이에요. 그러면 방마다 서로 다른 벌이 태어나지요."

그런 둥지가 있고 그런 새가 있습니다. 환경과 분위기와 습관이 우리를 만듭니다.

아, 둥지, 참다운 둥지여! 아름답고 포근한 바탕이여! 하지만 이런 식의 감탄만으로는 너무 부족합니다.

나는 빈집을 보여주고 싶지 않습니다. 금세 하루 만에 집이 얼마나 달라질 수 있겠습니까. 그 행복한 어느 날 누군가(누군지는 말하지 않겠습니다) 그의 출현이 집을 매혹적으로 만들고, 그 아름다운 눈으로 밝혀놓을 테니까.

작은, 아주 작은 집입니다. 하지만 열정으로 지었다면, 그것이 그토록 잘 조립되고 기막힌 솜씨로 배치되고 한다면, 젊은 가슴은 그 구석 어디나 좋아하고, 살림살이의 배치는 그 온화함에 그토록 강하고도 부드러운 습관을 얹어줍니다. 또 그 모든 것을 사랑에 전해줍니다.

2
결혼

너희는 형제, 내 아버지, 내 존경하는 어머니,
너희는 내 소중한 애인, 내 젊은 남편이요.
– 일리아드

이 말은 안드로마크〔고대 그리스 길리키아의 공주. 적국에
포로가 되어 어쩔 수 없이 세 차례 결혼했으나, 이상적인 아내
와 어머니로 통한다〕의 말이라기보다, 이 거대한 이행기를 살
던 여자의 영원한 말입니다.

그녀는 우선 마음에서 우러난 말을 하고, 그다음에 본능에서
우러난 말을 합니다. 또 그 상황을 진실로 제대로 이해하고서
말합니다. 그녀는 그가 지금 자신의 전부이자 유일한 보호자라
는 사실을 잘 알고 있습니다. 교회와 법이 의식적인 절차로써
그녀를 보호해주더라도 그녀는 이런 것에는 무심합니다.

사실 그녀가 거침없이, 보장도 없고 돌이킬 수도 없이 자신을 포기하는 용기에서 이런 진지한 실행력을 볼 수 있습니다. 만약 그때 그녀를 받아주는 사랑이 없고, 그녀가 따뜻한 사람들 손에 잡히지 않았더라면, 이렇게 당연한 전제도 그녀의 상황을 악화시켰을지 모릅니다. 이런 서류의 장벽이라는 것은 쓸모없을지 모릅니다. 하지만 거기에 연루된 사람에게는 더욱 귀찮고 성가신 것입니다. 그런 서류는 그녀를 질려버리게 할 것입니다. 결혼을 앞에 두고 미리 싸움을 붙이고 또 법이 모든 시간, 낮이든 밤이든, 심지어 두 사람의 침대까지 보살필 듯 개입할 수 있다고 생각하는 것은 어리석기 짝이 없습니다. 여자가 함께 살아야 하고 또 자신에게 가사와 힘든 출산을 부과할 사람에게 어떻게 항의할 수 있겠습니까. 여자에게는 사랑만이 안전장치일 뿐입니다.

성대한 예식이나 선전은 훌륭합니다. 하지만 그 밑바탕은 정신입니다. 로마의 법률가는 이렇게 말하지 않습니까. "결혼은 동의"라고. 의지에 따른 자유로운 행위라고. 서로 마음을 바치면서도, 특히 약한 사람이 더욱 강한 사람에게 몸과 마음을 아낌없이 다 바치며, 모든 것을 넘겨주고 미래의 모든 위험을 감수하는 희생을 합니다.

불공정한 계약 아닙니까! 교회도 국가도 그 어떤 법으로도,

이런 계약의 본질을 수정하려는 진지한 노력을 하지 않았습니다. 두 곳 모두 사실상 이 문제에서 여자에게 불리하도록 했습니다.

교회는 여자에게 분명히 반하며, 또 이브의 원죄를 볼모로 삼습니다. 교회는 여자를 유혹의 화신이자 악마의 절친한 친구로 여깁니다. 교회는 독신생활을 선호하면서 결혼을 묵인합니다. 독신이 순수한 생활이며, 여자는 불순하다고 믿기 때문입니다. 이런 교리 중에 중세의 것이 가장 심각합니다. 그래서 정신을 갱신하려는 사람들은(화학에 반대해서), 바로 그 신성한 생리의 위기를 맞은 여자의 피가 불순하다고 주장합니다. 이런 자연의 생리에 이런 법을 내세운 것입니다. 이런 악평에서는, 여자가 남자라는 더 순결한 존재의 하녀나 되는 것 아닙니까? 여자는 육신이고 남자는 정신이라면서.

민간의 법도 여기에 결코 뒤지지 않습니다. 그 법이 주장하는 것은 여자는 평생 부차적이며, 여자에 대한 영원한 금지를 언도합니다. 남자는 그 후견인이 됩니다. 하지만 여자가 죄를 범할 경우, 그녀가 받게 되는 처벌은 완전한 책임을 지는 주범으로서 매우 엄하게 취급합니다.

더구나 모든 야만적인 과거의 법에서 나온 모순이 그대로 상존합니다. 여자는 물건처럼 취급되지만 사람으로서 처벌받습니다.

"그렇지만, 적어도 가족은 그녀를 진정으로 보호하려 하지 않습니까?"

그렇게 보이지 않습니다. 나는 이론으로만 자유를 외치는 친구들을 많이 보았습니다. 그런 말은 전혀 기억도 하지 않고, 어떻든 간에 자기 딸들이 원하지도 않는 늙은 부자에게 시집을 보내곤 합니다.

물론 나약한 처녀는 아버지와 어머니와 가족에 반대해서 혼자 들고 일어서지 못합니다. 그러니 운명에 맡기고 맙니다. 또 그렇게 잘 준비된 불행한 길을 걸어갑니다.

모든 어머니가 환상을 갖고서 과장된 말을 합니다.

"아! 내가 딸을 얼마나 사랑하는지 모르겠어요!"

딸을 위해서 무엇을 했습니까? 아무것도 한 게 없습니다. 정신적으로나 물질적으로나 딸을 위한 결혼을 준비하지 않았습니다.

칭찬할 만한 점이 딱 하나 있기는 합니다. 어머니들은 보통 딸을 아주 훌륭하게 감시합니다(남자들이 생각하는 것보다 훨씬 잘합니다). 어머니들은 딸이 숫처녀로서 결혼에 임하기를 바랍니다. 가능하면 순수하고 순진한 데다, 또 신랑이 자기 딸에 대해 이 점에서 어린 소녀에게처럼 매혹되기를 기대합니다. 그리고 사실상 신랑을 놀라게 합니다. 그것이 위선이 아닐까 생각될 정도로(신랑은 숫처녀가 아닌 처녀만 보았으니 말입니다!).

이런 순진함은 걱정과 질투심이 많은 어머니 밑에서 아주 자연스런 일입니다. 특히 처녀를 이끌어줄 또래의 젊은 언니나 친구들이 없을 경우에 그렇습니다. 하지만 이런 순진무구함 때문에 아무것도 모를 위험이 있습니다. 이런 태도가 단 한 번으로 그치지 않을 테니까 말입니다. 여자가 되어가는 때에 어머니는 딸을 여자로서의 역할에 걸맞게 가르쳐야 합니다. 그녀가 동의하고 겪게 될 것을 미리 알도록 해줌으로써, 결혼에 앞서 완벽하게 대비하도록 이끌어주는 것이야말로 어머니가 지켜야 할 최소한의 신성한 의무입니다. 조건을 미리 알고 있지 않는 한 어떤 동의도 자유롭거나 유익하지 않습니다.

딸아이가 저녁에 허락하게 될 것을 아침에 알고나 있을까요? 그녀 곁에 의논할 상대나 참고서 같은 것이 있습니까? 무엇보다도, 신랑이 그녀의 과거 행실과 순결과 덫에 대해 판단하려는 것과 관련된(의심의 눈초리로) 엄청난 권리를 가지고 있음을 알고나 있을까요?

새색시는 마음보다 몸에 관해서 준비가 부족합니다. 사람들은 처녀의 문제가 아니라 옷에나 과도하게 신경을 씁니다. 부모, 친구, 신랑까지도 바로 오만가지 사소한 것에 들떠 있기나 하지 정작 그 모든 소란의 진정한 목적을 무시합니다.

그런 시련의 전날 밤에 처녀는 얼마나 두근거리며 동요하고 있겠습니까? 우선 잠을 거의 못 잡니다. 초조해서 그렇다느니 하면서 아는 체를 하는 사람도 있습니다. 보통은 그 반대 이유 때문입니다. 그날이 가까워지며 이제 가장 바라던 것이 곧 그녀를 두렵고 슬프게 하며, 특히 단김에 이전의 모든 습관을 버려야 할 때, 그렇게 막막한 미래의 문턱에 서 있다고 느낄 때 그렇습니다.

그녀가 불안해 안절부절 못하고, 열이 나기도 하고, 혈액순환이 빠르고 불규칙하며, 소화가 더디고 어려워지는 것은 당연합니다. 이 모든 것은 일찌감치 예상했어야 하지만 사람들은 엉뚱하게 딴생각을 하고 있습니다. 때로 조심스레 다뤄야 할 정도로 목이 심하게 붓고, 걱정에 괴로워하기도 합니다.

"이보시오, 젊은이, 이 글을 혼자서만 읽어보게. 자네 등 뒤에서 훔쳐보는 철없는 친굴랑 제쳐두고 말이오. 혼자서만 읽는다면, 제대로 읽는다면야 가슴이 뛰는 소리가 들리지 않겠소. 신성한 본능이 자네를 흔들어 깨울 것이니."

"이 책은 종교와 진실과 순수성을 다루고 있지 않소. 그러니 자네가 이것을 농담처럼 웃기지 마시라고 생각한다면, 자네는 자네 어머니의 관 앞에서 웃을 친구라 하지 않겠다.

결혼에서 자네의 행복은 엄청나지만 얼마나 진지한 일인가!

그러니 진중해야 할걸세. 자네가 택할 행동의 신성한 무게를 가슴에 담게. 자네에게 다가오는 처녀, 혼자서 무한한 믿음으로 다가올 뿐인 처녀에게 지극히 부드러워야 하네.

혼자예요! 자네도 알다시피, 교회는 여자를 보호하지 않잖나. 법도 엇비슷하기는 마찬가지고. 또 가족은 어떻고! 그 힘든 날에 처녀를 편안히 해주기는 뭘 해준단 말이요! 가족은 그녀를 떠받들지 않아요. 자네에게 그저 데려다줄 뿐… 당신 판단에 맡겨버리는 것이네.

하지만 나는 자네가 그녀를 잘 모시리라 믿는다네. 세상 누구도 그렇게 못 하더라도, 자네만큼은 조국과 신부님과 어머니라는 이 절대권력 삼총사를 대신할 만한 믿음을 자네 자신에게 줄 것이라고 믿고 싶네."

"신선하게 치장한 새색시가 그토록 창백한 모습으로 휘청대며 걸어갈 때 그녀의 생각과 믿음과 희망은 오직 자네뿐일세. 그녀는 이제 자기 집을 나왔다는 것을 잘 알지만 그렇다고 아직 자네 집에 와 있는 것도 아니거든. 그 두 집 사이에 붕 떠 있는 것이지.

그녀가 어디로 가고 무엇을 바랄까? 잘 알지도 못하네. 그녀는 별로 아는 것도 없고, 그저 마음을 바쳐 헌신하겠다 다짐할 뿐이니.

생각만으로도 행복해하겠지. 이제 자네 품에 안기게 되었으니. 그런데 그래서 행복할까 불행할까? 자네가 어떻게 대하려나? 그녀가 아니라 바로 이 점을 좀 들여다보게나.

제대로 갖춘 무기나 확신도 없이 혼자서 무방비로, 자네에게 사랑한다며 자신을 주려고 오고 있는데…"

미지의 땅 앞에 당도해서 크리스토프 콜럼부스는 이런 말을 했다네.

"하늘과 땅이 나를 위해 울며 빌고 있구나!"

3
결혼식

드디어 때가 되었습니다. 그녀의 어머니는 딸을 두고 떠나면서 눈물을 흘립니다. 나는 딸아이 곁을 떠나기 전에 애 엄마도 모를 말을 사윗감에게 합니다.

"초조해 말고 나를 원망하지는 말게. 자네 결혼이 늦어진 것은 내 탓이 아닐세. 딸아이는 아무 걱정 없이 들어갔네(식장으로). 자네를 얼마나 사랑하는가! 그 애는 순결하지 않은가. 그만큼 겸손하네. 그래도 상당히 떨고 있으니 그 성격을 예쁘게 봐주게나…. 그 가엾은 작은 가슴이 너무 떨리고 두근거리는 거야 빤한 거 아닌가. 한번은 제발, 그 애가 한숨을 돌리고 자신을 갖도록 틈을 주게.

내 이렇게 당부하네.

내가 자네에 맞선 그 아이 보호자일세.

새색시는 결혼식이라는 시련의 전날 밤에 얼마나 두근거리며 동요하겠습니까?
그동안 가장 바라던 것이 곧 그녀를 두렵고 슬프게 할 것이며, 이전의 모든
습관을 단김에 버려야 할 때 막막한 미래의 문턱에 서 있다고 느낄 것입니다.

그래, 자네 뜻에 반대했지. 그렇다고 다시 큰소리 칠 필요야 없겠지…. 왜 자네에게 반대했을까.

이 시간에, 자네는 적이니까."

존중해줄 점잖고 사랑스런 적입니다. 언제든 그렇듯이 예절 바르게, 훌륭하게 성장한 상류사회 남자들이 말할 싱거운 것을 간단히 되풀이해봅시다. 그런 사람 대부분은 엄청난 쾌락의 경험이 많은 탓에 결혼생활을 쉽게 싱거워합니다. 그런데다 이렇게 닳고 닳은 사람들에게는 허영심 강하고 성마른 자존심마저 있습니다. 이런 것은 고질입니다. 이 문제에 대해서라면 거칠지만 분명히, 자연의 역사가 말해줍니다.

"수컷은 매우 야만적이다."

유감이지만 의학적으로 확증된 사실일 뿐만 아니라 아주 빈번히 그 추종자들도 참고합니다. 냉정한 사람은 그토록 성스러운 순간에 불끈 솟기도 하는 불순한 충동에 염치없어 하기도 합니다.

이보다 더욱 심각하고 극히 중요한 것이 있습니다.

잘 알다시피 이 떨리는 순간에, 당신은 매우 상반된 생각을 하고 있지 않을까요?

당신도 색시도 이해할 수 없을 것입니다. 그토록 감동하고,

부드러운 눈으로 지그시 바라보는, 두려워하는 모습을 보일까 겁에 질려 파리한 미소를 띠고 있는 이 순백의 입상…. 당신이 그녀를 안다고 상상이나 하겠습니까? 그녀가 수수께끼로 남을 거라고.

그런 것이 바로 현대 여성이자 그 영혼과 정신입니다. 옛날에 여자는 육체적 존재였습니다. 옛날에 결혼이란 대를 잇기 위한 수단으로, 색싯감으로 강인하고 혈색 좋은 여자를 고르고 취했습니다(붉은 여자 즉 혈색이 좋은 여자는 야만족 언어에서 미인과 동의어였습니다). 많은 혈통을 기대하고, 그녀가 많은 아이를 낳기를 바랐습니다(그만큼 많은 피를 쏟기를). 이런 것을 위해 어마어마하게 소란스럽게 결혼식을 치렀습니다. 결혼의 희생제는 피의 세례식이었습니다.

특히 정신적인 결합인 현대인의 결혼에서 정신은 필수입니다. 세련되고 현대적이며 분위기 있는 남자를 꿈꾸는 여자는 더는 혈색이 좋은 여자가 아닙니다. 여자에게는 신경이 지배하는 생활이 몸에 배었습니다. 그녀의 피는 순환계의 운동일 뿐입니다. 피는 그 활달한 상상 속에, 두뇌의 작동 속에서 돕니다. 피는 이렇게 병적인 살결의 부드러움에서 나온 예민한 신경 속에 있습니다. 그것은 그의 감정이 실리고 때로는 반짝이는 말 속에 있습니다. 그런데 특히 매료시키기도 하고 걱정스럽기도 하며, 번번이 감동을 주는 깊은 사랑의 눈길 속에 있다가 가슴으로 건너가 눈물을 짜냅니다.

바로 이런 것이 우리가 사랑하고 꿈꾸며 좇고 욕구하는 것입니다. 그런데 이제 결혼을 앞에 두고서, 이상하게 지각없는 언동으로 우리는 이 모든 것을 망각하고, 또 거기서 강인한 혈통의 처녀를 찾고 산골 처녀를 찾고 있는 것 아닙니까. 여유롭고 특히 영양 과잉 상태인 우리 도시에서 혈색이 넘치는 여자가 좀 많습니까.

신경의 힘이 도래하고, 피의 힘이 쇠퇴하는 것은 오래전부터 준비된 것인데 마침내 이 시대의 현실로 드러나고 있습니다. 만약 저 유명한 신경정신과의 선구적 의사 브루세가 되돌아온다면, 그가 우리 세대(교양 있는 계층에 국한해서)를 어떻게 볼까요? 그가 남자들의 핏줄에서 상당히 성공적으로 끌어냈던 격정을 어떻게 보겠습니까? 근본적인 변화는 좋은 것일까 나쁜 것일까요? 따져볼 만합니다. 그렇지만 확실한 것은 남자가 너무 세련되다 못해 정신적 존재가 되었다는 점입니다. 큰일을 하고 발견을 하려고 쉴새없이 힘을 쏟다가 서른 살이 돼버리고 맙니다.

모두 변했고 여자도 변했습니다. 여자는 책을 읽고 교양을 쌓고, 못된 교양을 쌓든 아니든 간에 아무튼 우리의 사상을 경험했습니다. 처녀들은 그것으로 수수께끼를 만들지만, 누가 풍부한 표정과 미묘하게 고심하는 그녀의 눈과 인상에서 그 수수께끼를 읽어내겠습니까? 당신의 약혼녀는 지금 당신이 그토록 매달리는 천박한 매력에밖에 관심이 없습니다. 당신은 그러하기에 순수한 사랑이라고 하시겠지요! 그녀는 희고 섬세한 요정이 되고 싶어하는 것 아닐까요. 그녀는 이 지상에서 당신이 천상의 존재가 되길 원하고 또 오직 바라는 것이라고는 당신의 날개뿐입니다!

그런데 순수함을 넘어서 만사에 너무 순진해서 시련[순결의 시험이나 성적 경험]조차 무서운 줄 모르는 여자들이야말로 종종 걱정거리를 만들고, 위험한 경종을 울리곤 합니다. 요즘 많은 남자들은 사랑 때문이 아니라 자존심과 의심 때문에 정신을 잃고 있습니다! 창피해하고 발끈하며, 여자의 사소한 걱정거리들이 요즘 그토록 당연시되면서 썰렁하게 만연하고 있습니다. 이런 안타까운 억측만 난무합니다.

"물론 여자는 이런 말썽을 두려워하지요. 그녀는 감히 고백하지 못하다가 때를 놓치고 말지요."

우선 그녀는 이해하지 못합니다. 그러나 마침내 그가 무슨 생각을 하는지 알아차리게 되고 나서야 사람들은 그녀의 분개와 고통을 알게 됩니다. 그녀는 기가 막혀서 더는 울지도 못합니다. 그토록 그를 사랑하는 여자는 무슨 일이 있었는지 그에게 모든 것을 말했을 텐데, 그런데도 그는 죽을 듯한 불신의 상처를 주지 않았습니까! 이보다 더 영원히 원망스러운 일이 어디 있겠습니까!

남자가 여자를 판정한다고 생각하지만, 여자 또한 그를 판정합니다. 이런 때라면, 여자는 예민하고 부드럽기에 그만큼 상처받기 쉽습니다. 여자는 자기 사랑을 살리거나 죽이는 결정적인 감정을 가슴속 깊은 곳에 간직하고 있습니다.

아! 얼마나 이상하고 놀라우며 야만적인 변화입니까! 그는 말로는 그렇게 사랑한다면서 동정심조차 없지 않습니까! 그녀의 얼굴도 쳐다보지 않고(빈번한 일이지만), 이런 감정에 못 이기면 그녀는 정말로 깊이 병들고 맙니다. 병이 들자마자 그녀는 숨조차 쉬기 어렵지 않던가요! 게다가 신경질이 차츰 늘어나고 때로는 폭풍처럼 거세지기도 합니다. 최악의 경우 구토까지 하게 됩니다. 건강하기 그지없던 여자가 밑바닥에서부터 뒤집힙니다. 그녀는 처참해진 상황에서 극도로 불안해합니다.

얼마나 가엾습니까! 착하고 부드럽게 대해야 합니다. 그녀를 조금이라도 이해하고 보살피며, 안심하도록 해야 합니다. 당신이 적이 아니라는 것을 모를 그녀가 아닌 만큼, 친구이자 자신에게 완전히 속한 헌신적인 사람이라는 것을 아는 만큼 말입니다. 조심하고, 능숙하고, 존중하고, 지적으로 이런 상황에 대처해야 합니다. 그녀를 완전히 안심시켜야 합니다. 이런 말을 해야 하지 않을까요.

"나는 네 거야. 너나 똑같아. 나도 너 때문에 괴로워…. 엄마나 유모라고 생각하고 내게 안겨봐. 다시 내게 돌아와봐…. 넌 내 아내고 또 내 아기야."

❧

그렇게 엄마나 간병인처럼 될 때가 매우 중요합니다. 사랑하는 사람의 아픔을 가라앉힐 수 있기 때문입니다. 차분한 정신은 몸을 진정시킵니다. 그러면 난폭한 신경증도 차츰 가라앉고 착한 본성과 여자다운 온순함을 되찾습니다. 즉 그녀는 당신이 슬퍼하는 모습을 걱정하고 괴로워합니다. 물론 그녀는 완전히 자신을 찾지 못한 채 여전히 두려워하면서도, 다정하게든 나약하게든 당신에게 호의로 대할 것입니다. 만약 이런 매력적인 친밀감을 보여주지 않았다면 당신은 그런 호의를 누리지 못하겠지요. 그녀는 당신 곁에서 당신이 지켜보는 가운데 당신을 믿고 잠들 것입니다. 그리고 그녀가 깨어나서는 잃은 것은 아무것도 없게 됩니다.

4
깨어나기
집 안의 젊은 안주인

"베개맡에서 깨어나" 청년은 어제는 하나이던 것이 오늘은 두 개이며, 이 매력적인 머리, 이 포근한 사람이 무방비로 자신의 보호하에 누워 있는 것을 보고 흥분합니다. 어떤 과분한 존재이거나 거만한 사람이라도 감동하기 마련입니다. 어떤 언어, 심지어 눈물조차 여기에 답할 수는 없습니다. 가슴은 존경심으로 터질 듯하고, 자연과 하느님에게 감사합니다. 사랑의 감정 때문에 자연스레 야만적 동작이 취해지기도 하지만 가까스로 참고 맙니다.

"그녀를 잡았어. 내가 그 임자야! 이게 정말일까? 그녀가 내 것이라!"

그러나 이와 같은 승리의 맹목적인 충동에는 더욱 고상한 움직임, 즉 그녀를 무한히 행복하게 해줄 그 무엇으로 보답하지 않을 수 없습니다.

"아, 세상과 땅과 하늘을 다 주어도 모자라! 모든 피를 다 쏟아 부어도 부족해!"

그는 심장을 가슴 밖으로 꺼내 그녀에게 바칩니다.

"나를 잡아줘, 나를 받아줘. 미래와 내 모든 것과, 내 생각과 의지를 위해 내 영혼을 잡아줘…."

고대법에서는 이 순간을 호기로 삼았습니다. 남자가 이 시간에 헌신하도록 간곡히 권했습니다. 그 시간을 오래 끌고, 여자의 초조함을 덜어주며 마음을 가라앉히라고. 이것이 우리가 "아침의 선물"이라고 하는 것입니다.

"남자는 사랑을 위해 자기 삶을 바치면서도 정작 아무것도 주지 않았다고 생각합니다."

"그런데 이보게 젊은이, 나는 여기서 자네를 불러 세우고, 선생으로서 그 선물 하나를 부탁하고 싶네. 자네 부자인가? 땅이나 산이나 궁전이 있나? 그렇다면 그것을 지키면 되지만, 여자는 그 모든 것보다 더 위에 있거든. 그녀를 위해 부탁할 것은 오직 자네의 역할뿐일세. 아내를 존중하고 명예롭게 한다는 약속 말이지. 엊저녁의 자네처럼 그녀를 위해 영원히 그렇게 할 텐가? 그녀의 젊음과 나약함과 온순함은, 그 모든 것은 자네에게는 자네 아버지의 늙음과 그 엄명만큼이나 막중할 테니까. 자네의 거칠고 난폭하던 성격을 부끄러워하게. 누굴 위해선가,

142

그녀를 위해서 아닌가! 자네는 강하고 그녀는 약하다는 것을 수치로 생각하게. 헌신하고 자부하는 그녀에 대해 사랑으로 대하고. 하느님에게 강해 뭐 하겠나!"

❧

그날이 오고, 너무 지친 그녀는 곯아떨어집니다. 그녀는 얼마나 파리하게 지쳤을까요! 그녀가 너무 힘들어하는 모습이 훤히 보입니다. 이 거친 정신적 싸움은 그녀에게 너무나 버거울 뿐입니다! 감탄하던 애인에게서 장차 거칠고 강압적인 주인을 보게 되었으니 얼마나 큰 상처를 입었겠습니까! 그는 이렇게 말합니다.

"나도 그러고 싶었습니다! 내가 주책이 없었지요. 내 마음과 다르게 행동했거든요. 이런 거친 사태 전에는 그녀의 마음을 잘 얻었고 또 그녀의 의지를 믿었는데 말입니다! 그녀가 이런 것을 잊었을까요? 그녀가 용서할까요? 그녀가 나를 더는 사랑하지 않는다면 어떡하지요!"

그는 그녀를 의심할 만큼 그녀를 잘 모릅니다. 그녀는 정신을 차리고서 서글프고도 부드럽게 반쯤 미소를 지으면서 눈을 크게 뜨고, 자신이 어디 있는지 주시하고, 수줍은 아이처럼 얼굴을 잠시 파묻죠. 그런데 그녀가 정말로 화났겠습니까? 아니

143

면 무엇인가 부끄러워하는 것일까요? 괴로워했던 것을. 또 그가 저지른 못된 짓에 대해 용서를 하려는지 모릅니다. 그녀에게 평화와 사랑이 필요하며, 바로 그 평화는 그녀에게 달렸습니다. 그녀는 그에게 작은 손을 내밀고 한숨을 지으며 이렇게 말합니다.

"몰라, 여보!"

여기에 누가 저항할 수 있겠습니까? 그는 차마 손을 잡지 못합니다. 눈물이 어립니다. 그녀는 그를 끌어안으면서 심란해하는 그에게 완곡하게 반박합니다. 반박이라지만 실은 사랑의 애무일 뿐입니다.

"어떻게 그렇게 극성맞을까! 감당이 안 돼요. 아! 당신이 내 남편이고 사랑한다니… 나는 너무 괴로워요. 내가 다시 일어날 수 있을까요?"

그녀는 느리고, 뻐근하고, 그날 아침 조금 몸이 무겁긴 하지만 그토록 날씬하고 가볍습니다. 아무튼 새색시는 일어나 단정하게 다듬고 아무 일도 없었던 모습입니다. 그녀는 서둘러 소파에 앉아 나약하고 지친 몸을 추스릅니다. 그러면서 거울을 들여다봅니다.

"어머, 이 꼬락서니가 뭐야!"

이런 부정적인 말을 여전히 되풀이합니다. 경박한 사람들, 놀리거나 시기하는 친구들 앞에 나가 식탁에 그런 모습을 보일 수는 없습니다. 호기심에 가득한 형제나 누이도 안 됩니다. 야만스런 일이 벌어질 테니까요. 이런 모습으로 나설 수는 없습니다.

만약 쉬고 혼자 있게 배려해준다면 그녀는 얼마나 고마워하겠습니까! 어머니조차 귀찮을 텐데. 그나마 그녀를 편안하게 해주려면 꼬치꼬치 캐묻지 않아야 합니다. 비밀은 이제부터 두 사람만의 것이며, 그녀는 자기 남편에 대해 이러쿵저러쿵 말하지 않을 만큼 착하고 믿음직하기 때문입니다.

"아냐, 가만히 있어. 그냥 쉬어, 아무 걱정 말고. 아무도 오지 않을 거야. 당신 자신이나 추스르고 따끈하고 가벼운 점심을 들고 마음을 굳게 먹어봐. 그러고 나서 당신 집과 정원을 보면 좋지 않겠어?"

이럴 때 만약 당신이 부잣집 아가씨와 결혼했다면 불평을 들었을지 모릅니다. 그런 아가씨들은 쉽게 만족할 줄 모르지 않습니까! 멋진 것들로도 만족시키기 어렵고, 웃는다고 해봐야 번번이 이런 것일 뿐입니다.

"괜찮네요, 하지만 더 좋은 것을 많이 봤어요."

반면에 아름답고 재치 있고 겸손할 뿐인 데다 또 빈곤한 생활에서 더욱 편안하고 자유롭고 온화한 생활로 접어든 여자는 그토록 커다란 선물에도, 아무것도 가져온 것이 없다고 쑥스러워하면서 행복해하고, 기쁨과 놀라운 순진성과, 그녀가 보고 만지는 즐거움과 모든 것을 가졌다는 데에 황홀해하면서 이렇게 말합니다.

"여기가 바로 우리 집이야!"

뿐만 아니라,

"우리 집 너무 예쁜데! 모든 것을 배려했어. 정말이지 이 모든 것이 한 여자를 위해서 마련된 것 같아."

생각 좀 해봅시다. 여자의 마음을 매혹하는 이런 것이 비싸고 큰 사치인지? 전혀 그렇지 않습니다. 여자를 가장 즐겁게 해주는 것, 정말로 안주인의 손에 쥐여주는 것, 물건을 깨끗이 질서정연하게 정리하고 간직하고 차곡차곡 쌓아두고… 이런 것을 사랑하는 게 여자입니다. 그렇게 해야 여자는 그것들을 소유한다고 느끼며 자기 것으로 삼습니다. 장롱과 서랍, 옷을 개놓는 훌륭한 참나무 옷장, 벽장과 숨을 곳, 이런 것을 좋아하기 때문에 아무것도 감출 것이 없는 것을 더 좋아합니다.

다양한 가구, 높낮이가 다른 의자들, 납작한 아기의자를 좋아하는 데는 이유가 있습니다. 집 안에서 살림하는 주부로서 여자는 일하는 자세를 자주 바꾸어야 합니다. 자발적인 포로가 된 사람이 누리는 자유이기 때문이지요.

웬만큼 질 좋은 양탄자, 하지만 두껍고 두세 겹으로 두툼하게 속을 덧대어서 계단까지도 죽 이어지는 것, 이것이야말로 발이 작은 여자의 행복입니다. 미묘하고 부드럽게 저항을 느끼면서, 부드러운 탄력과 벨벳 같은 정감을 주는 친구입니다. 큰 이점입니다. 가정으로서 전혀 부족함이 없습니다.

프라이팬 대신 벽난로가 눈에 띕니다. 프라이팬은 귀찮을 뿐입니다. 장작불이 더욱 즐겁고 건강에도 좋습니다. 석탄가루는 끝없고 눈에 띄지도 않는데도, 가끔 드나드는 남자는 별로 성가셔하지 않습니다. 하지만 여자에게는 대단히 고약합니다. 외출이 잦지 않다보니 가루가 결국 폐에 쌓이게 됩니다.

그런데 가장 행복한 순간은 손에 열쇠 꾸러미를 쥐여줄 때입니다. 최상의 절약법이고(가령 그녀가 타고난 지혜에 따른다면), 그녀가 모든 것을 갖고 또 지출할 수 있겠지요. 이때부터 더 이상 어린애 같은 시샘은 없어집니다. 그녀는 자기가 하려는 모든 일에 대해 이렇게 말합니다.

"그래, 살 수도 있지만 나중에 사도 돼."

그렇지만 나중에도 더는 살 생각을 하지 않습니다.

어쨌든 유복한 집에서 태어난 처녀는 그녀를 버릇없이 키운 헤픈 어머니를 훌쩍 떠나버린다는 것을 잊지 맙시다. 독재적인 어머니의 경우도 마찬가지입니다. 딸에게 집안일에 끼어들지 못하게 하고, 물건과 돈의 진짜 가치를 모르게 가르친 어머니가 그렇습니다. 딸아이에게 장삿속과 하인의 절도 등에 대해 잘 방어하는 법을 가르쳐야 합니다.

차츰 세세한 것을 넘겨받은 아내는 남편이 집안의 관심사와 전체 생활비를 뒤에서 지휘하는 것을 좋아하게 됩니다. 여자들은 남자의 지나친 양보를 그다지 좋아하지 않습니다. 매력적인 모순이지만, 여자들은 안주인이 되길 원하며, 남편이 자기 주인, 즉 강하고 위엄 있는 모습을 보여주기 바랍니다. 여자들은 여자의 일에서조차 그에게 자문을 구하고, 그가 지휘하고 결정하기를 원하고 즐거워합니다. 선의의 힘으로 자신을 감싸고, 때로는 부드럽게 바늘처럼 조금 따끔함을 느끼게 해주는 그런 사람에게 자신이 속해 있다고 느끼고 복종하는 것이야말로 사랑의 관능성입니다.

마당으로 나가봅시다.

먼저 돈이 없어도 기둥 몇 개, 가벼운 양철지붕으로 집과 마당 사이에 작게 트인 회랑을 만들 수 있지 않을까요? 겨울의 작은 현관 말입니다. 그곳에서 그녀가 일하고 햇볕을 쬘 수 있도록. 또 여름이 오면 그늘 밑에서, 수반에서 분수가 뿜어 오르는 가운데 바느질을 하고 수를 놓거나 책을 읽도록. 수수한 작은 나무는 변덕스런 우리 날씨에서 없어서는 안 되겠지요!

그러면 그 자리가 얼마나 달라지겠습니까! 그녀가 차지할 이 고독한 정원은 얼마나 매력적이겠습니까! 빛은 얼마나 밝고 따사롭겠습니까! 아, 사물도 더는 사물이 아닙니다. 이 모든 것이 그녀를 받아들이고, 그녀를 축복하는 영혼입니다. 벽이 아니라 돌멩이라도 그녀를 바라보다보면 물렁해질 듯합니다. 꽃들은 그녀를 찬미하고 바라보면서 그 잎을 활짝 벌릴 것입니

148

다. 작은 풀들도 땅바닥에서 그녀의 발길에 채이고 싶어하듯 피어날 것입니다.

그녀도 이런 안뜰의 마법에 홀리겠지요. 그녀는 거기에서 계속 뭉개고 싶어합니다. 그녀는 이런 따뜻한 마법에서 깨어나고 싶지 않을 것입니다. 사랑의 상념에 젖은 그녀는 당신의 말을 들으면서 대답도 하지 않으려 합니다. 분수대의 말없는 잔디처럼 흠뻑 취해서…. 그녀의 입은 감동에 젖어 아무 말도 없는 웅변에 넘칩니다. 게다가 그녀의 가슴은 그토록 부드럽게 부풀어 오르락내리락합니다. 당신의 팔에 안겨 그것을 맞잡은 채 그녀는 차츰 모든 것을 주려 하고, 당신에게 전신을 기댑니다. 이는 물론 부드러움이고 또 피곤함이기도 한데 한낮의 더운 날씨 탓입니다. 이 귀여운 아기는 한숨을 지으며 이렇게 말합니다.

"아휴, 당신 곁이 얼마나 좋은지 몰라!"

5
집안 단속

사랑이 사랑을 키우고 높입니다. 서로 사랑을 많이 나누는 비밀은 서로에게 많은 관심을 기울이고, 가능한 한 바짝 붙어 함께 사는 것입니다.

"그래서 뭐 어떻다는 말입니까! 지겨워하고 미워하게 되는 걸요."

그렇습니다. 만약 고독과 사교를 오락가락하고, 생활이 불안정하고 게으르며 일관성 없고, 정신이 차분하지 않다면 그렇겠지요. 하지만 일과 사랑을 오가는 소박한 생활을 즐기면서 쓸데없는 오락을 배제하고, 점점 더 꾸준한 공동생활을 조여나간다면, 서로를 생각하면서 즐겁게 산다면 어떻겠습니까.

옛날 취리히에서 사이가 틀어진 부부가 이혼을 요구하면 법원은 그 소청을 듣지 않았습니다. 결정하기 전에 그들을 사흘 동안 침대와 식탁, 접시와 잔이 각각 하나뿐인 방에 가두어두었습니다(숙려 기간 제도의 모범이다]. 그러고 나서 그들을 보지도, 말도 걸지도 않고서 식사만 넣어주었습니다. 그렇게 사흘 뒤 밖으로 나오면서 누구도 이혼을 원치 않게 되곤 했습니다.

요즘 현대식 아파트만 보급되는데, 이것만으로도 결혼을 방해하기에 충분합니다. 이렇게 작은 방들로 나뉜 공간은 살림을 갈라놓고, 가족을 분열시키고, 부부를 고립시킵니다. 반대로 우리가 갇혀 사는 이 불편하고 커다란 병영 같은 층층 구조에서 우리는 번번이 낯선 사람들과 마주칩니다.

남편은 다른 데서 일하고, 부인은 다른 데서 심심해하며 믿음직하지 않은 여자들과 경박하게 수다를 떱니다. 일하는 곳이 하나, 규방이 하나 따로 있어야 합니다. 침실 두 개로 각자 서로 모른 척 피해서 살 수 있고 필요할 경우 자신을 방어할 수 있도록. 하나뿐인 식당과 거실에 사람이 모일 때가 있습니다. 그렇지만 손님들과 식사를 함께 하거나 여유 시간을 다 차지합니다. 즉, 서로 얼굴을 맞대거나 말할 틈도 없습니다. 부부가 서로 신뢰하자면 각자의 방에 빗장을 거는 데 신중해야 합니다.

어째서 이혼이 성행합니까? 이런 부부생활이 늘었기 때문입니다. 바로 아파트 생활입니다.

151

아! 사랑할 때, 고작 방 한 칸뿐인 이웃 목수의 집조차 얼마
나 부러웠습니까? 그가 대패질을 하는 동안 아내는 빨래를 하
고 온종일 다리미질을 하면서 노래를 흥얼대지 않았습니까. 종
종 나는 힘차게 떨리고 청순한 그 예쁜 목소리를 듣느라 넋을
잃곤 했습니다. 어떤 때는 노래 소리가 너무 커서 방해도 되었
지만, 이런 말이 불쑥 터져나오곤 했습니다.

　"노래하라, 노래하라. 작고 가난한 피리새여!"

　"목수는 얼마나 좋을까! 하지만 내가 할 일은 너무 고상한
세계의 것이고 너무 심각한 문제를 다루는 것이거든⋯. 나는
생각하는 사람이야. 모든 낙은 깊은 사색에서 나오거든."

　그런데 이보시오, 그렇게 너무 깊다보면 푹 꺼지는 수가 있
거든요! 당신의 일, 이 시대의 일은 대부분 삭막하고 정신적인
줄은 압니다. 그래요, 좋습니다. 하지만 생기도 없이 건조하며
"인간적인" 면이 없어요. 글 쓰는 사람은 번번이 선의와 진실
한 세계의 모습을 놓치곤 하지요. 진정 인간적인 일, 실체가 있
는 활력에 넘치는 사고는 그렇게 쉽게 동요하지 않습니다. 그
의 힘찬 꿈틀거림과 그 일에서 누릴 수 있는 모든 즐거움을 끌

어내고, 동화되고 그것과 하나가 됩니다. 우리가 "낙樂"이라고 하는 것이 얼마나 쉽게, 그 마음 깊은 곳에서 우러납니까. 당신의 사랑과 또 사랑하는 여자에게서! 이 모든 것이 하나일 뿐이고 하나가 될 뿐입니다. 그녀 때문에 일이 즐겁다고 느낍니까, 아니면 일 때문에 그녀가 즐거워할까요? 이도 저도 아닙니다. 아주 소원해 보이는 문제도, 그녀는 여전히 자신이 풍기는 따뜻한 애정으로 그것을 감싸 안습니다.

홀란드 그림은 정말 보기 좋습니다. 나는 거기서 매번 미美와 살림이 매력적으로 뒤섞이고 탐구되는 것을 봅니다. 거기서 살림은 고상해지고, 아름다움은 뜨겁고 풍요롭게 탐구됩니다. 누구나 루브르에서 렘브란트의 「성 요셉」을 봅니다. 그리고 이 철학자의 작은 모습에서 적지 않게 감동을 받습니다. 가족에 둘러싸인 조화로운 분위기를 그린 미세한 습작의 이미지입니다. 해가 희미하게 질 참인데, 그 늙은 성자는 큰 책이 놓인 창가에서 더 이상 책을 읽지 않고 명상에 잠겨 있습니다. 그는 감은 눈으로 마치 모든 것을 보고 있는 듯합니다. 불을 지피는 하녀가 보입니다. 소라고둥처럼 생긴 계단을 걸어 내려가는 그의 부인도(쉽게 알아볼 수 있을 정도로 눈에 띄진 않지만) 보입니다. 이 이미지가 그의 따뜻한 생각에 녹아들고 있음을 알 수 있습니다. 그 뒤 작은 창고에 때때로 한잔하면서 몸을 덥힐 평범한 포도주가 들어 있음 직합니다. 바로 이것이 자기가 거둔 삶의 수확에 둘러싸인 한 인간의 모습입니다.

가령 창가에 놓인 책이 성경이라면, 그 그림 속의 영감은 그것을 최상으로 여겼을 것입니다. 그는 신관들과 원로들의 말을 이해하려고 그 책을 읽었을 것입니다. 그는 공허하고 쓸데없는 것에 시간을 잃지 않을 것이고, 또 다른 사람처럼 천사들의 성性을 궁금해하지도 않을 것입니다. 바로 이 사람이 수도원이나 독방에서 신학자 둔스 스코트와 성 토마스 아퀴나스처럼 성경을 세련되고 까다롭게 해석했을 것입니다. 다른 모든 것을 제쳐둔 채 말입니다. 그렇지만 여기서는 정반대의 모습입니다. 왜 그럴까요? 살림과 가정과 정은 그를 끊임없이 현실로 끌어들이기 때문입니다. 이런 옛날 이야기에서, 그의 마음에 다가오는 것이 그를 새롭게 태어나게 하기 때문입니다. 즉 그는 그 모든 것을 진심으로 되살립니다.

좁은 공간에서 일하는 사람을 방해하지 않고서 그 곁을 맴돌며 오가는, 젊은 여자의 익숙한 몸놀림처럼 보기 좋은 것도 없습니다. 열심히 일하는 친구들 집에서 볼 수 있는 흐뭇한 모습입니다. 누구라도 그에게 방해가 될 수 있지만, 그는 이런 말을 합니다.

"마누라는 있는 것 같지도 않아…"

사실상 그녀는 그의 분신이자 최상의 친구입니다. 그녀는 숨을 죽이고 발뒤꿈치를 든 채 살살 걷습니다. 그녀는 마루를 가볍게 스칩니다. 얼마나 일을 중시합니까! 바로 거기서 여자가 얼마나 부드럽고 섬세한지 인정할 수 있습니다. 특히 사랑받는 사람에게 언제든 필요한 부드러움입니다. 만약 그가 그녀를 괴롭힌다면, 그녀는 한구석에서 바느질을 하거나 수를 놓겠지요. 그렇지 않다면 수도 없이 필요한 것을 찾아 이 작은 방으로 들어올 것입니다.

"뭐 해요? 얼마나 했어요? 너무 많이 하는 것 아니에요? 병나겠어요!"

이런 모든 생각이 그의 머리에 가득합니다.

그가 연구에 몰두하는 동안 그도 모르게, 그녀는 빼앗아갈 수 있는 것보다 더한 것을 가져다줍니다. 매혹적인 충전기처럼 그녀가 지나다니면서 그 옷으로 당신을 가볍게 스칠 때, 그녀가 예술가나 문인에게조차 상상력을 불러일으키고도 남겠다는 생각이 들지 않겠습니까? 지치게 하는 힘겨운 작업에, 모든 것에 생기를 돌게 하는 이와 같은 행복한 사랑의 향기가 섞입니다. 이렇게 이탈리아의 옛 그림들이 머릿속에 백 송이 장미처럼 피어납니다. 죽음까지도 거기서 생기를 띱니다.

이렇게 그녀가 곁에 있다는 것에 그는 얼마나 행복해합니까! 그녀를 못 본 척하고 허리를 굽힌 채 일에 몰두해 있지만 마음속으로는 이렇게 외칩니다.

"소중하고 매혹적인 내 사랑! 오 나의 장미! 그렇게 염려하지 말구려! 당신의 움직임은 조화요, 그 목소리는 내 귀를 홀리는 가락이요, 그 모든 것이 내 일을 기쁘게 하고 당신의 은총을 받을 것이니, 내 마음의 불꽃은 활활 타오르고⋯

아직 이 방에서 당신을 못 보았어. 내 일에 열중하느라 당신이 나타난 줄 몰랐다 하겠어. 내 머릿속을 시원하게 해주지만.

천년만년 이런 소릴 하겠지.

아! 당신이야말로 차분하고도 생생한 타오르는 작품이야."

6
식탁

생활의 거대한 변화가 젊은 여자에게 온건한 것이 되도록 모든 것을 정리(거기에 맞춰) 조정해야 합니다. 처녀 시절의 식사를 거의 바꾸지 않거나, 바꾸더라도 천천히 바뀌도록, 대부분의 처녀가 과일 먹기를 즐기는 버릇에서 갑자기 남자의 딱딱한 음식으로 건너뛰지 않도록 조심해야 합니다. 그렇게 하지 않으면 여자는 탈이 납니다. 영국인을 모방하는 모습을 보는 것보다 더 무모한 짓도 없습니다. 즉 게으르고 집 안에서 죽치는 여자가 큰 고깃덩어리를 먹는 일입니다. 이는 거친 일을 하면서 늘 움직이는 활동적인 남자에게나 필요합니다. 성가신 식이요법은 알코올 섭취보다 더욱 자극을 부추기는 꼴이 됩니다. 그때부터 일찍이 시들고 불그스레해집니다. 이는 아름다움을 방해하는 것이고 결국에 혈기 자체를 크게 떨어뜨립니다.

프랑스 처녀에게 어린 시절의 습관을 유지하도록 하되 차츰 개선해나가도록 해야 합니다. 첫날부터 그녀가 새집에서 친정에서 가졌던 모든 것을 찾을 수 있도록 배려해야 합니다. 당신이 그렇게 배려할 것이라고 믿습니다. 당신의 마음을 알고 있으니까. 오래전부터 친정어머니나 유모, 또는 그 집안 주치의로부터 당신은 그녀가 신체적으로 어떠했는지 알아야 하고 어떻게 해야 할지도 알아두어야 합니다. 훌륭한 보금자리를 마련하자면 모든 것을 알아야 합니다. 습관과 평소의 건강 상태와 사소하게 느꼈던 불편함과 여자의 모든 사정까지 알아야 합니다. 이런 것은 쓸데없는 호기심도 아니요, 절대적으로 필요한 것입니다. 신중치 못하게 들쑤셔대지는 않도록 하면서 그 조상과 가족사를 거슬러 올라가보고, 혹시 과거에 발생했거나 현재까지 이어질 만한 질병이 있는지도 알아두어야 합니다. 이런 지식이 그녀의 건강을 좌우하며, 가능한 한 두 사람의 식사와 그 취향과 건강을 보존할 수 있습니다.

　많은 이들, 특히 점잖은 사람들이 상당히 허약한 상태로 결혼을 맞이합니다. 지나치게 세련되거나 태생적으로 병약하거나, 아니면 잘못된 식이요법 때문입니다. 그렇게 연약한 꽃을 집안에 맞이하는 사람은 아내가 너무 자주 피곤해서 사랑도 하기 어렵다는 것을 알게 됩니다. 아기를 갖기 전에 여자 자신이 튼튼해져야 하고, 이 가엾은 어린애를 완전한 여자로 이끌어야 합니다. 부부가 되려면 어미가 되어야 합니다.

어머니와 유모가 아기에게 너무 많이 먹이려 하는 것은 잘못입니다. 병들 위험이 있을지도 모르기 때문입니다. 이 여자들은 "아이고 잘도 먹지!"라고 하면서 아기가 소화불량에 이를 때까지 먹이며 흐뭇해합니다. 어머니들이 정에 겨워 사내아이에게 과도하게 먹도록 부추기고 강요하면서 한 입씩 삼킬 때마다 자신이 느끼는 행복과 즐거움을 토해내는, 기이한 구경거리를 늘 볼 수 있습니다. 그런 여자들은 아기에게 입맛을 다시면서 관능적인 사랑을 즐깁니다. 사랑도 이와 비슷한 효과를 냅니다. 아주 건강한 친구 집에서 저녁 식사를 할 때, 나는 후식을 들면서 그가 감동하는 모습을 보았습니다. 그가 골라 먹도록 한 조각을 권해야 미식 취미라고 하겠습니다. 그러나 그 자리에서 어떤 이유나 핑계도 없었습니다. 나는 맞은편에 앉은 그의 젊은 아내가 몹시도 좋아하는 과일을 먹는 것을 보았습니다. 그는 이 과일을 쳐다보고 있다가 얼굴을 붉히더니 몸을 떨었습니다. 그제야 나는 모든 것을 이해했지요. 그 자신에게도 수수께끼는 아니었으니까요.

"그녀의 쾌감이 내겐 너무 예민해서 참기 어렵다네…. 그녀가 느끼는 것을 보면서 나 자신 너무 많이 느끼니 말이지."

159

지나치게 강한 본능의 움직임이고 또 그녀가 따라서는 안 되는 것입니다. 그러면 그녀에게 탈이 날지 모릅니다. 그런 식욕과 기능의 신체적 정체는 두 사람 모두를 허약하게 하는 데나 좋지 않겠습니까. 그녀 때문에 짜증이 나더라도 조용히, 제발 자중하고, 현명하게 그 일을 다루되 전혀 서둘러서는 안 됩니다.

하인이 없거나 거의 간섭받지 않고 둘이서 오붓하게 하는 살림에서 식사야말로 가장 깊이 하나가 되게 합니다.

남자는 여자를 부양합니다. 매일 전설의 새처럼 하느님의 일용할 양식을 그토록 사랑하는 고독한 사람에게 가져다줍니다. 여자도 남자를 부양합니다. 그에게 필요한 것과, 그의 피곤과 잘 아는 기질에 맞춰 음식을 마련하면서 그를 불과 소금과 영혼으로 더욱 좋은 사람이 되게 합니다. 그녀는 거기에 섞이고, 사랑스런 손길의 향기를 얹습니다.

이렇게 둘은 서로를 부양합니다. 두 사람은 행복하게 단 하나의 작은 부분도 상대방의 것이 그만의 것이 아니라고 느끼면서, 하루하루가 다르게 새로워지고 사랑받는 사람 덕에 다시 살아남을 느낍니다. 위장의 엄하고 기본적인 법칙과 운명으로 자연은 우리에게 가장 따뜻한 관계와 고상한 심정을 심어줍니다. 거기에서 둘은 하나가 됩니다.

이렇게 조용하고 따뜻하게, 혹은 심지어 격정적 쾌락과 위기를 겪어나가면서 일심동체가 될 때 여기에 무엇을 더 섞겠습니

160

까? 함께 식사를 한다는 것은 성생활과 마찬가지로 교환이자 본질의 변모입니다.

자, 이제 식탁에 서로 마주 보고 앉아 처음으로 함께 식사를 합니다. 당신은 그렇게 그녀 앞에 있습니다. 흐뭇해하며 그녀를 눈에 가득 담아 봅니다. 그녀는 당신이 잠시 자리를 비운 사이 당신을 생각하면서 아름답게 보이고 싶어합니다. 그녀는 사실 약간 치장을 했습니다. 또 뭐가 있더라? 별것도 아닙니다. 정원에서 따온 꽃 한 송이를 머리에 꽂았을 뿐.

그녀는 이렇게 단 하루 만에 또 다른 여자가 됩니다. 그 낯빛은 약간 생기를 되찾았습니다. 병약하던 예쁜 처녀가 이제 매력적인 여자가 되었습니다. 그녀는 조금 겸손해하며 점잖게 웃는, 이미 한 사람의 '부인'입니다.

그녀는 식욕이 대단치는 않습니다. 야채와 과일, 푸성귀면 그만입니다. 육식을 즐기는 당신의 취미와 다릅니다. 그녀는 죽음을 혐오하고 피를 혐오합니다. 그녀 자신이 삶의 꽃인 만큼 이는 당연한 일입니다. 바로 그래서 내가 말했듯이 이런 시골 처녀가 특히 필요합니다. 아내가 그런 음식을 기꺼이 만들기야 하겠지만, 아이고! 피에 넘치는 부엌이라면 질색입니다. 그녀는 밭에서 일하는 튼튼한 촌색시에게는 별것 아닌 것도 큰일로 여길 만큼 섬약합니다.

부엌이 곧 약입니다. 최상의 예방약이지요. 아내만이 남편에게 필요한 것을 잘 알고, 그의 일과 정력의 소비를 잘 알며, 오직 그녀만이 필요한 힘을 되찾는 방법을 가늠할 줄 압니다. 그녀가 대체로 청결한 것을 싫어할 리 없고, 그 고운 손이 거칠어지지 않는 한 불가분 손으로 "주물러야" 하는 것은 그녀가 직접 하도록 하는 것이 바람직합니다. 우리가 좋아하고 탐하는 반죽과 과자와 크림은 그녀가 준비할 수밖에 없습니다.

순수한 그녀로서는 당신을 기분 좋게 하는 것이 무엇인지 적지 않게 생각하고 고민합니다. 그녀는 당신의 입맛을 빤히 알고, 그녀가 만든 것에 얼마나 굶주려 하는지도 알고 있습니다. 당신의 생각을 미리 알고 있는 것이지요. 당신이 가장 좋아하는 것은 바로 그녀가 당신을 위해 만든 것입니다. 그녀의 손으로 만든 맛있는 음식은 당신을 감탄하게 합니다.

그녀는 그것을 입에 넣어주면서 웃으며 이렇게 말하지 않겠습니까.

"어서 드세요, 여보. 난 벌써 먹었는 걸요."

7
서로 돕는 두 사람

위험하고 권태로운 오만가지 쓸데없는 일을 사는 즐거움으로 삼고 또 하인을 앞세워 살고(자기네를 적대적인 눈으로 바라볼 텐데도), 미워하고 조롱하는 눈으로 세상을 보면서 먹고 자고, 사랑하는 부자를 위해 이런 글을 쓰는 것은 아닙니다. 그들에게는 내면성이나 비밀은커녕 가정도 없습니다.

그렇다고 해서 유감스럽게도 시간이 없는 사람, 자유가 없는 사람, 운명적인 환경에 지배받고 짓눌려 끝없는 일로 바쁘게 사는 사람들을 위해서 쓸 수도 없는 노릇입니다. 자유가 없는 사람에게 무슨 충고를 할 수 있겠습니까? 나는 자신의 삶을 스스로 조절할 자유가 있는 사람들, 자기 집에서 일하는 극빈자는 아닌 가난한 사람들, 또 자발적으로 청빈하게 사는 사람들, 즉 여유가 있지만 하인을 두지 않고서 정말로 자기 집에서 소박하게 살려는 생각을 가진 사람들을 위해 이 글을 쓰고 있습니다.

"둘이 살아라, 셋은 아니다."

살림의 평화를 지키는 데 필수적인 금언입니다.

당신을 도와주는 시골 아가씨는 골머리를 썩이지 않을 것입니다.

가령 당신이 작은 집을 갖고 있어 행복하다면, 그녀는 아래층 부엌과 식당 곁에 빨래할 헛간이 있을 것이고, 위층에는 거의 드나들지 않겠지요.

이 아가씨는 전혀 혼자가 아닙니다. 그 안주인은 아래층에 내려와 주로 당신이 없을 때, 자기 역할에 어울리게 그녀에게 덕담을 합니다. 안주인은 이 시골 아가씨에게 읽기를 가르치고 멋 내는 방법도 조금 가르쳐줍니다.

그 아가씨에게 정원도 있고 고양이, 개, 닭 등 그녀가 좋아하는 가축들이 있으며, 시골 들판에 나가 그렇게 하듯이 혼자서도 이들과 이야기를 나눕니다.

선량하지만 이 아가씨도 처녀이므로 호기심은 분명히 많습니다. 그래서 높은 다락방으로 올라가 열쇠 구멍으로 사람들의 말을 엿들을 수도 있습니다. 따라서 이중문이나 작은 곁방을 만들거나, 그녀가 지나다니고 눈길을 주는 계단에서 방이 멀리 떨어지도록 해야 합니다. 하지만 안주인은 이런 말을 하지 않겠습니까.

"그러면 어떻게 이 촌아가씨가 내 방 시중을 들던, 능숙하게 모든 것을 척척 잘하는 쥘리처럼 하겠어요?"

능숙하다고요? 당신도 그만큼은 할 수 있습니다. 이런, 게으른 마나님, 좀 더 바른말을 해봅시다. 당신의 고운 손이 화장실 물건에는 제격 아닙니까. 당신 같은 여자에게 마르지 않는 재치와 창의력이 있을 테니까요.

그런데 그 밖의 까다로운 일 때문에 정말로 방에 하녀가 필요하다면, 나는 진심으로 온힘을 다 쏟는 사람을 구해드리겠습니다. 쥘리보다 백 배 열성이 넘치고, 리제트 아가씨라든가 그런 일을 하는 뛰어난 아가씨들보다 더 열심이고, 위악적이지도 않고, 이웃에 당신에게 불리한 이야기도 전혀 하지 않고, 당신이 사랑하는 사람과 같이 있을 때 놀리지도 않고, 당신이 외출하면 뒤에서 혀를 "메롱" 하고 내미는 여자들과는 다른 사람이 있거든요.

– 그래요, 그런 진주가 어디에 있을까요? 내가 잡을 테니, 내 일이니까….
– 어디 있냐고? 당신 곁에 있잖아요.

바로 여기에, 아이고 이 여왕님, 당신을 돕겠다며 간청하는 당신의 종이 있잖습니까. 가령 당신이 그를 자격 있는 발레 드 샹브르[의전 담당 비서]의 위엄이라든가, 당신 집안의 봉건적

165

인 시중이나, 우두머리 하인, 집사의 지위로 격상시켜주었으면 하고 생각할지 누가 압니까?

가정의家庭醫(최소한 위생을 위한)까지도 겸할 수 있습니다. 그의 열성은 끝이 없기 때문입니다. 그 사람은 이런 모든 궁정처럼 고상한 책무를, 거래가 아니라 거저 해내고 싶어하고, 또 남자 할 일에다가 여자들 일감까지도 자랑스럽고 영예롭게 할 것이니, 부인, 가령 당신의 바깥양반께서 이런 일을 받아들이기만 한다면 그렇다는 말입니다.

"하지만 그이는 너무 바쁘고 항상 시간이 없어요. 나는 그렇게 잠깐만 내 곁에 고용인을 둔다면 부끄러울 겁니다. 실토해야겠지만 이런 여자들의 사소한 일은 '느긋하게' 하고 싶고, 결국 후딱 해치울 순 없으니까요. 그런 일은 수다를 떨면서 좀 어수선하게 능장을 부리게 마련이지요. 진짜 사내는 불같아서 모든 것을 서둘러서 즉시 끝을 보려 하니까요. 그가 원하는 대로 우리는 아무것도 못 할 거예요. 그의 모든 배려는 애무의 손길 같아서, 내 화장실은 어질러졌을 때만도 못할지 모르지요."

부인, 비밀에는 비밀로 고백에는 고백으로 답해야겠습니다. 잘 알다시피 가장 바쁘다는 사람이 시간이 많아도 너무 많은 법 아닙니까. 정말로 즐거운 일이 생긴다면 말이지요. 누구라고 일일이 기억하진 못하지만, 로마인인지 아무튼 장군, 판사,

166

정치인, 이 세상의 임금까지도, 그런 사람들이 매일 아침 어린 아들을 보살피면서 어떻게 그의 신체 교육을 하고 있는지, 또 씻고 입고 하는 것을 주목하지 않았나요. 앙리 4세[16세기 프랑스의 명군]는 그렇게 분주한 와중에도 절대로 단 하루도 꼼꼼히 챙기지 않은 날이 없었습니다. 태어난 지 얼마 되지도 않은 세자에게 어떻게 해야 할지를 적고, 시간대별로 유능한 의사를 통해 아기가 어떻게 먹고 자고 소화하고 있는지 등을 말입니다. 로마 황제나 총독 못지않게 바쁜 오늘의 위인들도—앙리 4세보다 더욱 바쁜—, 증권거래소와 궁전과 카페에서 하루 네 시간이나 수다 떨 시간을 어떻게 찾아낸단 말입니까(듣지도 않으면서)? 연극 구경을 하며 여섯 시간 동안 수다를 떨기도 하지 않습니까. 아닙니다, 시간이 없는 것이 아닙니다.

항상 하품을 하고 공허해하면서도 공연히 어리석은 자극을 위한 시간을 놓치지 않습니다. 오직 행복한 시간을 놓칠 뿐입니다.

그런데 만약 부인께서 당신만이 낼 수 있는 시간을 그에게 준다면? 행복하겠다고 하는 사람이 있습니다. 당신은 그의 아이요, 세자이자 그의 구경거리요, 오페라인 데다 그의 요정이며 "신곡神曲"이니까요.

'신곡'이라는 말을 취소하진 않겠습니다. 당신이 천하다고 생각하는 이런 것들에 그가 동참하는 헌신을 보면 절로 그렇게 말할 수 있습니다. 당신은 웃겠지만 그는 웃지 않습니다. 화장실로 그를 들어가도록 허용한 날, 당신은 그가 당신의 진정한 신자라는 데에 놀라고 당황하겠지요. 아무리 독실한 인도 신자일지라도 오랜 순례여행 끝에는 최상의 마음가짐으로 복장을 가다듬고 신성한 탑 속으로 들어가지 않았습니까? 호기심으로, 아무튼 공손하게, 존중하려는 욕망에 넘쳐 미리 감탄하려 작정하고서 찬사를 터트립니다. 아, 그러니 그 사람을 두려워 마시라고요!

제아무리 헌신적인 하녀라도 누가 감히 그런 삐딱한 눈으로 당신을 보겠습니까? 당신이 아쉬워하는 쥘리, 그토록 칭찬하고 아끼던 그 처녀가(속삭이듯 살짝 말하자면) 당신이 가장 아끼는 사람에게 조금도 실수한 적이 없다고, 소매로 입을 가리고 눈웃음을 친 적은 절대 없다고 생각합니까?

그래도 그는 꼭 마음에 들고, 지극히 아름다운 사람만 보려 하지 않습니까. 그런 그가 당신을 어떤 눈으로 바라봅디까! 얼마나 사랑에 넘치고 애무하는 눈길이더냐고요! 또 얼마나 순수하게 그렇습디까. 진실한 사랑만큼 순수한 것은 없습니다.

어디선가 사상가 몽테뉴는 건강한 사람의 눈길은 건강을 전할 뿐만 아니라 사람을 건강하게 한다고 했습니다. 여기서 딱 한마디만 바꿔 말하고 싶습니다. 사랑의 눈길은 행복을 가져오고 또 아름다움을 피어나게 한다고. 바로 여기서 그 매력적인 광채가 처녀를 금세 사로잡습니다. 그렇게 그녀는 그 눈길을 받아들입니다.

168

신성한 대상인 당신은 아무 걱정 마세요. 당신은 하나의 종교요, 당신이 스스로 품위 있고 순수한 마음을 지킨다면 항상 그와 같을 것입니다. 그렇지요. 불처럼 타오르는 그 눈길 아래, 무엇보다도 존경심에 가득한 그 눈길 아래, 당신은 결코 당신의 신성을 떨어뜨릴 수 없습니다. 당신은 당신의 제단에서 아무것도 잃지 않을 것입니다. 그리고 신처럼 영원히 숭배받을 것입니다.

"그렇긴 뭘 그래!(당신은 혼자 탄식합니다. 감히 다른 사람한테 말할 엄두는 못 내고). 내가 어떻게 그런 대접을 받겠어! 단 한 순간도 사랑하는 사람과 따뜻한 배려에서 벗어나지 않고서, 이렇게 가까이 살을 비비며 살다보면 빤할 텐데. 어떻게 살면서 천하고 못난 구석을 드러내지 않을 수 있단 말야? 이상을 꿈꾸는 고상한 성격을 시시껄렁하게 떨어뜨리지 않고 온종일 낭만적인 생활을 할 사람이 어디 있겠어?"

정말 처녀다운 생각입니다! 현실을 감쪽같이 모르시는 말씀이지요! 사랑을 아는 사람이라면 결혼의 "꽃다발"이 그렇게 피지는 않는다고 알고 있습니다. 이런 자연스럽고 순진한 것은 사랑받는 사람에게 절대 나쁜 것이 아닙니다.

정말로 여자가 어떻게 이상을 버리고 세속화하는지 알아봅시다. 이는 꾸밈없는 순진한 여자로서, 인간으로서 자신을 보여주는 것이 아닙니다. 어떤 면으로는 그토록 똑똑하면서 또 다른 면에서는 그토록 맹목적이기도 한, 우리의 정신적 고질에 걸린 눈을 놀라게 할 만큼 냉정하게.

사람들은 싫증 때문에 사랑이 금세 시든다고 믿습니다. 그렇지만 싫증이라는 것이 충족감이 너무 커서가 아니라 너무 부족하기 때문에 찾아온다고 하지는 않습니다. 우리가 어떤 사람의 깊숙한 바탕에까지 이르지 못하고, 텅 비고 경박한 그 정신에서 얻을 것이 없다고 느끼면서, 결국 그 바탕을 찾지 못한 채 파고만 있다고 느끼는 데에서 말입니다.

결혼식 날까지는 부지런히 깜찍하고, 그토록 잘 가꾸던 이 처녀가 오늘은 화장을 해도 그런 모습은 전혀 찾아볼 수 없습니다. 자기 자신을 돌보는 법은 거의 없습니다. 하지만 기혼자들을 초대해봅시다. 저녁 댄스파티에. 일순간 두 번째 결혼식이라도 치른다는 듯이 그녀는 활기를 되찾고 열에 들떠 끝없이 치장하곤 합니다.

얼마 전까지 맹목적이고 매혹적이던 사랑이 여기서 다시 제 모습을 찾습니다. 즉 사랑은 지나온(집 안에 틀어박혀) 날의 무심함을 이렇게 전합니다.

"내 남편만으로도 과분해요."
- 그렇다면 무도회를 위한 치장은 다 무엇일까요.

"즐기고 싶고 다른 사람들을 즐겁게 해주고 싶어요."

그렇군요. 이런 태도가 그를 냉담하게 하고 다시 싫증이 시작됩니다.

경박한 여자입니다. 이상이란 온데간데없고 다시는 되돌아오지도 않을 것입니다.

그런데 예민한 관찰자가 여러 시간 동안 깜찍하고 고독하게 혼자 앉아 있는 여자를 주시해보면 그 인상은 전혀 달라집니다.

"다른 사람들이 무슨 상관이에요. 오직 나를 위한 것이지."

바로 이런 말을 하고 싶었던 것입니다. 아무 말도 없습니다. 하지만 이런 여자들은 더욱 깊은 감정을 간직하고 있을 뿐입니다. 사랑은 이 경우 확고하게 뿌리내리고 있습니다. 그것은 힘차고 깊은 뿌리에서 솟아날 것입니다. 이상에 대한 걱정 따위는 전혀 하지 않습니다. 그것은 시적인 감정과 현실을 통해서 강화됩니다.

왜 그런 것을 구별하겠습니까. 사랑한다면 모두 한가지인 것을. 오, 냉랭한 세대여, 자신의 진정한 힘에 소심하고 약하고 무지한 세대여. 당신들은 사랑이 얼마나 강한지도 모르고 또 이런 것들을 비웃을지도 모릅니다. 글쎄! 당신에게 그토록 심각한 문제가 현실에서는 얼마나 관심거리도 안 되는지!

참다운 결혼생활에서 모든 것이 시적이며, 사랑받는 사람 속에서 모든 것은 고상합니다.

멋지고 자부심에 넘치는 사내라면 사랑하는 여자를 위해 무엇이든 합니다. 집안의 여왕인 그녀가 무엇을 하든 그것은 여왕의 작품입니다.

그들은 서로에게 종이지만 미묘한 차이가 있습니다. 여자는 가사를 위해 유용하고 사랑하는 모든 것에 봉사합니다. 남자는 그녀를 지극히 배려하면서 그녀 개인에게 봉사합니다.

얼마나 겸손한 노릇입니까! 큰 소리로 멋지게 열렬하게 외쳐봅시다. 훌륭한 봉건적인 이론을 되새겨봅시다. 고상한 지위는 나랏일이 아니라 각 군주 개인에게 각별히 충성할 때 얻을 기회가 생기는 것이었다고….

8
위생과 건강

순하고 성실한 마음을 지닌 청년은 신혼 초부터 신성한 의무란 우선 새색시의 순수한 믿음을 살리는 것임을 잘 알고 있습니다. 열아홉 살 때부터 이미 그녀가 눈이 부실 정도로 착한 마음씨에 담아온 것 아닙니까. 이 믿음으로 정신적으로나 육체적으로나 그녀를 완전히 사로잡고서―그 영혼을 풍요롭게 하고 깨우치고 성숙하게 하려고―, 그 몸을 튼튼히 하고, 이제 곧 버텨내야 할 위대한 투쟁을 준비하도록 즉, 아기를 갖고 낳을 준비를 해야 합니다.

당신의 이와 같은 연대는 당신의 꿈과 상상을 훌쩍 넘어섭니다. 몸과 마음이 정말로 당신과 뒤섞이게 되고, 그녀에게서 당신에게로, 사소한 일들 때문에도 당신은 놀랍도록 예민하거나 흐뭇해하거나 아파하게 됩니다.

하지만 어떤 부분도 무시할 수 없습니다. 섬세함을 잃지 않

173

아야 합니다. 모든 것이 당신의 장래에 중요한 결과로 이어지기 때문입니다.

∽

그녀의 주인이 되도록 서둘러야 합니다. 내가 미리 말씀드리겠지만, 그녀는 금세, 최소한 습관 때문에라도 당신의 주인이 되어 당신을 어디서나 장악하게 됩니다. 여자는 부드럽고 순하며 수줍은 듯해도, 그럴수록 그 이상으로 더욱 당신을 끌어안고 꽉 옭아매고 붙잡습니다. 이런 것은 가볍고 눈에 띄지도 않으며 나약한 끈처럼 보일 수 있지만, 그 힘은 상상할 수 없이 질깁니다. 처음에는 가늘고 고운 실처럼 바람에 날아오르는 실 같아 보여도 그 팽팽한 견인력은 엄청납니다. 그다음에는 포도 덩굴손 같습니다. 작고도 길게 자라고 지극히 섬세하지만 이미 단단히 조입니다. 세 번째로, 담쟁이넝쿨 같습니다. 곁에 있던 참나무를 일단 올라타면 그 속으로 파고들 만큼 헤집고 감는 힘을 보입니다. 무쇠도 못 당합니다. 그 가슴을 도려내지 않는 한 어떤 방법으로도 그것을 떼어내지 못합니다.

그런데 이런 것은 고독하게 당신만 파고듭니다. 당신도 그녀를 파고들겠지만, 당신이 부양하며, 집과 가정과 침대와 아이들, 결국 모든 공동의 생각으로 당신에게 공감하고 순종하고 당신의 공상을 따르며, 어떤 경우라도 순수한 사랑을 무한으로 이끄는 그 여자에 대한 보상으로 치자면 아무것도 아닙니다.

"그렇게 좋은 일이지요! 그렇다고 놀라지 않습니다. 내가 바라는 것이니까요."

좋습니다. 하지만 그렇게 털어놓지만, 당신은 일찍부터 이 젊고 힘센 여자를 잡아야 합니다. 해가 가면서 차츰 아무런 기교와 방법을 쓰지 않고서도 사랑의 힘으로 당신을 정복하고 당신의 마음을 빼앗을 테니까.

이렇게 마음을 빼앗긴다는 것은 만약 당신이 그녀에게 당신의 영혼을, 즉 합리적 정신을 나눠주지 않는다면 두 사람에게 지극한 불행입니다. 당신은 사실 젊은이로서 생활에 지치기는 했어도 여전히 그녀보다 진실을 더 많이 알고 있기 때문입니다. 가엾게도 여자는, 어쩌겠습니까, 깜깜하지 않습니까! 그녀가 배운 것이라고는 잊어야 좋을 것들뿐입니다. 만약 당신이 과학과 지식의 권위에 의존하지 않는다면 그날부터 그 착한 마음, 그 순진한 본성과 매력은 당신 두 사람과, 아이와 미래에 해가 되기나 합니다.

지난 3세기 동안 인류가 남자의 강한 손에 쥐여준 합리성이라는 보물은 공허한 것이 아닙니다. 지금이나 나중에도 영원히 그것을 이용하겠지요. 그것이 당신을 구원할 테니까.

가령 아내가 금세 과거로 회귀하고, 당신의 순진무구한 적이 되고, 말이 아니라 눈물과 한숨으로 싸움이라도 건다면, 하느님 맙소사! 당신은 어쩌렵니까? 제발 그녀를 방치하지 말고 꽉 붙잡아주어야 합니다. 당신의 삶과 또 그녀의 삶을 위해서라도, 정신적이든 육체적이든 주인이 되어(바로 그녀가 바라 마지않는 것인데) 그녀를 이끌어야 합니다. 당신 자신으로 그녀를 감싸주라는 말입니다. 변함없고 영원한 통찰력으로.

⁂

당신은 자연〔본능〕에 순응하다보면 힘든 시련을 겪게 될 것을 알아야 합니다. (불과 아홉 달 만에 그렇게 될지 누가 알겠습니까?) 내가 "당신"이라고 한 까닭은 남편 또한 아내 못지않게 고민하기 때문입니다. 그와 같은 때에 아무것도 할 수 없는 무력감에서 나오는 괴로움은 남자에게도 죽음의 고통 이상입니다. 진심으로 울어댄다 하더라도 할 수 있는 일은 아무것도 없습니다. 당신의 힘, 당신의 추진력과 소망, 걱정과 당혹스런 두려움도 그녀에게 아무 소용이 없습니다. 이때부터, 여전히 조용하긴 하지만 우선 이 무서운 날들의 공포와 기회를 잘 살리려 하고, 또 그렇게 해야 합니다.

우선 당신은 모든 것을 조심스럽고 사려 깊게 돌보아야 합니다. 몇 번 다녀가면서 종종 다른 것이나 생각하는 의사의 가벼운 관심에 마음을 놓아서는 안 됩니다. 그렇습니다. 나는 의사보다 오히려 당신의 통찰과 애정 어린 직관, 아무것도 방해할 수 없고 보고 또 들여다보면서 사랑하는 사람을 주시하는 꿋꿋한 모습을 믿음직해하겠습니다!

그런데 여자는 신체적으로 완전히 유연한 존재인 데다 이상하게 움직임을 좋아합니다. 여자를 바라보고 있노라면 놀랄 수밖에 없습니다. 다양한 징후가 뒤섞이고 요동칩니다. 그러니 당신의 기억을 자신하지 말아야 합니다. 그녀의 "신체 일기장" 같은 것이 매우 쓸모 있습니다. 가령 앙리 4세의 명에 따라 루이 13세가 그렇게 하지 않았습니까. 이 흐리멍덩한 왕의 변덕스럽기 짝이 없는 생활이 매일 낱낱이 기록되었는데, 당신이라고 해서 완전히 시적이고 순수하며 당신의 공허한 삶을 자신의 젊고 나약한 삶으로 받쳐주는 그렇게 매력적인 여자를 위해 그렇게 못 할 게 뭐가 있겠습니까.

아무튼 사소한 것에 집착해서는 곤란합니다. 그녀에게 근심스러운 얼굴을 하거나 뾰족한 이유도 없이 뜨겁게 끓어오르는 사랑 때문에 너무 걱정을 보여서도 안 됩니다. 그런 모습은 그녀의 태평한 마음을 해칩니다. 차라리 그런 걱정일랑 당신 자신을 위해 기억하고 지침으로 삼아야 합니다. 경험과 관찰에서 나온 이런 기초는 머지않아 언제나 훌륭하게, 내일과 그다음날에 어찌될지, 건강과 기분이 어떨지 예상하게 해줄 것입니다. 이것은 정말이지 대단히 유익합니다. 당신은 아내의 변덕(주기적으로 아파서 그럴 뿐인)을 더 잘 받아주게 됩니다. 그렇더라도 오직 때에 맞춰 적당하게, 그녀가 직접 생각하고서 요구할 때에만 응해야 합니다.

이런 그녀의 신체적 세부에까지 관심을 쏟으면서 당신은 다정하고 꾸준하게 그녀를 완전히 감싸주어야 합니다. 차츰 모든 것을 장악해야 합니다. 그러나 결코 서두르지 맙시다. 젊은 여자의 수치심만큼 더 신성하고 세심하게 대해야 하는 것은 없습니다. 여자들은 너무 일찍 불만스러워하고 또 대체로 그런 잘못을 저지릅니다. 하지만 냉담하지도 상을 찌푸리지도 않습니다. 그러면서도 사랑스럽고 헌신적인 그녀가 때로는 정말로 괴로울 만큼 신경질을 냅니다. 여자들은 날개 달린 까다로운 새 같습니다. 내가 잃어버린 꾀꼬리 한 마리가 나를 많이 좋아했습니다. 그런데 내가 곁에 없으면 참지 못하면서도 건드리는 것만은 질색했습니다.

친밀하게 살다보면 서로 방해할 수밖에 없습니다. 여자는 사랑하는 사람과 친구와 가장 가까운 이웃에게 보이지 않던 친밀한 태도를, 이들만큼 중요하거나 믿지도 않는 사람들에게는 허용합니다. 가스파랭 부인이 여성들에게 "여성의 실망스러운 천성이라는 서글픈 사실"이라고 한 것을 보이지 않도록 해야 합니다. 여자는 남편에게 감추기 좋아하는 것을 하녀에게는 허용하곤 한다는 사실을 별로 느끼지는 못한다는 말입니다. 그렇다면 "사소한 일"일까요? 그렇지 않습니다. 바로 이것이 당신의 결혼생활에서 사람들이 생각하는 것보다 훨씬 더 위중한, 상당한 친밀감의 기회이자 시작입니다.

순수한 사람에게는 모든 것이 순수합니다. 이 미묘한 문제를 솔직히 다루자면, 이르든 늦든 찾아오게 될 이와 같은 친밀감은 무심코 오는 것도 아니며, 또 노부부 사이는 그냥 지나치게 되지만, 신혼부부는 결혼 직후에 맞이합니다. 이런 것은 그다지 어색하지도 않고 소박하게 찾아옵니다. 거기에 위험이 뭐 대단하겠습니까. 그렇게 충만한 사랑이란 신뢰하려 애쓰는 노력을 인정하면서, 사랑하는 사람의 모든 것을 용인하고 칭찬합니다. 바로 이때가, 결국 언젠가 쑥스럽게 해소해야 할 때에 맞게 될 사소한 장애를 넘어설 호기입니다.

한 달 안에는 이런 기회가 찾아옵니다. 가령 그녀가 아프다면 남편이 친정어머니를 모셔와야 할까요? 이런 사소한 문제로, 그저 순전히 생리적 문제 같은 것 때문에 친정어머니가 의사나 낯선 사람을 모셔오고, 젊은 부인이 남편에게조차 하지 않는 사소한 비밀을 힘들게 털어놓을 수밖에 없게 해야겠습니까? 종종 지체될 경우, 늙은 유모나 어리석은 하녀에게 그녀를 돕는다며 위험한 자극이나 줄지 모를 그런 여자들에게 자신을 맡기기도 합니다.

그러면 누가 여기에 끼어들어야 하고 누가 더 이익이겠습니까? 이런 생리적 위기는 (오늘날 입증되었지만) 사랑이 더 풍요로워지는 과정의 위기일 뿐이며, 사랑을 위해 찾아오는 것이기도 합니다. 뿐만 아니라 여자를 격리하곤 했던 거칠고 야만적인 편견과 다르게, 사랑하는 사람이 그녀를 그렇게 먼 상대라고 생각할 수 없는 법입니다.

남자는 여자를 항상 매우 순수하다고 생각합니다. 이런 때에 따뜻한 관심과 믿음으로 그녀는 나른하게 뜻 깊은 말을 합니다.

"나 아프지만 당신을 위해 그런 거예요."

그녀에게는 조심스럽고 매우 믿음직한 지킴이, 그녀를 모든 면에서 도울 만큼 잘 아는 그런 지킴이가 필요합니다. 그녀는 너무 노출되어 있기 때문입니다! 만약 그녀가 감기라도 걸리면 모든 것이 정지됩니다. 그녀가 겁을 먹거나 그녀에게 슬픔을 안겨준다면, 그녀가 운다면, 모든 것에 제동이 걸릴 수 있습니다. 그녀가 소화불량에 걸린다면 모든 것이 위태롭게 됩니다. 그녀가 말을 꺼내지 않더라도 그것을 눈치 채고 알아야 합니다. 여자들은 못난 모습을 보이지 않으려고 얼마나 노심초사합니까! 여자들은 이제는 과학으로 부정되었지만, 아직까지도 얼마나 깊이 불순하다는 상투적인 관념에 젖어 있습니까! 이런 생각을 벗어던지는 것이야말로 사랑하는 사람의 사랑의 첫 번째 의무입니다.

가엾은, 순결의 순교자여! 별것도 아닌 것 때문에 심각해하고 얼마나 자주 두려워합니까. 결혼 직후에 젊은 아내는 낯이 유난히 붉어지고 머리는 무겁고 눈은 충혈됩니다.

"무슨 일이야, 괜찮아?

- 괜찮아, 아무것도 아니에요."

감히 입을 열지 못합니다. 한 주일은 그럴 것입니다. 그러고
나서 약해지고 창백해집니다. 그다음 주에도 그녀는 여전히 참
습니다. 그녀가 임신하지 않은 것도 알고 있습니다. "의사를 부
르자고" 어머니가 말합니다. 의사 없이도 아주 쉬운 일입니다.
음식이 바뀌었으나 새 음식, 어쩌면 이전보다 좀 더 무거운 식
사 때문에 이런 탈이 나는데, 그런 탈은 완연하다가 차츰 이완
되고 약해집니다. 이 모든 것을 가라앉히려면 가볍게 바람을
쏘이면 좋지 않을까요. 의사가 지시하면 겸손하게 따릅니다.
하지만 남편이 애원하면 얼굴을 붉히고 화를 냅니다.
　"하느님 감사합니다. 이 여자가 과식도 하지 않았고, 대식가
도 아니었군요."
　이런 식으로 판단하지 말고 부드럽게 인내하고 신중해야 합
니다. 모든 것이 얼마나 당신 하기 나름입니까. 아내는 창피해
하며, 몰래 당신이 원하는 대로 할 것입니다. 의사의 뻣뻣한 조
사와 질문에 응하지 않아도 된다면 얼마나 행복하겠습니까.

　자기 자신이 아니라 '여자'를 진정 사랑하는 따뜻한 사람은
그녀를 감싸면서도 억누르지 않습니다. 여자는 자기가 숨 쉬는
공기의 무게를 느끼지 못합니다. 남편이 그 안팎에 있기 때문

입니다. 사랑도 이와 같습니다. 마음속에 사랑이 있는 여자는 자기 주변에서 그를 느끼는 데에 편안해할 뿐이고, 그를 진짜 공기처럼 들여마시고 숨쉰다고 생각합니다. 이는 필수적이고 또 이런 감싸는 분위기가, 당신이 구속으로 여기는 것이 잠시라도 그녀에게 없다면, 그녀는 대단히 불행해할 것입니다.

그 처음 몇 달 동안 배려는 그렇게 어렵지 않습니다. 다행히 늘 행복에 대한 희망에 부푼 신체활동으로 멋지게 기운을 차립니다. 수줍던 꽃이 예기치 못한 우아함으로 눈부시게 고개를 듭니다. 그녀가 좀 더 적극적이길 바랄 것이고 또 이것이 남자가 바라 마지않는 것이지만, 여전히 너무 조급하게 그것을 원해서는 안 됩니다.

그녀가 전원생활 하듯이 조금만 일하고, 조금만 땀을 흘리도록 합시다(처음에는 아주 조금만). 넓은 정원을 거닐고 너무 오래 앉아 있지 않도록. 별에 드는 시원한 냇가에서 혼자서 편안히, 안전하게 햇살을 받으며 멱을 감도록 합시다. 이 모든 것이 그녀의 흰 살결이 생기 넘치고 갈색조를 띨 수 있도록 합시다. 그늘을 늘어뜨리는 나무들은 그녀를 허약하고 창백하게 합니다. 유감스럽게도 우리는 옷을 너무 많이 걸쳐서 생명의 아버지인 태양과 너무나 멀어지고 있습니다.

9
정신적 수태

"요람을 제대로 마련하기도 전에 아기를 낳아서는 안 된다."

이 말은 물론 너무 일찍 서둘러 아기를 갖는 것이 바람직하지 않다는 말이기도 하지만, 그녀 자신 또한 어린애를 처음 갖게 되는 요람 같은 존재로서 자신의 새로운 상황에 대처할 마음의 준비를 해야 한다는 말이기도 합니다.

극적 사건이 이어질 때는 그 사이마다 일정한 휴식이 필요합니다. 결혼은 남자에게는 그토록 기분 좋은 사건으로 보였지만, 여자에게는 시련이요, 번번이 힘들고 이후로도 그럴 것입니다. 그녀가 숨 좀 돌리게 내버려두어야 합니다. 여자는 조용한 휴식기를 가져야 하고, 그 사이에 처음의 애로도 더는 없이, 또 아직 임신의 어려움도 없이, 이 고민 많은 사랑스런 존재가 자신을 좀 즐기고 차분한 순간을 맛보도록 해야 합니다.

이런 시간은 정말로 절실하고 소중합니다. 그때 갓 시작된 두 사람의 정신적 결합이 실제로 이루어져갑니다. 바로 그때에 아내는 당신의 생각에 접합되고, 거기에 자신의 꿈을 포개면서 알지도 못하는 사이에 태어날 새 생명을 준비합니다. 또 당신의 사랑이 구체화하는 것도 바로 이 소중한 꿈을 꾸는 아내의 가슴속에 담긴 그런 생각에서뿐입니다.

당신은 벌써 그렇게 결합되었다고 생각합니다. 당신은 아내를 소유하고 아내가 당신에게 동화되었다고 생각합니다. 얼마나 사실과 다른 생각입니까!

가지셨다고? 이 말을 쓸 정도로 자만하자면 하룻밤으로는 턱도 없습니다(여러 날 밤이더라도 여전히 힘겹습니다).

가지셨다고? 사랑에 황홀하게 취해, 우선 그녀에게 생소한 소리들인 남편의 생각을 따르게 하고, 그가 하는 말이면 무엇이든 쉽게 믿게 하는 그런 것만으로 말입니까?

사실 일은 그렇게 빠르게 진행되지 않습니다. 상반된 두 세계에서 출발해(십중팔구 아내는 그 어머니의 보수적 사고에 따라 성장합니다), 두 사람이 단김에 융합하진 못합니다. 아내가 이미 누려온 과거의 것에서 벗어난 듯싶지만, 그런 것들은 하루아침에 당신들을 갈라놓을 수 있습니다. 당신은 오만하게 말하겠지요. 아닙니다, 내 마누라는 바탕이 너무 순하고, 남편을 너무나 사랑하고, 나를 지키려 하고, 아낌없이 뒤돌아보지도 않고 행복한 본능으로 거기에 몰입하려 한다고….

"나는 당신 곁에서 일하고, 당신이 일하는 것을 지켜보지요. 그런데 이것만으로는 부족해요. 당신이 하는 일은 수수께끼 같으니 당신을 이해하고 싶어요. 요즘에 나는 당신이 나를 잊은 것이 틀림없다고 느끼고, 당신은 내 생각을 거의 하지도 않는다고 느껴요. 이런 게 힘들어요. 내가 당신 일에 끼어들지도 돕지도 못하잖아요! 할 수만 있다면 얼마나 좋을 텐데….

내가 그런 것을 도대체 할 줄 모르잖아요! 당신 생각을 알아보기는커녕 내 생각을 풀어내는 것조차 힘들지요. 내 마음을 열라고 당신이 채근하면 설명할 수도 없고… 그러면 또 당신은 불만이고, 내가 냉정하다고 여기니…. 아, 얼마나 당신 잘못하고 있는 줄 알기나 하세요! 내가 과거에 얼마나 얽매여 있는지 모르겠지만, 내가 둔하고 말재주가 없는 것인지요? 하지만 말이 안 나오니… 잘하는 당신이 해봐요. 나를 내게서 벗어나게 해주고 이끌고, 영혼을 주어보세요."

젊고 똑똑한 아내의 입에서 나오는 말입니다. 그녀는 아주 진지하게 당신과 어울리고 싶어합니다. 그녀가 할 수 있다면 두 가지 방법으로, 즉 당신의 특별한 직업적 생활, 예술이든 학문이든 어떤 직능이든 그녀는 질색하지 않을 것입니다(해부도 해보고 천문도를 모사하고 풀이하려는 여자도 있으니까요!).

185

그러나 여자가 무엇보다 배우고 이해하고 싶어하는 것은 남편의 고상한 생활과 가장 전반적인 그의 사상입니다.

그렇게 당신의 착실한 학생이 생기는 셈입니다. 얼마나 흐뭇한 상황입니까! 자연의 매력적인 선물 아닙니까! 이 젊은 아내의 불만은 충분히 정복되지 못했고 남편에게 동화되지 못했다는 것뿐입니다. 그녀는 지성과 감성이 충분합니다. 당신이 원하는 것이라면 무엇이든, 그녀는 자신을 바쳐 당신과 더욱 하나가 되기를 열망합니다.

여자를 가르치는 것처럼 즐거운 일은 없습니다. 여자는 거의 언제나 아이들처럼 저항하거나 불복하지 않습니다. 정반대입니다. 아이에게 공부하자고 부르면 줄행랑을 칩니다. 하지만 여자는 시간보다 일찍 나타나 서두르고, 당신의 말에 행복해하고 만족할 줄 모르며, 믿고 자신이 좋아하는 학문을 존중하고 열심히 배웁니다. 만약 그녀가 우아하지도 사랑받지도 못하고, 눈과 마음에 드는 편이 아니라 하더라도 그 충직함만으로도 그녀는 가장 매력적인 학생이 될 것입니다.

그녀가 일을 즐거워하고, 그토록 젊어지는 역할을 얼마나 좋아하는지 주목해봅시다. 그녀는 게다가 이런 것에, 바로 당신에게서 받는다는 것에, 애무 못지않게 다른 모든 좋은 것 못지않게 만족합니다. 왜냐하면 그 모든 것이 당신에게서 오기 때문이지요. 그녀는 당신의 따뜻한 격려와 칭찬에 민감합니다. 또 반박에도 예민합니다. 그녀는 불평을 사는 것을 싫어하지 않습니다. 그렇다고 당신이 너무 엄하게 "마담"이라고 부른다면 어떨까요? 그녀는 당황하고 거의 울상이 됩니다. 그녀는 선생의 목에 매달립니다. 그것으로 레슨은 끝입니다.

"오늘 이거면 됐어요. 너무 많이 읽지 말기로 해요!"

이런 달콤한 공부에서 아쉬운 점이 하나 있습니다. 무엇일까요? 바로 그녀가 자주 산만해진다는 점입니다. 모든 것을 다 이해하지 못하거나 전혀 다르게 이해하면서.

지성이 부족해서가 아니라 영감이 너무 풍부해서 탈입니다. 그런데 이런 영감은 그녀가 받아들이는 것이 아니라 그녀 자신에게서 나오는 무한한 직관에서 비롯합니다.

이상한 일입니다. 풍부한 감수성을 타고났고 또 잉태할 수 있는 인간이, 준비가 잘되었으면서도 풍부한 정신을 받아들이기 어렵다니 말입니다!

16세기 에스파냐에서 출간된 『영혼의 성의 일곱 개 요새』라는 책의 이 엉뚱한 제목은 종종 내게 꿈을 꾸게 합니다.

일곱 개뿐일까요? 여자들에게는 이런 요새가 수도 없이 많습니다. 당신은 한두 군데를 공략하고서는 모든 것을 공략했다고 여기고 그 자리를 차지했다고 생각하겠지만, 전혀 그렇지 않습니다. 그 뒤에 넘어야 할 또 다른 옹벽들이 버티고 있습니다. 하지만 특이한 것은, 여기서 오직 한 군데는 열고 들어갈 수 있다는 점입니다. 사랑이 많고 사랑받는다고 느끼는 여자의 혼입니다. 이런 혼으로 아낌없이 자신을 불태우고 또 거기에 항복합니다. 그 정신은 후합니다. 그래서 막으려 해도 그러지 못합니다.

❧

의지에 아무 장애도 없네
그 교육 속에 있고
여자의 본능 속에 있고
그 서투름 속에 있네

사내아이는 가르치기는 힘들고 계집아이의 교육은 거의 언제나 부정적이고 소득이 없습니다. 사치스럽고 버릇없는 열여섯 살 처녀의 이야기가 아닙니다. 이와는 다르게 불리한 환경에서도 수수하게 잘 자란 소녀들, 마치 동굴 속에서 기른 식물 같은 경우입니다. 이런 소녀들은 종종 슬픔이 많고 서투르며, 마음의 여유가 거의 없습니다. 이런 소녀들이 용기를 갖고 조금이나마 기를 펴고 자신을 믿으려면 시간이 필요합니다. 사랑하고 사랑받음으로써 이 소녀들은 우아함을 되찾을 수 있습니다. 이런 우아함으로 인간에 대한 생생한 관념도 되살아납니

188

다. 그녀들은 정신적인 씨앗을 품게 되고 그것을 풍성하게 키울 수 있습니다.

❧

그런데 이 씨앗들을 어떻게 처녀들에게 줄 수 있을까요?

이렇게 까다롭고 자신과 다른 존재와 정확히 어울린다고 느끼는 남자는 거의 없습니다. 그가 설교조로 길게 이야기를 늘어놓을 때, 그녀는 피곤해하고 이런 지루한 과정은 따를 만하지도 않다고 생각하지만 아무튼 들어보려고는 합니다.

아니면 그는 좀 더 겸손하게 독서와 책을 통해서 그녀에게 영향을 준다고 간편하게 생각합니다. 하지만 이는 진정으로 여자를 위해 쓴 책은 아직까지 한 권도 나오지 않았다는 것을 몰라서 그러는 것입니다.

❧

젊은 여자에게 완전히 어울리는 책은 한 권도 없습니다. 그나마 좋은 책들 중에서 가장 걸맞을 만한 것을 골라야 합니다. 이는 아주 다양합니다. 성격과 사정에 따라서.

그러나 난독과 신중하게 균형 잡히지 않은 독서는 여자들에게 한심한 결과를 초래합니다.

여자들은 아무 종류나 받아들여 소화하기에는 체질이나 교육적으로 전혀 준비가 안 되었습니다. 여자들은 타고난 고상하

189

고 까다로운 본능 때문에 이런 왕성한 소화력이 부족합니다. 즉 쇠와 돌과 독毒을 갈고 부수며, 거기서 좋은 것만 끌어내면서 마치 이란의 전설적 영웅 미트라다트처럼 계속해서 독에 감염되면서 살기는 어렵습니다.

독이라고 했을 때에 부도덕한 것까지 생각하는 것도 아닙니다. 여자들은 순수성으로 그것들을 물리칩니다. 나는 특히 그 백해무익하고 불건전한 것의 세계, 천박하고 쓸데없이 사람을 속물스럽게 하는 것을 지적하고 싶습니다.

남자는 엄청난 정보라는 세세한 세상사를 캐야 하고, 모든 것을 알아보고 조사해야 하며, 질펀한 경험의 탁류에 휩쓸리기도 하면서 일상적 피로에 지치게 마련입니다. 거기에서 세상을 지켜주는 신성한 존재에게 가져다줄 만한 것을 따르지 못합니다.

아! 여자에게 값진 책이여! 어디서 찾겠습니까? 건전한 책, 정다운 책, 그리고 짜증나지 않는 책! 여자를 힘들게 하지 않으면서 튼튼하게 하고, 우둔하게 하지 않고 공허한 꿈을 들쑤시지 않는 그런 책! 여자를 현실의 지겨움과 슬픔으로 빠지게 하지 않고, 모순과 불화의 가시밭길로 빠뜨리지 않는 책, 하느님의 평화로 넘치는 책!

이 자리에서 성性의 평등을 진지하게 논의해봅시다. 여자는 그저 남자와 동등할 뿐만 아니라 여러 점에서 더 우수합니다. 조만간 여자는 모든 것을 알게 됩니다. 그런데 여자가 첫사랑 시절에 모든 것을 다 알아야 하겠습니까! 아, 여자는 거기서 얼마나 많은 것을 잃곤 합니까! 젊음과 청순과 시, 여자는 이런 것을 모두 첫사랑을 위해 단김에 포기하고 싶어할까요? 그녀가 늙고 싶어 환장을 했을까요?

알고 또 알아야 하는 것이 있습니다. 어느 나이에나 여자는 남자와는 달리 그 무엇인가를 알아야 합니다. 그녀에게 필요한 것은 배움이라기보다 배움의 본질이자 그 살아 있는 묘약입니다.

사실 엄밀히 말하자면, 처녀는 책을 읽지 않더라도 모든 것을 알 수도 있고, 남자들의 정신을 능가하는 고된 시련을 겪으면서도 미덕을 지킬 수 있다는 점을 부인하지 맙시다. 단지 이런 경우도 있습니다. 〔잡다한〕 독서로 시들고, 소설로 뺀질뺀질해진 그런 사람이 습관적으로 연극에 취하고, 범죄를 다룬 동판화를 즐긴다고 부패하지는 않겠지만 그러나 천박하고 진부하고 시시해질 수 있지 않겠습니까. 공공 표지판처럼 말입니다. 이런 표지판은 질 좋은 돌로 세웁니다. 그 속이 깨끗한지 들여다보자면 깨보는 수밖에 없습니다. 그렇다고 해서 반드시

191

바깥이 추저분하지 않은 것만도 아닙니다. 그 표지판이 모든 면에서 길거리 흙탕물이나 뒤집어쓴 것 같은 모습이 아닌 것만도 아닙니다! 남자의 신전이어야 할 이상적 여인, 그가 매일 순수한 사랑의 불꽃을 태우며 그 마음을 바칠 제단이라며 주장했던 이상적 여인이라는 것이 바로 이런 것입니까, 부인?

그렇습니다. 여자에게 모든 것을 바칩시다. 반대하지 않겠습니다. 하지만 단 하나만 짚고 넘어갑시다.

그녀가 청순함을 간직하도록 모든 것을 줍시다. 젊은 아내의 매력과 청춘만의 특별한 꽃과 정신적 순결을. 당부하지만 가능한 한 오래 그렇게 내버려둡시다. 그런데 그녀는 그 대신 무엇을 얻게 됩니까? 낙원에 대한 꿈이 더는 없는데, 어떤 지혜의 보물이 그녀를 위로해줄 수 있겠습니까?

이런 것은 상당히 빠르게 지나가고, 내일이면 벌써 끝입니다. 그녀는 항상 착하고 아름다운 미덕으로 더할 나위 없어질 것입니다. 그러길 간절히 바랍니다. 단 한 가지 부족한 것이 있다면, 영감, 한 가닥 영감입니다. 그게 무엇이냐고요? 고운 영혼입니다.

당신은 장미꽃이 샘낼 만큼 향긋한 살굿빛과 그 고운 거위

192

털 같은 살결로 수도 없이 주목받고 칭찬받습니다. 좋습니다만, 이것이 그것은 아닙니다. 이것은 너무 물질적이고, 그 살결은 고동치고 만져볼 수 있습니다.

　내가 말하려는 것은 만질 수 없는 것입니다. 아이스크림처럼, 가벼운 성애처럼, 달콤한 과일이 자줏빛을 감싸며 내려앉은 된서리처럼 흰 섬광입니다. 건드리지 말고 조금 떨어져서 바라봅시다. 한 움큼의 훈김으로도 이미 그 신선함이 떨어질 테니까요. 당신의 마음을 바칠 새색시가 간직한 제단에서, 그토록 순수하고 착하고 따뜻한 가슴, 그것을 둘러싼 곱디고운 것, 바로 이것이야말로 내가 내면의 순결과 비교하려는 유일한 대상입니다! 이렇게 고운 것이 한 송이 꽃입니까, 우아한 멋입니까? 매력적인 미모입니까, 자극적인 상상일까요? 그 이상입니다. 그것은 우리 생활의 강한 받침대라 할 것을 덮고 있습니다. 지극히 선량하고 감미로운 과일, 마르지 않고 다시 샘솟는 청춘의 과일을.

　남자는 불운과 생활의 위기를 겪으면서, 황무지와 이 가혹한 세상을, 돌과 자갈과 바위를 헤쳐나갑니다. 그곳에서 종종 팔은 피투성이가 됩니다. 하지만 매일 저녁 그는 하늘의 이슬로 넘치는 이 그윽한 과일 속에서 자신의 삶을 음미합니다. 그리고 아침마다 여명에 그는 다시 젊어진 모습으로 일어납니다.

　지켜야 할 것은 바로 이런 것 아닙니까!

10
정신적 배태기에 관하여

신혼부부에게서 이런 대화를 들은 적이 있습니다. 그들은 농촌에 살았습니다. 신랑은 도시에 나가 일을 하다가 방금 돌아왔습니다.

"아! 얼마나 오랜만이에요, 여보! 얼마나 기다렸는데!
– 이거 받아.
고마워요. 그래 당신 이야기 좀 해봐요.
– 일은 꽤 괜찮았어.
그래요, 잘됐네요. 당신은 어땠어요? 말해봐요.
– 이런저런 말을 하더군. 이 사람 저 사람 만났어.
그래요, 근데 당신은 뭐 했어요?"

이렇게 신혼 초 색시는 순진한 마음을 보여줍니다. 아무 소식도 듣지 못합니다. 세상이라는 열차는 사소한 사건들로 끝없이 이어지는데, 어마어마한 듯하다가도 내일은 쉽게 잊어버리고, 여자는 그것에 무심해집니다. 누군가 들려주려고 해도 그녀는 들을 수도 없습니다. 그녀는 열심히 듣는 척은 하지만 오래가지 못합니다. 마음은 다른 곳에 가 있고 눈은 꿈에 젖었습니다. 그녀는 시간을 초월한 듯 사랑 속에 삽니다.

이런 여자이지만 그래도 한 가지 알고 싶어하는 것이 있습니다. 남편의 마음입니다.

하지만 이것은 너무 큰 공부입니다. 여차하면 세상을 담아낼 수도 있는 남자의 마음 아닙니까. 아내는 크고 좋은 것이라면 무엇이든, 당신의 마음을 부풀게 할 거리만 바라지 않습니까. 그렇게 여자는 모든 것을 게걸스레 받아들입니다.

"…뒤 파엘 부인[13세기 소설의 주인공]은 먹으면서 이렇게 말합니다.

– 맛이 너무 좋았어요. 이제 다른 것을 먹을 수나 있을지…."

오늘날 여자의 성숙에 대한 전적인 책임은 그녀를 사랑하는 사람에게 있습니다. 여자가 즐길 대중문화가 없습니다. 고대의 민족제 같은 큰 잔치들은 매년 가족에 대한 생각과 가정의 일을 생각하게 했습니다. 중세 내내 이어진 종교적 축제에서 신자들은 그 열기가 미지근하다며 한탄하곤 했습니다. 그들은 거기에 무력함을 호소했습니다. 책의 문화가 그것을 대신했을까요? 전혀 그렇지 않습니다. 세분화한 출판의 범람은 사람을 산만하게 하고, 여자들은 여기에 염증을 느꼈습니다. 많은 여자들이 읽고 싶어하지도 않습니다.

그렇게 살아 있는 책, 사람의 인격, 사랑스런 말을 더 좋아합니다. 사랑은 그 어느 때보다 세계의 중개자로서 위대한 자격을 갖춘다고 할 만합니다.

이와 같은 문제는 젊은 아내가 지닌 애정과 멋과 생각을, 사랑으로써 깨우치려는 것입니다. 그녀 속에서 살아 움직일 대양大洋이 잠자고 있습니다. 단순한 여자는 예기치 못한 풍부한 본능으로 이런 잠재력을 발휘합니다. 덜 이기주의적인 남편이라면 아름답고 위대하다고 여기는 모든 것을 여자에게 전해주려고만 할 것이고, 그녀가 그에게만 주며 또 커가는 사랑의 힘으로 사랑한다는 행복을 찾게 될 것입니다.

지금 서 있는 벼랑 위에서 더욱더 사랑을 키우고 있는 그녀를 붙잡아주어야 합니다.

여자가 당신만을 위해 있다는 편협한 사랑에서 벗어나 폭넓게 생각해야 합니다. 삶과 자연에, 위대한 보편적 사랑에 공감할 수 있고, 그렇게 차츰 결국에는 인간적 애정과 종교적 자비와 사회적 우애의 힘을 키우도록 해야 합니다.

그녀는 젊지만, 이때부터 하느님의 선의를 위해 그녀를 만들고 창조하며 진정한 여자가 될 준비를 하도록 해야 합니다. 조화와 안정과 명상과 구원의 힘을 가질 수 있도록. 그녀는 열아홉 살로서 어떤 일이든 다 할 수는 없을지 모르지만, 그러한 감정과 생각을 가질 수는 있습니다. 그녀가 바로 이때 배울 수 있는 많은 실용적인 지식이 훗날 유용하게 됩니다.

이 모든 것을 서두르지 말고 부드럽게 준비해야 합니다. 과학이나 그에 따른 연구를 하기보다 적당한 때에 살아 있는 씨를 전하는 것입니다. 당신의 가슴에서 그녀의 가슴으로 전해진 이 씨앗들이 그녀와 하나가 되고 또 그녀 자신이 됩니다.

여자 안에서 벌어지는 이런 생식과 수태의 부드러운 힘을 관찰하기는 어렵습니다.

남자의 힘은 추상적으로 문제를 별도로 나누어 생각하는 힘입니다. 그러나 여자의 힘은 추상적으로 알려고 하는 것이 아니라 모든 것과 모든 살아 있는 관념 전체를 보존하고, 그렇게 함으로써 그것을 더욱 생동하고 풍부하게 하는 힘입니다.

여자는 본능적으로 나누고 분리하길 싫어합니다. 여자는 통일 그 자체입니다. 여자는 하나이자 전체로서 살아 있어야 합니다. 여자는 "둘"이라는 말을 할 줄 모릅니다. 그래서 이렇게 말합니다.

"나와 내 사랑, 똑같은 거지."

그래서 그녀는 임신하더라도 그것이 셋은 아닙니다. 그녀에게 나누기나 복수複數는 없습니다. 셋은 하나일 뿐입니다.

시퍼런 날이 선 칼로 가득한 당신의 두뇌는 어떤 것이든 가를 수 있는 해부도 같습니다. 해부, 전쟁, 비평, 남자의 머릿속에 가득한 것들입니다. 그러나 여자의 신체기관은 다릅니다. 그녀의 두 번째 뇌에 해당하는 저 부드러운 기관[자궁]은 사랑의 꿈만 꿉니다. 하늘의 평화, 하느님의 평화, 포용 그 자체, 바로 이것이 그녀의 가슴속에 담긴 보물입니다.

그 날카로운 분석의 도구를 그녀가 쥔다면 그것으로 당신의 어디부터 가르기를 바랍니까? 만약 당신의 미묘한 생각 중 하나가 그녀에게 전해진다면, 그 구체적 과정으로서 당신 때문에 수태하게 된 그녀는 그것을 자기 속에 받아들여 "품고서" 또 그 생각으로 한 아기를 만듭니다.

수태라는 특별한 능력은 여자가 시간을 달력의 인위적 주기가 아닌 자연적 주기에 따라 나누게 합니다. 28일쯤 되는 그녀의 한 달은 출혈의 위기와 그 사이에 똑같은 모습으로 반복됩니다. 이런 모습은 변함 없이 그다음 달에도 유사하고 거의 똑같은 심리 상태로 이끕니다. 이런 생각이 한 번 이상 반복되면서 달마다 강해지고 구체화하며, 여자 전체를 압도하고, 사랑과 열정의 잠재력을 채우려 합니다.

여자를 끊임없이 그녀 자신 밖으로 끌어내지 않는 사회에서 고립된 여자에게서 볼 수 있는 것입니다. 이렇게 똑같은 생각을 반복하면서 그녀는, 심리가 자연의 도움을 받는 충실한 존재가 됩니다. 또 조금만 도와준다면, 일단 수태를 하면 그 새로운 시기마다 삶과 열정의 새로운 수준에 이르는 진보적 존재가 됩니다.

여자에게서는 모든 것이 시적입니다. 특히 여자의 생활은 본능의 박자에 맞춰 주기적인 조화와 리듬에 따르기 때문에 더욱 그렇습니다.

반대로 남자의 시간에는 실질적인 구분이 없습니다. 시간은 그에게 동일하게 반복되지 않습니다. 그가 사는 달들은 달들이 아닙니다. 그의 생활에 리듬은 없습니다. 그의 생활은 항상 그의 앞에 느긋하게 서 있습니다. 마치 자유로운 산문 같습니다. 그러면서도 끊임없이 생산하고 또 대부분을 잃어버리는, 씨〔정자〕를 생산하는 무한히 동적인 것입니다.

배태할 능력을 가진 남자는 극히 드뭅니다(양성인간은 아무튼 강력한 남성입니다).

앞서 말했던 리듬에 실린 여자의 생활이 그 교육을 지배하고 또 그래서 기본적으로 남자의 교육과 다르게 됩니다.

여자에게서 시간이 단절되지 않도록 하면서도 자연을 충실히 따르도록 유의해야 합니다. 그렇게 따른다면 여자는 도움을 줍니다. 예컨대 혈액순환이 차츰 왕성해지고 넘치는 혈기와 너그러운 마음으로 감수성이 풍부해질 때 여자에게 무엇이든 가르친다면 얼마나 효과 만점입니까! 그렇지만 반대로 그녀가 나른해진 생리 중이라면 새로운 일로 여자를 피곤하게 해서는 안 되고, 이미 그녀가 알고 있는 것을 부드럽게 상상하거나 반복하도록 내버려두어야 합니다.

초경이 시작되는 나이에, 처녀의 신중한 어머니와 현명한 교사가 주의해야 할 것이 바로 이와 같은 것입니다. 또 젊은 여자에게 애인이나 남편이 주의해야 하는 것입니다. 정신적 수태는 육체의 수태 못지않게 그 가장 유리한 때에 오직 적합한 것만을 요구해야 합니다. 따라서 사랑하는 사람을 꾸준히 관찰하면서 따뜻이 위해주어야 합니다. 거칠고 조급해서는 안 됩니다. 여자의 때와 날과 시간에 맞춰 정해야 합니다.

여자는 그런 조심스럽게 맞춰진 시간에 잘 응합니다. 결혼

첫날부터 새색시에게 아무런 요구도 하지 말아야 합니다. 그 진지한 시간에 차분히 자신에게 몰입하도록 내버려두어야 합니다. 신랑이 원하는 것을 믿고 따르게만 해야 합니다. 애당초 남자에게 즐거움을 주는 새로운 조건이 사실 여자에게는 항상 괴로운 면이 있습니다. 그가 행복하면 여자도 그렇겠지요. 하지만 여자는 무심한 듯한 태도로 부드러움을 보일 뿐입니다. 이 초기부터 당신은 아내에게 마음을 열고서 인생의 큰일들에 관해 이야기해주면서 그녀의 마음을 잡아주기 시작해야 합니다.

당신은 내가 너무 시시콜콜 참견한다 하겠지만 이 문제는 반드시 짚고 넘어가야 합니다.

생리주기를 배려하면서 모든 것에 유리한 시점을 잡아야 하는 것은 물론이지만, 분위기 또한 대단히 중요합니다. 당신이 고백하고 새로운 생각을 나누고 하는 때를 어설프게, 그녀의 생리적 고통이 가장 극심한 날로 잡아서야 되겠습니까? 그녀의 몸속에서 대기의 흐름만큼이나 복잡한 생명의 전류가 흐르고 숨 쉬기조차 힘들어질 때 다른 일을 어떻게 하겠습니까.

생리의 위기가 (너무 가깝게) 다가오기 전에, 조금 편안한 상태일 때, 이 신성한 때가 결정적으로 중요한 일을 그녀에게 털어놓을 적기입니다. 바로 첫인상이 궁극적인 결과가 되는 때이기도 하지요. 우선 조금씩 한마디, 한 씨앗, 생각의 계기만 들려주세요. 편안하고 친근하게 사랑의 손길로 애무하면서.

당신의 가슴이 그녀의 가슴에 닿는다면, 당신의 생각을 그녀가 정말로 수용한다면, 다음날 생리의 위기 때까지 힘들더라도 어떤 생각도 지워버리지 않을 것입니다. 그러기는커녕 아내의 생각은 고통과 더불어 더욱 굳어집니다. 본능과 사랑의 고통, 모든 시련이 그것을 더욱 깊이 끌어들입니다. 때로 고통으로 어쩔 수 없는 완강함이 여자에게서는 특이하게 자신이 받아들인 정신의 싹을 비옥하게 키웁니다.

위기가 지난 다음주에도 여전히 고통을 겪지만, 완전히 평정을 되찾는 주간에 여자는 의욕적으로 일합니다. 그녀의 생각도 분주하게 움직입니다. 그 두 가지는 여자에게서 동시에 움직입니다. 실을 짜고 수를 놓고 하는 것은 여자들의 정신적 활동을 증가시키는 훌륭한 작업입니다. 얼마나 사랑스런 일감이고 부드러운 일입니까. 기계가 대신하는데도 여전히 계속 하고 있는 일들 아닙니까! 정숙하고 부지런한 여자가 오랜 시간에 걸쳐 해내는 이런 일보다 더 훌륭하고 값진 물건과 아름다운 일이 어디 있겠습니까. 여자는 사랑과 꿈으로 짜인 부드러움을 거기에 집어넣습니다. 거기에 섞인 온정을 느끼게 해줍니다.

엉덩이가 너무 가볍다고 하는 프랑스 여자는 어떤 여자들보다 이런 이중의 작업에 몰두합니다. 그녀의 꿈은 막연하게 떠도는 나태한 몽상이 아닙니다. 그것은 차라리 어떤 사상에 가깝습니다. 때로 변화를 주려고, 아무런 관계도 없는 노래를 나직하게 부르면서 그런 생각을 이어나갑니다. 그러다가 잠시 가벼운 노래나 단조로운 후렴 끝에 완전히 진지하고 열정적으로 강한 억양을 가미하기도 합니다.

프랑스 여자는 다른 나라 여자들에게서 자발적으로 보이는, 순종적으로 의존하는 사랑을 하지 않습니다. 프랑스 여자는 남편의 생각에 진심으로 따르고 복종하면서도 외견상으로는 독립성을 지킵니다. 그래서 오해하기도 쉽습니다. 어제 당신이 진심으로 꺼낸 말 한마디를 그녀가 별로 유념하지 않는 줄 알고 잊어버렸다고 생각합니다. 그런데 저녁을 먹고 나서, 화롯가에서 당신 의자 곁으로 바짝 당겨 앉으면서 여자는 그 말을 자기 식으로 되풀이합니다. 여자의 입으로, 아무튼 같은 말이지만 전혀 다른 말처럼 합니다. 그러니 누가 알겠습니까? 이 말이 뿌리를 내리고, 다음 달에는 활기 넘치게 하며 새로운 감정과 사고를 화려하게 피워내고, 지난 달보다 더욱 사랑에 넘치는 뜨겁고 힘찬 말이 될지.

이렇게 양보하지 않고서 양보하고, 깊은 사랑과 그 정신적 정복을 거북하지 않게 인정하도록 하려면, 그 부드러운 자부심을 받쳐주기에 유리한 때가 있어야 합니다. 자연스레 자신을 양보하고 무장해제하는 좋은 때 말입니다. 물론 밤이 낮보다 훨씬 좋고, 초저녁 황혼 무렵도 괜찮습니다. 남자는 낮에 못 할 많은 말을 저녁 어두운 불빛 아래에서 하면 됩니다. 그런 말은 거리를 두지 않은 채 해야 하고 귓가에 바짝 대고 소곤거려야 겠지요!

부부가 함께 침대를 사용하지 말라고 권한 문인 세낭쿠르는 (그렇게 진지한 사람의 말이라고 하기에는 너무 놀랍지만), 침대가 바로 중요하고 심각한 의사소통을 하기에 최상의 화해자라는 사실을 잊고 있습니다. 침대는 휴식이나 즐거움을 위해서만 있는 것이 아닙니다. 침대는 은밀히 믿음직한 것이고, 다른 데에서 입에 올릴 수 없는 말과 생각을 훌륭하게 전달해주는 중개자입니다. 위대한 전달자, 차라리 하나의 영성체라고 해도 좋겠습니다.

예를 들어 가장 까다로운 종교적 주제를 밝은 대낮에 문제삼게 되면, 종종 부부간에 구름이 끼고 반감을 줄 수 있습니다. 하지만 밤에 침대에서라면 훨씬 덜합니다. 모든 것이 부드럽고 깊어집니다. 낮은 명백한 대립을 두드러지게 하지만, 밤에는 모서리가 사라지고 뽀족한 곳은 무뎌집니다. 형태야 어떻든 부부는 사랑과 또 하느님의 가호 속에서 깊게 결합됩니다.

옛날에는 침대가 아주 커서 방의 절반이나 차지하면서 거의 바닥에 닿았고 또 두꺼운 양탄자가 그 밑에 깔려 편했습니다. 거치적거리는 것이 없었지요. 서로 말을 나누거나 등을 돌리기에 쉬웠습니다. 저녁과 아침의 대화는 편안하고 사랑은 못지않게 친구 같은 애정으로, 친밀한 말도 미리 꾸밀 필요도 없이 터져나오고, 불가분 방 한구석에서 고백해야 하는 말이더라도 가슴을 조이는 일도 없었을 것입니다.

자고 일어나는 사이의 이 미묘한 자유로움, 말과 또 말없는 의사소통을 예민한 젊은 아내는 수줍어하는 애정을 표현하기에 적합하다 여겨 자연스레 선호하게 됩니다. 당신이 소유했다고 생각하고 나서도 한참 뒤까지, 어쩌면 당신의 사랑에 대해서까지 주저하고 몸을 사린다고나 할까 그렇게 자신을 지키는 여자이니 말입니다. 이것이 수치심 때문일까요, 자부심 때문일까요? 그것을 뭐라고 할 수 있겠습니까? 아무튼 그것을 제대로 느낄 만큼 남자는 그렇게 예민하지 못합니다. 그러니 얼음은 여전히 다 녹지 않고 있는 것이지요. 신혼생활을 한 지 수개월이 된 여자는 처녀의 심정 그대로입니다. 이것은 고상한 본성입니다.

여자가 자신을 남자에게 완전히 맡기자면 무언가 정신적인 계기가 필요합니다. 이런 일은 항상 찾아옵니다. 즉 여자들이 남자의 호감을 사랑하고 받아들일 때, 그에게서 볼 수 있는 진지하고 열정적이고 강하고 큰 무엇인가를 사랑하고 받아들일 때라면. 그러니 누가 이런 기회를 갖지 못하겠습니까? 최상의 상태에서조차 그런 불빛은 희미하나마 비추게 되어 있습니다.

그녀가 남자에게 이기면 됩니다. 가슴에서 솟아나는 따뜻한 애정으로 그녀는 용기를 얻습니다. 저녁에, 남편은 이미 잠들어 있다가 아내가 깨어 있는 것을 보고 깜짝 놀랍니다. 말이 없던 아내가 갑자기 부드러우면서도 또렷하게 말을 합니다. 밤이 깊습니다. 아내는 낮에는 감히 말하지 못했겠지요. 그런데 이제 당당하게 말문을 엽니다. 그녀는 행복해하고, 정말이지 남편이 착하고 하느님의 말씀을 따른다 생각하며, 하느님의 믿음에 의지해 그를 사랑합니다. 그녀의 마음은 깊고 또 그녀는 그의 아내입니다. 왜냐하면 바로 이런 시간에 그녀에게서 진정한 결혼이 시작되기 때문입니다. 이제 그녀는 남편의 성을 따릅니다. 어제까지는 처녀였지만, 이제 그런 말을 들을 수 없는 오늘 밤 아내로 태어납니다.

제3부
사랑의 화신化身

"우리 시대는 여자가 자연 그 자체라는 것을 전혀 모르고 있습니다. 다시 말해 자신을 바로잡고 위안을 받으며, 행복과 기쁨이지 않습니까. 여자는 낮의 보상이고, 저녁의 포근함이며, 휴식입니다. 여자에게서만 남자는 망각을 찾습니다. 죽음처럼 깊은 망각 말입니다. 매일 다시 살아나는 죽음으로 그는 되살아납니다. 그녀를 통해서가 아니면 누가 그를 되살리겠습니까? 그런데 여자는 어떻게 남자의 삶을 되살립니까? 자기 삶을 걸고서 그렇게 합니다."

여자는 모든 역사를 통해서 정착의 가장 핵심적인 요인이었습니다.
이는 여자가 어머니이고 가정이기 때문만이 아니라, 인간적 연대에서 남자들의
연대에 비해 매우 큰 몫을 하기 때문입니다. 여자는 그러한 인간적 유대에
자신을 몽땅 던지고 자신을 되찾으려 하지도 않습니다.

1
개념

사랑은 여자에게 매우 고귀합니다. 여자는 사랑에 목숨을 겁니다.

여자가 남자의 욕망에 양보하고 서로 결합하는 데 동의할 때마다 그를 위해 죽을 것을 받아들일 각오가 되어 있습니다.

남자는 어떤 위험에 처할까요? 아무런 위험도 없습니다. 일을 조금 더 하고 아이를 부양하면 됩니다. 그런데 여자는 어떤 위험에 처합니까? 모든 위험이 따릅니다. 목숨이 왔다갔다하는 치가 떨리는 고통을 겪어야 할 뿐만 아니라 기나긴 죽음과 수천 가지 질병이 닥칠 수도 있고, 또 그 병은 너무나 잔인해서 누구라도 질색할 수밖에 없습니다!

청년은 사랑을 그토록 재미있고 가벼이 여기지만, 당부하건대 출산과 그에 따른 질병에 대한 무시무시한 글이 실린 수많은 책 가운데 단 한 권만이라도 읽어보기 바랍니다. 그중 한 가지만 알게 되더라도 손이 덜덜 떨리고, 그 설명에 진땀을 흘리게 되고, 더욱 인내심을 갖고 끔찍하게 전문적 수술을 하는(고문인 데다 고쳐지지도 않는) 외상을 들여다본다면 그 책마저 떨어뜨리고 말 것입니다. 여자가 참아내야 하는 것, 맙소사! 몸과 살이 그토록 나약한 이 가엾은 사람이 참아내야 하는 것을 남자는 생각만으로도 견뎌내기 힘들 것입니다.

사랑은 "죽음과 형제간"이라고 늘 되풀이되는 말이 있습니다. 그렇지만 사랑이 "고통의 형제"라는 것까지 누가 생각하겠습니까?

이런 살벌한 말이 화환을 얹은 개선문으로 들어선다고 상상하는 그 풍요롭고 매력적인 세계의 문턱에 새겨져 있습니다. 뒷걸음질치지는 말고(자연의 법칙이지만) 한번 읽어보고 여자의 지극한 아름다움을 이해해봅시다. 여자는 모든 위험과 죽음과 극한적인 고통을 받아들입니다. 자신이 사랑하는 사람에게 무한한 기쁨을 주려고, 수 세기의 삶을 한순간에, 영원을 함축한 생명의 기쁨을 주려고….

"나는 죽어도 행복할 거야! 두 번 죽어도 행복할 거야. 영원히 그 고통을 받는다 해도!"

바로 여자는 이런 말을 가슴속에 담고 있습니다. 게다가 그 말을 입 밖에 내지 않을 만큼 도량도 넓습니다. 만약 그녀가 깊이 담아두고 있는 죽음이라는 이 잔인한 말이 당신과 사랑하는 동안 그녀 입에서 흘러나온다면, 당신은 너무나 슬프고 격정마저 얼어붙어버리겠지요. 그렇지만 아닙니다. 그녀는 모든 것을 자신을 위해 간직합니다. 당신께 하늘을, 당신께 기쁨을! 하지만 그녀에게는 희미한 섬광과 미개의 공포가 엄습합니다.

❧

초연한 헌신이라! 남자는 여자가 육체적 사랑에 정복되어 자신에게 양보한다 생각하면서, 흔히 이런 허망한 어리석음에 젖어 있습니다. 어린애거나 철부지라면 이런 잘못을 용서할 수 있겠지만 이미 경험께나 있는 남자들이 그렇다면 대단히 어리석은 일입니다.

여자를 아는 사람이라면, 대부분의 여자가 이런 잘못을 선선히 넘겨버린다는 것을 잘 압니다. 우리 시민사회에서 여자들은 본능적인 정념에 거의 시달리지 않습니다. 이런 냉담함의 원인은 두 가지입니다. 여자들이 예민한 힘(신경의 힘)을 멋진 말로써 줄곧 소비하기 때문이고, 다른 한편 너무 자주 자연의 주기적 위기인 생리 중에도 활력이 병적으로 감퇴했기 때문입니다.

남자의 자존심이 상하더라도 이 문제를 분명히 하자면, 여자들은 항상 맹목적인 면이 없지 않지만, 자신들의 여성로서의 운명에 따르고, 남자의 사랑을 확실하게 보장받고 가족을 이루기 위해 그에게 순순히 양보합니다. 이는 자신을 헌신한다는 매우 고상한 욕구에 따르는 것입니다.

⚬

우리의 훌륭한 스승이자 위대한 생리학자 뷔르다크는 훌륭한 관찰에서 나온 사실에 근거해 이렇게 말했습니다.

"동물의 암컷은 자신의 고상함을, 대를 잇기 위해서만 짝짓기를 한다고 보는 듯하다."

그런데 이런 특징도 있습니다.

"수컷은 교미를 즐기기 전에 야수의 욕망에 눈이 멀어서 사납게 덤빈다. 그런데 암컷은 그 즐거움을 끝낸 뒤에야 사나워진다. 새끼를 보호하려는 모성으로."

그렇습니다. 아기, 즉 보상입니다. 여자가 사랑 때문에 맞닥뜨려야 했던 고통과 위험에 대한 소중한 대가입니다.

"여자에게는 쾌락의 대가"라고 베르길리우스〔고대 로마제국의 시인〕는 당당히 말했습니다. 하지만 이런 희망이 없더라도 여자는 헌신할 줄 압니다. 아이를 낳을 수 있든 없든, 여자는 남자의 마음을 새롭게 재활한다는 절대적 의무를 수용합니다.

212

아내는 두 가지 의미의 샘, 즉 "삶과 생명의 샘(창세기)"입니다. 자신을 아기에게 또는 남편에게 바칩니다.

아! 이 문제를 경솔하게 다룬 스콜라학파의 학설은 얼마나 모호하고 창피합니까. 그 중대한 건강성을 전혀 고려하지도 않고, 거기서 오직 방탕만을 찾아내고, 그 바탕에 있는 위험과 헌신 등 모든 것을 진지하게 보지 않았습니다. 거기서 생명의 깊은 교환이야말로 진정한 수수께끼 아닙니까!

우리 시대, "일의 시대"는 모든 것의 생산자로서 자기 삶과 영혼을 일에 바치며 일하는 사람은 끊임없이 자연 속에서 그 삶을 되찾아야만 합니다. 우리 시대는 여자가 자연 그 자체라는 것을 전혀 모르고 있습니다. 다시 말해 자신을 바로잡고 위안을 받고, 행복과 기쁨이지 않습니까. 여자는 낮의 보상이고, 저녁의 포근함이며, 휴식입니다. 여자에게서만 남자는 망각을 찾습니다. 죽음처럼 깊은 망각 말입니다. 매일 다시 살아나는 죽음으로 그는 되살아납니다. 그녀를 통해서가 아니면 누가 그를 되살리겠습니까? 그런데 여자는 어떻게 남자의 삶을 되살립니까? 자기 삶을 걸고서 그렇게 합니다. 여자는(이런 환희이자 격정 속에서) 맹목적으로 남자를 보고, 그에게서 자기 운명을 상당히 자기 뜻대로 만드는 면이 있고, 또 그럼으로써 모든 힘을 그에게 줍니다. 자신의 의무로 삼은 순수한 마음이라는 고결한 안전장치로 모든 걱정을 제쳐놓게 합니다. 평화롭게 웃는 여자는 죽음조차 두려워하지 않습니다. 또 여자는 바로 이

여자가 애정의 따뜻한 불꽃이 지펴진다고 느낄 때는 건강하고 시적인
계절입니다. 부드럽게 깨어나는 아침, 특히 봄날에 하느님이 사람들이
사랑하기를 원하는 때가 바로 여자와 꽃을 되살아나게 할 때입니다.

런 것을 적지 않게 사랑합니다. 아! 도대체 무슨 말을 하겠습니까? 희생과 위험이 여전히 큰데⋯. 남자가 쾌락으로 삼았던 모든 것을 여자는 사랑으로써 배가하니까요!

꙰

　유식하거나 맹랑한 사람들은 이 모든 것을 본능적이라고 할 것입니다. 여자는 자연의 힘에 끌려 자신을 바칠 뿐이라는 둥⋯. 일반적으로 이와 정반대 아닙니까. 여자는 유혹하기는커녕 조용하고 온화합니다. 남자는 쉽게 흥분하지만 여자는 완전히 맑고 고요합니다.

　이런 글을 쓰기란 좀 쑥스럽더라도 너무나 사실이 빤하기 때문에 밝히지 않을 수 없는 것이 있습니다. 즉 남자의 사랑은 지나치게 밤에만 이루어집니다. 푸짐한 잔치 끝에 찾아오는 매우 저급한 흥분에 들떠, 특히 가을이나 겨울의 축제가 끝나고 나서, 추수가 끝나고 곳간이 그득하고 포도 따기도 끝났을 때 이루어집니다. 이때부터 겨울 몇 달 동안 수많은 그런 생각들이 수치스럽게, 사랑도 없이, 순종적인데 의논조차 받은 적 없는 아내를 괴롭힙니다.

　그러나 반대로 여자가 애정의 따뜻한 불꽃이 지펴진다고 느낄 때는 건강하고 시적인 계절입니다. 부드럽게 깨어나는 아침, 특히 봄날에 하느님이 사람들이 사랑하기를 원하는 때 (가장 자연스럽고 아름다운 본능으로), 자연의 의무로서 이런 생산에 적합한 숨결이 여자와 꽃을 되살아나게 할 때입니다.

이런 어둠 속에서 불행하게 태어난 아이들, 취기의 자식들이 태어나기 아홉 달 전부터 어머니에게 치욕적인 존재였다는 것은 얼마나 큰 불행입니까! 심야의 광란에서 태어난 아이는 심지어 사랑도 없고, 사랑하는 대상을 모독하면서 태어난 아이는 힘겹고 말썽 많은 삶을 살게 됩니다.

반대로 밝은 데서 잉태한 아이는 힘차고 큰 복덩어리입니다. 사랑이 아무런 복잡한 혼란을 겪지 않고서 성교로 이어질 때, 아무 여자와 하는 것이 아니라 오직 유일한 한 여자, 그가 "그녀야, 다른 여자는 아냐"라고 흐뭇하게 말할 만한 마음을 먹게 하는 여자하고 할 때 태어나는 아이입니다. 그에게 오로라를 비춰주는 편안하고 아름다운 눈으로, 놀라운 매력과 그 순진한 힘으로, "바로 내가 꿈꾸던 사람이야"라고 할 그런 여자와 사랑할 때….

가장 어두운 순간에 그 밝은 어둠 속에서, 사랑이 사랑하는 사람을 지켜주는 그런 달콤한 감각과 마음의 완벽하고 깊은 일치, 이것이 신성한 열매를 맺도록 하고 자유와 빛의 자식을 낳게 합니다. 둘은 서로 원하고 있었습니다. 바로 이런 것이 영웅을 잉태하는 가장 자발적인 사랑임은 말할 나위가 없습니다.

이제 날이 밝고 그는 일터로 가야 합니다. 젊은 아내는 겸손히 일어나지만 위엄을 잃지는 않습니다. 그러나 그녀 자신이 조금 새로워진 듯합니다.

"이게 나야? 그래. 너무 알 수가 없어! 의무를 다했지만 왜 이렇게 떨릴까!"

하지만 그즈음 스러지는 새벽별들은 이런 말을 합니다.

"아이고! 그래서 얼마나 잘못이라고, 순진한 금강석 같으니! 누가 그렇게 순진하다고 자랑하겠누?"

별들은 깔깔대며, 가슴이 벅차 작은 정원을 거니는 순진무구한 그녀를 내려다봅니다. 그녀는 시원한 물맛을 보고 싶어 우물의 맑고 고운 물에 자신을 비춰보며 이렇게 혼잣말을 합니다.

"아 정숙한 여자야, 네 믿음만큼 너를 순수하게 한다고 생각하는 우리 설레는 사랑을 하늘도 기뻐하겠지!"

그녀는 마침내 낮은 목소리로 자신에게 속삭입니다. 너무 낮아서 그녀 자신도 거의 알아들을 수 있을까 싶을 정도로. 내가 너무 행복했던 것일까? 이 엄청난 순간, 무한한 미래로 나아갈 이때에 내 생각이 고상하긴 한 걸까? 하느님이 원했고, 하느님이 움직였어. 그런데 하느님의 생각을 지킬 수 있을까?

그녀의 발걸음에 입을 맞추려고 고개를 숙이면서 꽃들은 이런 말을 합니다.

"누가 네 매혹된 영혼을 식힐 수 있을까? 아! 네가 풍기는 향기를 즐길 수 있다면 얼마나 좋을까! 우리처럼 냄새 좀 피워 보렴, 젊은 각시야! 순진한 가슴을 활짝 펴봐. 네 수줍은 꽃받 침을 가득 채우는 하늘의 이슬을 부러워 말고. 사랑하기 전처 럼 그 후에도 우리는 늘 순수할 거니까…"

2
임신과 감사의 마음

이미 말했듯이 여자는 진정으로 풍요로운 생명[번식력이 있는]
입니다. 그녀는 무엇이든 생생하게 살아 있는 것으로 생각하는
것과 마찬가지로, 아기에 대한 생각을 키웁니다.

우리는 이제 압니다. 왜 그녀는 어떤 말에는 그토록 냉담하
면서 다른 말에는 그토록 활기를 띠는지. 그녀는 구체적인 생
각에만 예민합니다. 그런 생각을 하고, 자기 것으로 삼고, 마치
살아 있는 꿈처럼 그 밑그림은 욕망을 불러일으킵니다. 사랑이
살아 숨 쉴 때, 꿈은 몸을 얻고 하나의 존재가 됩니다.

당신이 그녀에게 추상적이며 일반적·집단적으로 주는 것
을 그녀는 개별적인 것으로 만듭니다. 당신은 그에게 조국과
자유롭고 영웅적인 도시 이야기를 하지만, 그녀는 영웅을 꿈꿉
니다.

219

행동이나 예술이나 과학의 영웅, 혁신자, 창조자, 튼튼한 팔과 노련한 손으로 인류에게 엄청난 복을 터지게 할 사람입니다. 이 모든 것은 모호하고 복잡합니다. 그녀는 스스로 자신이 무엇을 원하는지 잘 모르고, 그것을 하느님의 섭리로 돌립니다. 하느님은 해야 할 것을 알고 계실 것이기 때문입니다. 어머니에게 충분한 것, 그녀가 확신하는 것은 아기가 구체적인 기적(적 존재)이며 구원자이자 메시아라는 것입니다.

아내는 감히 말하지 않습니다. 침대 머리맡에서도, 바로 밤이 모든 것을 덮고 많은 이야기를 하도록 해주는 용기를 낼 수 있는 시간인데도 말입니다. 왜냐고요? 남편이 웃을까 해서입니다! 자신의 꿈에는 얼마나 잔인한 상처가 되겠습니까! 아닙니다. 여자가 자신이 사랑하는 사람에게 오직 단 하나 말하지 않는 것은 이 숭고한 열망[아이를 갖고 싶다는]입니다. 그녀는 신성한 자신의 소설을 갖고 있습니다. 조금 수줍어하고 은밀한 순정으로.

확실히 그렇습니다. 바로 그렇게 어느 날 남편이 평소보다 일찍 귀가했을 때, 심각한 얼굴로 흥분한 아내를 본다면, 그녀가 숨기고 싶었던 것이라도 있다는 듯 놀란 모습으로 행동한다면, 그는 두리번거리고 알고 싶어해도 그녀는 아무 말도 하지 않아 그를 당황하게 합니다.

매우 현명하고 합리적인 아내는 자신의 상상에서 나온 원치도 않는 기운에 스스로도 놀랍니다. 그녀는 자신의 광기가 가장 위대한 지혜라는 것을 모르고 있습니다. 우리 어머니의 이런 공상, 실제 우리와 거의 다른 하느님처럼 신성한 아기를 가지려는 노력, 이것이 바로 그녀가 그런 꿈으로 우리를 낳았던 우리 자신의 최상의 모습입니다. 그렇기에 지상에서 강한 자는 누구나, 어머니가 그를 하늘에서 품었기 때문에 그렇습니다.

감히 말하자면 이것이, 그녀가 자신의 자유롭고 가벼운 생각의 주인이었을 동안 자신과의 사이에서 여자로서 고독하게 품고 있는 생각입니다. 강한 하느님이, 전지전능한 실현자가 그 천둥처럼 압박하는 밤이 오기 전에, 공기 같은 꿈속에서 그녀를 붙잡습니다. 그렇게 해서 모든 것이 바뀝니다. 그녀는 열기에 짓눌렸다가 그 뒤에 한기를 느낍니다. 전율이 흐름을 느낍니다. 그녀의 아름다운 목이 붓습니다. 가슴은 팽창하고 출렁이지만, 이번에 그 출렁임은 다시 가라앉지 않습니다. 그 흐름이 멈춘 듯하고, 젖가슴은 둥글게 부풀고, 더 아래쪽은 그늘이 지며, 의심스런 곡선이 그려지고 새로운 반구半球 같은 모습이 됩니다.

몸이 고통스럽게 부풀어 오르면서 그녀는 더욱 무거워집니다. 머리마저 조금 둔해집니다. 날개가 돋은 혼은 일순간 나른해집니다. 몸의 억압을 받는 순간입니다. 그녀는 이제 더는 자유로운 방향도 모르고 자신의 몸놀림도 확실히 느끼지 못합니다. 그녀는 우왕좌왕하고 부유하고 헤맵니다. 놀랄 일일까요? 이런 기적을 맹목적으로 저지른 남편도 이내 그녀만큼 동요합니다. 그는 들뜨고 흐뭇해하면서도 자신이 더는 좇을 수 없는 큰 바다로 던져진 그녀를 걱정스레 바라봅니다. 그녀는 남편의 행동과 보호를 벗어나 있으니… 사랑하는 남편으로서 얼마나 무서운 일입니까! 그는 아내가 나날이 이런 수수께끼를 운명적으로 완성하려고 전진하는 모습을 봅니다. 그는 소망을 빌 뿐이고, 손을 모아 기도할밖에 다른 도리가 없습니다. 마치 제단 앞에서 신자가 하듯이 끝없는 헌신을 그 살아 움직이는 신전에 바칩니다. 미지의 세계를 담고 있는 그 신성한 둥근 공같이 부푼 몸 앞에서 그는 꿈꾸며 말을 아낍니다. 만약 그가 웃는다면, 그 웃음은 눈물에 가까운 [감격적인] 것일 듯합니다.

어떤 이유로도 그가 약하다고 비난하기 어렵습니다. 가령 우리가 종교라는 것을 존중해야 한다면, 바로 이 경우라고 하겠습니다. 우리는 정말로 가장 위대한 기적과 마주하고 있습니다. 반박의 여지없는 기적이자 황당하지도 않은 기적입니다. 하지만 모호하기는 합니다. 누구나 넘지 못할 장벽에 갇힌 채 하나가 됩니다. 그런데 여자는 그것을 넘었습니다. 기적은 이렇게 이중적입니다. 즉 아기의 탄생과 엄마의 변신입니다. 임신한 아내는 남자가 됩니다. 일단 그녀 속으로 밀고 들어온 남성의 힘에 침입당한 여자는 점점 더 거기에 양보하게 됩니다. 남자가 이기게 되고 그녀를 뚫고 들어갑니다. 그녀는 점점 더 '그'가 됩니다.

한두 해면 충분히, 그녀의 입은 밀의 줄기에서 피어난 꽃처럼 매력적이고 가벼운 비단결 같은 모습을 띱니다. 그녀의 목소리도 달라집니다. 종종 높은 음색을 잃어버리고 묵직하게 가라앉습니다. (하지만 얼마나 부드러운지!) 얼마나 다른 변화도 많습니까! 그녀가 자기 존재 깊은 곳에서 자기도 모르는 사이에 발현되는 그를 무의식적으로 모방하는 것입니다. 그 모습과 움직임 속에서, 오직 그녀가 걷고 말하거나 웃을 때(그 모습은 그토록 부드럽고 수줍기는 해도) 바라봐야만 그녀를 알아볼 수 있을 것입니다. 그러면 당신은 이렇게 말하겠지요.

"그 사람 아내가 그 친구로 보이던데. 그 친구를 보면 그녀가 보이고."

심오하고도 경이로운 결합입니다! 임신 초기의 처음 몇 달 동안 새 생명은 그 여자 속에서 크게 움직이는 혼란스런 동요로서만 드러날 뿐, 그녀는 아프고 또 그만큼이나 사랑하는, 자신에게 상처를 준 사람에게만 모든 관심을 쏟습니다. 몸속에서 그녀는 불타듯 뜨겁게 돌아다니는 것을 느낍니다. 그러나 밖으로는 자신의 유일한 의지로서 남편에게 기대고 불평합니다. 그녀는 그가 자신을 동정하고 애지중지하며, 따뜻한 배려로 안아주기를 바랍니다(그녀보다 그가 더욱 바라는 것이지만). 그러면서 그녀는 착한 계집아이처럼 굽니다. 그녀는 남편의 어린 딸이나 아기처럼 돌봄을 받으며 좋아합니다. 그녀가 그렇게 못하도록 하고, 자신의 뜻과 달리 한시도 그렇게 내버려두지 않으면 어떻게 하겠습니까? 그녀는 힘과 거부할 의지도 없습니다. 그저 따를 뿐. 왜냐하면 결국 그가 그렇게 고집하기도 하지만, 별 어려움 없이 따를 수 있기 때문입니다. 그녀도 그것이 아주 푸근하다고 여기기 때문입니다.

아기가 태어날 때까지 여자는 평소처럼 제자리를 지킬 수 있습니다. 약간 놀라운 것은, 방금 전까지 그토록 심각했던 그녀가 이런 새로운 역할을 나쁘지 않다고 느낀다는 것입니다. 자신의 순진한 작은 씨가 자유롭게 크는 것에 매혹된 그녀는 사랑하는 사람이 그런 자유로움을 달콤하게 생각한다는 것을 잘 알고 있습니다. 그녀의 모든 것이 그를 만족시키고, 그녀가 그에게 편히 맡긴 인생에서 행복을 느낀다는 것을 잘 압니다. 그녀가 그에게 자신을 전부 맡기고 있다는 것을 그는 모른 척하지만… 이럴 때 여자들은 한동안 자신을 숨기고 고립하기 좋아하는 또 다른 특별한 본능에 따릅니다. 자신을 진심으로 쫓아오는 소중한 독재가가 지나치게 자신을 붙잡고 끌어안지 못하도록 하려는 것입니다. 그래도 남편은 기껏해야 미소를 지을 뿐 여기에 복종하고 물러납니다. 아내는 그가 아무것도 보지 못하면서도 모든 것을 보고 있다는 사실을 모르지 않습니다. 하지만 상관없습니다. 아내는 그가 착하고 신중하다는 것을 즐깁니다. 누구도 서로를 속이지 않는 순진하고 매혹적인 놀이입니다. 웃기는 일일까요? 절대 그렇지 않습니다. 철부지 요정처럼 그렇게 놀라고 내버려둡시다.

부인, 사실 말이지, 남편이 당신을 애지중지한다 해서 그렇게 대단한 일은 아닙니다. 누구나 그렇게 하니까요. 당신으로서는 우리 모두(친구들이 아니라 행인, 남자, 모든 생명, 자연 전체의), 당신을 사랑으로 아낀다는 데 동의하고, 기꺼이 축복으로 채우려 합니다. 당신이 우리 집이든 어디든 찾아가는 곳마다 당신 집처럼 편안함을 느낍니다. 꽃과 과일과 당신의 모든 소망을 말만 해보세요. 그럼 우리가 행복할 테니. 얼마나 좋겠습니까!

하지만 너무 멀리 가지 마시고 저희 집으로만 오십시요. 부인이 좋아하는 것이라면 무엇이든 가져가세요. 임산부에게 사과 세 개든 배 몇 개든 집어가게 하는 풍습이 있잖습니까. 너무 약소하지요. 정원에 있는 것 모두 가져가도 좋습니다. 제 기분이 좋아질 테니까요. 당신이 그렇게 좋아하기만 한다면….

그렇지만 이것이 어쭙잖은 말일까요. 내가 모든 것을 버릇없게 망쳐놓았다고요? 그녀가 들어온다 해도, 정직하니까 더는 원치도 않고 돌아갑니다. 그녀의 귀엽고 뾰로통한 입으로 "아무것도 봐서는 안 돼"라고 하겠지요.

나도 그랬으면 하지만, 죄송합니다. 왜냐하면 그녀가 더는 내 말을 듣지도 않고, 눈을 내리깔고 얼굴을 붉히며 가버렸기 때문입니다.

그녀의 욕망을 자극하는 것은 은밀히 훔치고 싶은 마음입니다. 모든 것이 자기에게 달려 있다는 것을 잘 알기 때문입니다. 그녀는 자신이 원하는 모든 것을 할 수 있고, 이는 항상 좋을 것입니다. 그녀는 자신이 가져올 수 있는 것보다 더욱 많이 가져옵니다. 그녀는 평화와 사랑과 축하의 향기를 가져옵니다. 웃지 않는 그녀를 보기란 어렵습니다. 또 이런 미소는 충만합니다. 바로 행복 자체를 보는 듯합니다. 언제나 그렇게 지냅니다.

그녀가 발걸음을 내딛는 곳에서 법은 소용없습니다. 법은 분부만 해주십사 하고 대기하는 꼴입니다. 그녀의 마음이 곧 법입니다. 그녀의 공상과 지혜, 광기와 이성이.

만약 그녀가 죄를 짓는다면(불가능한 일이겠지만!), 이 하느님의 순진한 딸이, 그 잘못은 그토록 약하고 측은하게 여기는 우리 가슴에 한층 더 매력적으로 비칠 것입니다. 우리가 털어놓을 만한 그녀의 유일한 죄라고 해봐야 하나의 티끌로서 살아 움직이는, 그녀 내부에 있지만 악착같은, 악착같음 그 자체로서 그녀가 믿고 과감하게 따르고 했던 저 맹목적인 충동입니다. 그녀가 많이 먹고, 항상 먹고, 종종 숨어서 선 채 그렇게 하는 것에 우리는 흐뭇해합니다. 잘못하면 이런 탐식이 해로울지 모릅니다. 남편은 조금 절제하라고 애원해야 합니다. 남편은 너무 좋아 그냥 보고 넘깁니다. 그의 생명의 확장과 그 눈부신 아름다움에, 그 당당한 광채에. 그녀의 허리띠만 늘어난 것이 아닙니다. 그녀는 그 아름다운 팔과 흰 어깨와 가슴, 모든 것이 보기 좋은 굴곡으로 부풀어 오르면서 완전히 활짝 피어납니다.

1825년 성 요한의 날에 생 클루에서 옛 친구의 집을 찾아갔던 기억이 납니다. 그 이웃 사람이던 매력적인 화가의 B 부인은 아이처럼 예고도 없이 불쑥 들어왔습니다. 문이 갑자기 열리더니 방은 갑자기 빛과 꽃으로 넘쳤습니다. 나는 당황했습니다. 그녀는 밀짚모자를 내던지고 들판에서 꺾은 커다란 꽃다발을 내던졌습니다. 빤히 어머니의 모습인데도 그녀는 이 모든 동작을 순식간에 해치웠습니다. 버릇없는 아이나 처녀처럼, 쾌활하게 모든 사람의 허락을 받았다는 듯한 모습이었습니다.

그 부인은 아주 늘씬하고 튼튼하고 생기에 넘쳤습니다. 온몸에서 흐르는 전광석화 같은 힘이 모든 것을 적시며 퍼진 나머지, 그녀가 무슨 말을 하는지 모를 정도였습니다. 내게 들린 것이라고는 그녀의 눈에서 넘쳐나는 삶의 광채, 행복과 선의였습니다.

나는 눈을 내리깔고 슬픔을 느꼈습니다. 아무튼 고개를 들어 그녀를 한 번 더 바라보았습니다. 그러고 나서 나는 굳은 마음으로 작별을 고하고 걸어서 파리로 향했습니다.

오리엔트의 다음과 같은 노래, 진정 무한에 대한 노래가 가슴을 두드렸습니다.

"오 태양, 오 바다, 오 장미여!
존재의 고리가 네게서 성취되고 네 속에 들어 있구나."

3
임신에 따른 결과: 경쟁자

친구 간에 서로 진실해야 합니다. 솔직하게 돌려 말하지 않아야겠지요. 당신에게 경쟁자가 있다고?—"하느님 맙소사!"—그런데 좋은 경쟁자입니다. 물론 그녀는 당신을 사랑하고 항상 그렇겠지요. 하지만 아기는 거기서 당신의 몫을 잡고, 당신은 더 이상 그녀의 첫 번째 대상이 아닙니다.

그녀에게서 두드러지는 특이성 가운데 가장 강한 것은(물론 다른 여자들에게서 볼 수 없는 것으로), 그녀가 처음 당신에게 정복되어 당신을 받아들였다고 느꼈을 때 반항하는 어린애처럼 저항하는, 변덕스런 짓을 해보고 싶어했던 것입니다. 사랑에 잡혀먹기에 맞서 수줍게 본능적인 자유를 내세우면서….

사랑은 이런 것을 비웃습니다. 남자는 다른 모든 것을 그렇게 흡수한다고 생각하고 그렇게 믿지만 속습니다. 그녀 안에 모든 것이 살아 있는 만큼, 이런 수줍은 저항은 그녀의 가슴속에서 크고 있는 새 생명이요, 그 귀여운 반항은 곧 당신의 아기일 뿐입니다.

✦

이렇게, 오직 당신만을 원할 수 있다고 생각했던 소중한 사람을 통해서 잠시나마 배가되고 요동치는 또 다른 인간의 영혼과 의지가 있는 것입니다. 아기는 거기서 자기주장을 폅니다. 우유의 바다 깊숙한 곳에서, 자신이 잠자고 있는 어둠 속에서 이미 영향력을 발휘하고 움직입니다. 아기는 자신을 담고 있는 이 힘겹게 요동치는 연약한 세계를 지배합니다. 이미 다섯째 달부터는 문을 두드리며 힘차게 "나 여기 있어요"라고 말합니다.

"애가 느껴져요!" 그녀는 떨리는 손으로 꿈틀대는 지점을 가리키며 외칩니다.

"애가 움직여요, 살아 있어요. 이것 좀 봐요, 움직이잖아. 아, 내 아기, 네가 날 괴롭히는구나! 그래도 하느님, 얼마나 좋은지 몰라요!"

이때부터 아내는 아기 생각뿐입니다. 아내는 외출도 거의 하지 않습니다. 집에 틀어박혀 아기의 움직임을 상상하고 따르며, 기다리는 것이 전부입니다. 만남도 이루어집니다. 떨어질 수 없는 애인입니다. 적어도 그녀가 성실하다면 그녀는 아기의

230

게임을 숨기지 않고 아기에게 끝없이 말을 겁니다. 달리 어쩌겠습니까? 또 한 사람 속에서 이루어지는 이 한 인간의 점진적인 창조과정은 너무나 마음을 빼앗는 것이기 때문에, 여자는 아기로부터 자기 자신을 챙기고 방어할 수 있는 것이 거의 없습니다. 그럴 생각도 없습니다. 왜냐하면 아기의 갑작스런 움직임으로 그녀는 매번 고통을 겪지만, 아무튼 이런 깊은 결합을 즐기기 때문입니다. 이 두 결실의 떨림은 항상 고통스런 것만은 아니기 때문이지요. 그녀는 아기가 벌써 자신을 사랑한다고 쉽게 생각합니다. 그녀의 얼굴이 때로 활짝 밝아지거나 붉어지기도 할 때는 아기가 나타났다는 신호입니다.

아내는 당신에게 거의 모든 것을 말합니다. 당신은 아내와 아기의 순진한 사랑을 행복하게 신뢰합니다. 당신도 거기 끼어들어 그 삼분의 일을 취합니다. 하지만 그의 생활에서 장차 또 다른 존재가 차지할 자리를 내주다보면 당신의 자리는 이제 없습니다! 이제 지배적이고 배타적이며 유일한 관심은 아기뿐입니다. 아기가 원하는 것은 곧 당신들이 원하는 것입니다. 아기가 걱정하면 당신들이 걱정합니다. 태어나기도 전에 벌써 그 몇 달 전부터 아기가 집의 주인입니다.

남편은 항상 아버지로서 우선 양보해야 합니다. 모든 습관과 즐거움은 이런 위기에 희생됩니다. 아! 누가 그녀에게 거역하고 거북하게 하거나 힘들게 하려들겠습니까? 되레 즐거운 이야기로 그녀를 재미있게 해주고 행복하게 하고 웃기려 하지 않겠습니까! 어떤 대가를 치르더라도 그렇게 해야 합니다.

어떻든 남자는 항상 남자일 수밖에 없습니다. 밑바탕부터 완전히 그 생활을 쉽게 바꾸지 못합니다. 사소한 변화가 일어나는 데에서 나는 당신 같은 사람의 마음에 질투가 있다고 하지는 않겠지만, 어쩌면 조금 우울해져서 불평할 수 있습니다. 아내는 그런 말을 들은 척도 하지 않습니다. 처음으로 그녀는 당신을 피하고, 듣지 않으려 하고 가버립니다. 멀리 후딱 가지는 않고, 재결합을 두려워하지도 않습니다. 그러다가도 반쯤 돌아서서 정답게, 약간은 짓궂게 웃습니다.

"여보, 아기가 내가 당신과 사랑하길 원치 않으니 어쩌죠?"

그녀는 당신을 시험하려들고 있습니다. 그녀는 당신이 풀이 죽은 것을 알고 위로해주려 합니다. 두 가지 의무 사이에서 그녀는 다른 하나를 상심하지 않게 하고 또 다른 하나를 따릅니다. 어린 독재자가 힘들지 않고 떼쓰지 않도록 그녀는 모든 것에 복종하면서도 불평은커녕 이렇게 말합니다.

"아! 얼마나 행복한지 몰라! 아가, 그이를 사랑하면서도 내 사랑은 오직 너뿐이란다. 그이가 있어도 나는 네 것이니 더욱 행복해."

사랑 속에서는 모든 것이 값지고 절대적입니다. 그 자발적인 봉사와 겸손만큼 여자를 고상하게 하는 것은 없습니다. 여자는 이렇게 겸손히 물러서더라도 더욱더 여왕이 될 뿐입니다. 아주 순순히 그 요구를 따르면서. 걱정도 하고 불안해하기도 하지만 순수한 그녀는 모든 것을 하느님께 맡깁니다. 고생과 다가오는 막중한 위험을 예상하는 그녀는 그 어느 때보다 생각이 깊어집니다. 약간 이기적으로 당신이 그녀를 끌어안을 때마다(헌신과 희생의 귀여운 노예를) 그녀의 눈을 들여다본다면, 그토록 차분하고 고상하며 하늘의 빛으로 충만한 눈길을 볼 것입니다.

그녀는 수심이 가득하고 분명 겁을 먹고 있습니다. 그러나 이 마지막 며칠 동안 그 겁은 잘못되면 어쩌나 하는 것입니다. 그녀는 자신이 끝없는 창조과정의 희생 도구라는 것을 막연하면서도 확실히 느끼고, 자신의 피와 생명을 아기에게 전하면서 아기에게 자신의 영혼까지 전합니다. 바로 이런 일에서 부단히 신중하며 감동적인 주의를 기울입니다. 순수하고 신성함에 싸인 그 영혼을 지키려고….

그녀를 지원할 수 있는 책을 한 권 부탁하거나 훌륭한 기도를 드린다 하더라도, 하느님이 이 세상의 법을 바꾸지는 못합니다. 반대로 그녀는 하느님이 원하시는 대로 되도록 그 법과 무한한 명령에 잘 어울리고 싶어할 뿐입니다.

그녀가 혼자 떨며 걸어가는 그 길에서, 그녀가 쓰러지지 않도록 당신이 사랑(의 열정)으로써 사랑을 지배할 수 있다면,

유일한 힘은 바로 당신입니다. 이 순간은 정말로 심각합니다. 그날이 다가옵니다. 잘 예상하고 준비하며, 그녀를 아끼고 소중히 다뤄야 합니다. 아! 죽음을 면할 수 있을까요?

죽음의 신이여, 우리를 불쌍히 여기소서!

4
출산

여러분이 이 세상에서 겁에 질린 이미지를 보고 싶다면, 이 큰
일을 맞은 남자를 한번 쳐다보시지요. 꾸밈없는 순진한 두려
움, 버티기에는 너무 강한 두려움이 뚜렷하지 않다 해도 우스
꽝스럽게 그의 표정에서 나타납니다. 으스대던 사내도 검은 수
염을 쓰다듬으면서 초조해합니다. 창백하게 기가 죽고 멍청해
진 그들이 가엾어 보이기만 합니다. 이런 고통 속에서 출산하
는 여자조차 이렇게 소리치지 않겠습니까.

"힘을 내요. 여보, 그렇게 비겁했어?"

여자는 아기 속에서 살지만 남자는 여자 품에서 삽니다. 정
말이지 이 무서운 시간에, 그는 여자를 두 손으로 놓치지 않으
려고 꼭 붙잡습니다. 하지만 손으로 무엇을 잡겠습니까. 그녀
는 완전히 다르게 자신을 붙잡고 있는 또 다른 힘에 지배됩니
다. 그녀는 잠시 자신이 여전히 속해 있는 세상을 둘러보며 곁

에서 정신이 나간 남자를 걱정합니다. 하지만 그녀는 이미 또 다른 세상의 한끝을 바라보는 듯합니다.

위기는 계속됩니다. 의사는 고개를 흔들면서 왔다갔다 안심 하지 못합니다. 남편은 마치 개처럼 그를 따라다닙니다. 두려움 덕에 사람이 좀 되었습니다. 비겁하고 아첨하고 돌연히 활달해진 정다운 태도는 잘 알지도 못하는 사람에 대한 것이지요. 하지만 바로 그의 손에 목숨이 달려 있으니 정말 중요한 일입니다. 의사는 질투를 받지만 전혀 부러워할 것이 없습니다. 그는 주저 없이 이 낯선 소중하고 귀염받는 사람을 뒤적여봅니다. 그는 심지어 그녀가 이런 신성모독에 질리지 않을지 전혀 개의치도 않습니다. 그는 엄격한 모습으로 순진한 여자의 주저를 나무랍니다. 그는 완전히 터무니없고 어리석고 바보 같습니다.

이 문제에 대해 아내는 남편에게 가장 합리적인 말을 합니다. 하지만 남편은 겁에 질려 아무 말도 들리지 않습니다. 아내는 여자가 큰일을 치를 때 여자만이 유용한 보조라고 합니다. 반대로 남자가 지켜보고 있다는 것은 얼마나 거북하겠습니까. 경우에 따라 어떤 사람에게는 죽을 때까지 절대로 극복 못 할 사건일 수도 있습니다.

돕는다고 해봤자 그저 팔짱 끼고 쳐다보는 수밖에 도리가 없습니다. 만약 아기가 잘못 나오거나 더욱 유능한 솜씨가 필요하다면, 여자의 손, 능란한 손, 작은 물건을 잡는 데 익숙한 것이 남자의 억센 손길보다 훨씬 나을지 모릅니다. 어떤 부드럽고 세련된 손이 그것을 감당하겠습니까, 하느님. 극도의 긴장을 거치면서 끔찍하게 고통을 겪고, 긁히고 찢긴 이 가엾은 피투성이의 고운 살을 만지기에 말입니다!

여자가 여자를 더욱 훌륭하게 보살핍니다. 여자는 환자이자 의사이기 때문이고, 다른 여자에게서 자신이 겪었던 아픔과 시련을 훨씬 잘 이해하기 때문입니다. 의사는 과학자이지만 환자(병든 여자)를 거의 모릅니다. 모든 것이 예민한 생명인 수수께끼로 가득하고 그토록 섬세한 존재의 감각을 거의 갖고 있지 않기 때문입니다.

프랑스 의사들은 지극히 깨인 계층이고, 비할 데 없이 우리나라에서 제일입니다. 다른 어떤 계층의 사람도 그들만큼 확실하게 아는 것이 없고 개성과 지성도 분명하지 않습니다. 학교와 병원의 거친 남성적 교육과 고된 외과 수술은 이 나라의 영광이지만, 그러나 이 모든 장점이 여기서 심각한 결함이 되기도 합니다. 이런 장점이 바로 여성의 신비한 것을 통찰하고, 예상하며, 알아볼 유일한 능력인 섬세한 감수성을 죽여버렸기 때문입니다. 여자의 가슴을, 그 따뜻한 기적을, 자연이 부드러움을 다 쏟아 부은 그것을, 여자 자신이 아니라면 그 누가 불순함을 뛰어넘어 건드릴 수 있겠습니까?

그렇게 느낄 수도 있는 의사들에게 잘못이 있는 것은 아닙니다. 그런 때에 잘못은 남자들의 나약함에 있습니다. 의사의 모습 외에 전혀 안심하지 못하는 남편에게 있습니다. 이 점에 반박하지 않으렵니다. 부아뱅, 라샤펠 등 지혜로운 산파 여인들만으로 안심하기에 충분하더라도, 도처에서 환영받는 이런 여성들의 사례가 유럽에서 얼마나 되는지 모르더라도, 의사는 그들의 의견을 경청하지도 참조하지도 않습니다. 지나치게 근접하게 될까봐서도. 의사의 직접적인 개입은 적절한 도움이 되기보다는 본능을 마비시키기에 좋을 뿐입니다.

여자들의 말도 들어봐야 합니다. 물론 여자들은 진력을 다하는 이 출산 행위에서, 남자가 방에 있어 무기력해지지 않고서, 그렇게 자유롭게 힘을 쓸 수 있어야 한다고 솔직하게 말합니다 (이렇게 미묘한 문제에 관해 여자들을 감히 다그친다면). 바로 여기서 매순간 주저하게 되고 모순된 행동이 나옵니다. 여자들은 원하기도 하고 원치 않기도(힘을 주었다 말다) 합니다. 또 움직이다 그만두기도 합니다. 여러분은 여자들이 틀렸다면서, 마음을 편히 먹고 그런 힘든 위기에서 치욕에 대한 미신과 불운한 망신에 대한 겁을 잊어야 한다고 할지 모릅니다. 하지만 결국 여자들은 그럴 수밖에 없고 그런 상태에서 이해해야 합니다. 그 안전을 위한다면서 공황에 몰아넣는 사람은 분명 바보입니다!

너무 길게 논설을 폈습니다. 이제 다 되었습니다. 이 세상 것이 아닌 믿을 수 없는 소리가, 우리 인간의 것으로 들리지 않는

238

(그렇게 들릴 수도 있겠지만) 소리가, 날카롭게 찢어지는 야만적인 외침이 우리 귀를 뚫습니다. 작은 핏덩어리가 떨어져 나옵니다.

마침내 사람이 태어났습니다! 안녕, 가엾은 표류자여!

탈진했던 그녀는 다시 눈을 크게 뜹니다.

"아, 내 아기, 네가 왔구나!"

거의 반죽음이 된 남편에게 손을 내밀며

"난 포기했었어요. 당신을 위해 죽기로 했었어요."

바로 이렇게 이날, 두 사람 사이에서 가장 강한 약속이 지켜집니다. 훌륭하고 진지한 결혼인 고통의 계약이.

아내는 남편을 사랑하고, 이제 결코 전에 없던 기쁨으로 그와 이어지며, 지울 수 없는 자취를 새겨준 그를 사랑하고, 자신이 쏟은 피로써 그를 사랑하며, 찢어진 살로 몸의 골격까지도 해체된다고 생각했던 그런 끔찍한 고통으로 사랑합니다.

한편 남편은 자신의 무기력함으로 산모보다 더욱 놀라고, 무덤 곁에서보다 더욱 수척한 모습으로 떨었던 고통으로써 그녀를 사랑합니다. 바로 이날 그는 공포와 연민으로 단련되었습니다. 약자가 강자를 이겼습니다. 아내 또한 두려움과 고통의 지울 수 없는 자취로써 자기 식으로 그렇게 강해졌습니다.

이를테면 그토록 가까이에서 죽음을 느끼면서 함께 죽어가는 그런 관계가 되었습니다.

❧

이것으로 다 끝나지 않았습니다. 걱정은 여전히 태산입니다. 수놓은 면사포 사이로 그녀를 봅시다. 얼마나 매력적이고 아름다운지. 아, 만약에 여러분이 정말로 이런 아름다움에 가린 끔찍한 현실을 알기나 한다면!

남자여, 이 모든 것에 맞서야 합니다. 이런 인상은 유익합니다. 당신은 사랑의 신이라는 고통의 대사제를 잘 알아야 합니다. 당신, 혹시 이런 말을 하지 않을까요.

"고맙지만, 제발. 우리의 시를 즐기게 해주시지요. 끔찍한 것은 시적인 것이 아닙니다. 아내한테 찢긴 내장 같은 충격적인 이미지를 보여준다면 어떻게 되겠습니까?"

그런 모습을 감추도록 합시다. 하지만 당신은 그것을 견뎌내야 하고, 그렇게 하는 것이 좋습니다.

이런 감정보다 더 긴장되는 것은 없습니다. 이런 슬픈 모습에 상처받고서 익숙한 사람이 어디 있을까마는, 그래도 자신을 추스르고서 해산 뒤의 모태母胎의 정확한 그림을 보면 떨리는 고통이 찾아들고 모골이 송연해집니다. 신체 기관의 기적

240

적인 자극과 황폐해진 협곡에서 그토록 잔인하게 떨어져나온 무서운 한 줄기. 아, 얼마나 무시무시합니까! 뒤로 물러서고 말지요.

부르주리의 책에 실린 탁월한 도판들에서 처음으로 나타난 정말로 무서운 그 신체 기관에서 받은 인상이었습니다. 코스트와 제르브의 도해집에 수록된 이와 비견할 만한 형상도 덜 무섭기는 하지만 아무튼 같은 기관을 보여주는데, 눈물을 자아내기는 마찬가지입니다. 피로 흥건한 태반은 비단이나 자줏빛 머리털처럼 생긴 붉은 핏줄로 무한히 얽힌 망사 같아 보입니다.

제르브의 몇몇 도판은(대부분 누가 그렸는지 알 수 없지만), 이 유일무이하고 놀라운 해부도는 미래의 신전입니다. 나중에, 최상의 시대에 이것은 종교적 신앙심을 채우게 될 것입니다. 감히 그것을 들여다보기 전에 무릎을 꿇어야 합니다.

생식이라는 위대한 수수께끼는 절대로 그 매력과 진정한 신성과 더불어 예술로서 표현된 적은 없습니다. 나는 그 놀라운 예술가를 모릅니다. 아무튼 그에게 고마워하고 있습니다. 어머니를 갖고 있는 모든 사람도 그에게 감사할 것입니다.

그가 우리에게 남긴 것은 그 형태와 색채뿐만 아니라, 이런 것의 비극적인 우아함과 부드러움과 깊은 감정입니다. 정확하게 그리도록 그가 강요받았을까요, 아니면 그렇게 느꼈던 것일까요? 알 수 없지만 효과는 그렇습니다.

아, 우아함의 신전이여, 우리 모두의 가슴을 순화하려고 만들어진 얼마나 많은 것을 당신들은 우리에게 폭로했습니까! 그것을 보면서 우선 이런 것을 배우게 됩니다. 자연은 외면적 아름다움을 그토록 기적적으로 빚어내지만 가장 큰 아름다움은 속에 숨겨놓습니다. 가장 감동을 주는 것들은 감춰져 있습니다. 마치 집어삼킨 것들처럼, 생명 그 자체의 깊은 곳에.

　게다가 사랑도 보이는 것임을 알게 됩니다. 우리 어머니들이 우리에게 베푼 애정을, 그 애무와 따뜻한 젖을, 이 모든 것을 사랑과 고통의 지울 수 없는 이 성소에서 알게 되고, 느끼고, 찬미하게 됩니다.

5
산후 조리

출산 이전과 출산 중에, 친한 사람들과 간병인과 간호사, 이웃
과의 대화는 일반적으로 산모에게 해롭거나 위험합니다. 여자
들은 수다스럽고 서툴게 되는 대로 말을 지껄이면서, 그토록
안절부절 못하는 사람을 쓸데없는 말로 더욱 흔들어놓습니다.
잡담과 험담과 수백 가지 쓸데없는 말을 쏟아놓아 공연한 동요
를 일으킵니다. 또 비극적 사건으로 잘못된 이야기나 썰렁한
예언, 기적과 터무니없는 화제 등을 늘어놓습니다. 다른 때 같
으면 듣지 않으면 그만이고 말을 삼가라고 할 수도 있겠지요.
하지만 이렇게 약하고 피동적인 상태에서 그녀는 지나치게 참
담한 인상이나 받게 됩니다. 그녀는 그런 인상을 혼자서만 간
직합니다. 이런 모든 일은 십중팔구 남편의 부재중에 듣게 되
고, 그가 들어오면 여자들은 입을 다물어버립니다.
　산모의 회복을 위한 첫째 조건은 차분한 정신적 안정입니다.

이때 낯선 사람의 침입은 아무 도움이 안 됩니다. 환자를 돌본다는 핑계를 내세워 어리석고 신중치 못한 수다쟁이를 들여놓으면, 집 안을 뒤집어놓고 환자 자신보다 더 사람 뒤를 쫓아다니며 당황하게 해서 정리해야 하지 않습니까! 평범한 하녀, 소박하고 온순한 시골 처녀, 곧이곧대로만 하고 의사의 처방 같은 것은 추정하려들지 않는 그런 처녀가 최고입니다. 하지만 필수적인 간병으로, 가장 마음이 놓이는 것은 남편의 말을 거스르지 않는 것입니다. 남편은 이 처녀의 도움으로 그 모든 것을 쉽게 할 수 있습니다.

물론 남편은 바쁘고 시간이 없겠지요. 하지만 시간을 내야 하고, 이 점이 절대적으로 중요합니다.

휴가를 내든 일을 유예하거나 연기해야 합니다. 위험한 공황은 아직 찾아오지 않았고, 어쩌면 더 클지도 모릅니다. 당신은 아내가 웃으며 침대에 곱게 꾸미고 누운 모습을 봅니다. 아내는 사경을 헤맬 지경입니다. 어느 때든 열린 문이나 창으로 들어오는 공기가 염증의 발열에 치명적일 수 있고, 정신적으로 나쁜 인상이 그녀를 뒤흔들 수 있습니다. 단 몇 시간 만에 모든 것이 끝장날 수도 있습니다.

하지만 헌신적인 하녀가 무지하거나 아니면 환자의 변덕에 복종하려다가 남편의 부재중에 돌이킬 수 없는 실수를 초래할 수도 있습니다. 믿을 사람은 정말이지 당신, 남편뿐입니다.

당신이 곁에 있다는 사실만으로도 이미 최상의 치료가 된다는 것을 알아야 합니다. 당신이 나타나면 조용하고 모든 것이 차분해집니다. 그녀는 잠이 듭니다. 당신이 없으면 그녀는 좋지 않습니다. 눈을 붙이더라도 그것은 눈만 붙일 뿐입니다. 낯선 간병인은 그녀를 감시하고 있지만, 환자 편에서도 그녀를 감시할 수밖에 없습니다. 선량한 하녀라도 다소 서툴고 참을성이 부족합니다. 결국 하녀가 능숙하고 원하는 대로 잘하더라도 당신을 대신하지는 못합니다. 다른 사람이 아닌 사랑하는 사람의 손이야말로 수십 가지 사소한 일에 도움이 됩니다. 그녀의 손이 닿는 곳에서, 약간 괴롭더라도 그녀를 아프게 했던 사람인 당신이 그녀에게 불평하도록 하고 또 그것들을 들어주어야 합니다.

결국 아무것도 할 필요가 없고, 말도 안 하고 심지어 곁에서 곯아떨어지더라도 당신이 곁에 있다는 사실이 그녀에게 중요함을 알아야 합니다.

"그런데 내가 잘할 수 있을까요?"

물론 그럴 수 있습니다.

당신은 자신의 재능을 아직 잘 모릅니다. 장점도 모릅니다. 무엇을 원하는지도 모릅니다. 이른바 남자의 위신이라는 웃기는 자존심을 여태 내세우고 있지 않다면(우스꽝스러운 것이고 심지어 죄가 될 수도 있습니다. 그토록 미묘한 위기에), 당신은

245

뜻밖에 숙련되고 예외적인 솜씨를 보일 것이고, 노련한 간병인들을 부끄럽고 또 부러워하게 할 것이 틀림없습니다.

사실 할 일은 별로 없습니다(하지 않거나 피해야 할 것이 더 많다는 뜻입니다). 의사는 방법을 가르쳐주고, 필요할 때 아내는 그저 몇 마디로 보완을 해줄 것입니다. 당신을 지휘하는 것이 아내로서는 행복인데, 보통 행복이 아니라 당신이 움직이는 모습을 보고 즐거워하는 훨씬 큰 행복입니다. 다른 사람이라면 서툰 모습이 그녀를 자극하기도 하겠지만 가족의 그런 모습은 그녀를 기분 좋게 합니다. 그녀는 당신의 인내심에 매료되고, 차분하고 날아갈 듯 청정한 상태를 유지합니다. 무엇이 문제입니까? 진정으로 사랑하는 재치 있는 남자라면 그녀의 건강에 그토록 좋은 인상을 보는 것만으로도 너무 행복하지 않겠습니까?

그렇게 함으로써 당신이 허영심을 참았다면 더더욱 좋은 일입니다. 당신은 그럴 만하고 그 이상입니다. 당신이 아니라면 누가 죄를 지었겠습니까? 당신 때문에 사람들이 고생했을 때, 이제 당신이 견뎌야 하고 미미하나마 속죄해야 마땅합니다.

이제 당신이 소중한 아내를 돌보느라고 조금 지쳤더라도, 결코 어떤 경우에도, 그토록 완전하게 당신에게 기대어 안심할 수 있기를 바란 적은 없었을 터입니다! 당신에게 축복이 있지 않겠습니까. 얼마나 많은 남자가 부러워하겠습니까! 그녀는 기분이 완전히 좋아집니다.

그러니 이런 호기에 당신도 위신을 좀 차리시지요. 선한 마음과 큰 용기는 모든 것을 명예롭게 합니다. 진실로 고상해서 자연스레 돋보이는 남자는 모든 일을 고상하게 합니다. 다른 사람이 그렇게 하기 어려운 것에 상당한 위엄과 즐거움을 줍니다.

아내로서는 얼마나 다행입니까! 그녀는 그토록 열심인 당신을 모든 일에 이용하면서 얼마나 안심하고 반하겠습니까! 사실 이 가엾은 아내는 당신 때문에 잠시 웃을 수 있다면, 이것도 조금은 우스운 일입니다. 그 극히 위험한 순간에 그녀가 가장 두려워하는 것이 무엇인지 당신은 알기나 합니까? (이 점에서는 모든 여자가 마찬가지로 겪는 일반적인 두려움입니다.) 죽음, 아닙니다. 고통도 아닙니다. 고통이 제아무리 혹독하더라도 그녀는 또 다른 생각에 사로잡혀 있었습니다.

무슨 생각일까요? 말해주지 않으면 당신은 절대 모르기 십상입니다. 즉 흉해 보이지 않을까, 불쾌한 모습이 아닐까 하는 걱정입니다.

누구에게 말인가요? 누구든, 모든 사람에게. 의사, 간호사, 하녀까지, 자기 아기와 마찬가지로 그녀가 선의로 존중하는 모든 사람 말입니다.

젊은 부인이 이렇게 스스로 어찌할 수 없이 침대에 묶여 있

는 것은 처음입니다. 누구와도 자유스럽지 못합니다. 그녀는
모든 것이 불편합니다. 그런데 당신이 없으면 어떻겠습니까?

최상의 안주인, 세련되고 사랑받을 만한 여주인은 어떤 일에
서든 하녀에게 맡겨두고 안심하는 법이 없습니다. 고생스럽고
번거로운 상황에서 하녀는 걸핏하면 얼굴을 찡그리곤 합니다.
환자는 이 모든 것을 잘 느끼고 있으니, 항상 정중하고 나긋하
며 모든 점에서 바람직하다고 믿을 만한 유일한 사람은 오직
한 사람 남편뿐입니다.

전능한 주인으로서 절대적인 개입으로 모든 것을 바꿔놓는
것, 그것이 바로 사랑의 신입니다. 특히 감정을 바꾸고, 부인
하고 변하게 합니다. 사랑하지 않는 사람을 불쾌하게 할 수 있
는 모든 것이 사랑하는 사람에게는 유쾌한 것이 되기도 합니
다. 누구의 잘못일까요? 차갑고 싱겁고 우울하게 이것저것을
요구하면 불쾌감을 주지만, 본능적인 행복과 매력을 발휘하는
더욱 뛰어난 [이 사랑이 담긴] 감정을 거스를 만한 이유가 있
을까요?

아브라함 보스라는, 익살스런 17세기 거장의 판화는 바로
이런 것을 소박하게 보여줍니다. 귀여운 여인이 침대에 누워
있습니다(방금 전에 해산한 부인입니다). 아픈 몸인데도 표정
은 또렷이 명랑합니다. 늙은 하녀는 간호에 필요한 자질구레하
고 거북한 일들에 끌탕을 하고 투덜대며 자리를 뜹니다. 이때
다른 사람이 등장합니다. 남편입니다. 젊은 멋쟁이 기사로, 당

시의 성대한 옷차림에 주름 잡힌 둥근 옷깃과 깃털 달린 모자와 장검과 단검을 차고 있는 에스파냐 인물로서, 갈색의 당당한 군인 모습입니다. 그런데 검이 아닌 새로운 직분을 나타내는 표장으로 무장한 이 사내는 당당한 자세로 자기 임무를 준비합니다. 숨을 몰아쉬고 대담하게, 머리카락을 바람에 휘날리며 공격해 들어가는 사내처럼 훌륭합니다. 여기서 바로 이 남자가 아무것도 두려워하지 않고서 모든 것을 잘해낼, 일하는 재능과 사랑과 솜씨를 가졌음을 보여줍니다.

아무것도 할 수 없고, 모든 것을 기다리며, 모든 자연의 양식을 받아먹으면서 완전히 오직 사랑하는 사람의 품에서만 사는 것, 이것은 어머니의 품에서 아기 때에만 그럴 수 있듯이 두 사람이 완전히 하나가 되는 것입니다. 아기는 아무것도 하지 않고 원하지도 않으면서 받기만 합니다. 그러나 임산부는 다른 것은 바라지 않고 오직 남편의 생각과 의지를 받고 싶어하고 받아들이면서, 이런 유아 상태를 즐깁니다.

남편은 그녀의 완전한 세계이자, 그녀는 오직 그의 품에서만 살고 죽습니다. 그녀는 아름다운 눈으로 나른하게 그가 오가는 곳 어느 방구석이든, 가벼운 발끝의 놀림까지도 놓치지 않고 따릅니다. 그의 손으로 주는 것만 받아 마십니다. 심지어 그의 손까지 덥석 뭅니다. 자율적이고 동물적인 생명력으로 움직이는 기관인 위장 같은 것조차, 그토록 강하게 길들여진 것인데도, 그가 없다면 거부반응을 일으키고 맙니다. 그가 없으면 다른 것은 전혀 필요 없습니다.

"그가 올 때까지 기다려야지요."

이런 두 사람의 생활의 훌륭한 결과, 그 건강한 절반이 신체적으로 병든 나머지 절반에 크게 이로움을 줍니다. 자신의 나약함과 병으로 그녀는 그를 사랑합니다.

한편 그는 자신의 건강과 활기와 희망으로써 그녀를 사랑합니다. 이는 건강하고 믿음직한 것으로서, 상대방을 지배합니다. 그는 그녀를 고강력 자력처럼 끌어당기고 새로운 생기를 불어넣습니다.

이제 그녀가 몸을 추스르고 일어날 수 있을 때, 뜰에 나가보고 그녀를 위해 준비한 변화된 모습을 보여줄 때, 태양이 그녀에게 미소 짓고, 동물들이 그녀와의 재회를 반기며 자지러지고, 마침내 처음으로 그토록 오래 비워두었던 그녀의 자리, 젊은 안주인이 다시 돌아와 탁자 앞에 놓인 커다란 의자를 끌어당겨 앉아볼 때, 그 기쁨은 얼마나 크겠습니까!

당신에게 이끌려 차분하게 정신을 되찾은 그녀는 아직 기운은 없지만 오랫동안 당신 눈을 바라봅니다. 거기서 행복과 건강과 힘을 길어냅니다. 생명을 만들어낸 결합을 되새기면서 나직이 말합니다.

"당신을 통해서 다시 내게로 돌아왔어요."

이렇게 아픈 그녀에게 무엇을 해줄 수 있을까요? 단 한 가지가 있습니다. 우리는 아직도 너무 야만적입니다. 하지만 이는 분명 미래의 축성입니다.

어떤 부인이 내게 이런 생각을 전했습니다.

"어머니로서 제일 큰 행복은 해산 후 사십 일쯤이나 그 조금 뒤에 일어나 남편의 손을 잡고서, 모든 가족과 친척, 친구들이 따르는 가운데 제단에 아기를 안고 가는 것이겠지요(법률 91조는 행정기관인 코뮌에 신고하도록 되어 있다). 그렇게 법관에게 출생 신고를 하고, 시민이 되어 살아가도록 하는 것입니다.

이 행렬에 동참했던 친구들은 모두 평생 친구로 남을 것이라 확신합니다. 그 행렬을 따르지 않을 행인은 없을 거예요. 아기 엄마를 명예롭게 하고, 어머니가 된 것을 감사해하고 축하해주겠지요."

그렇게 집으로 돌아와 사랑하는 아내는 남편에 기대어 사랑과 고마움을 표합니다.

"이렇게 다시 집으로 돌아왔네! 당신이 나를 살렸어. 아기도 낳아주었고!"

햇볕 아래 앉아, 또 남편은 그 발치에 앉아 백장미 같은 아내는 몸을 기대며 이렇게 말합니다.

"난 당신한테 무엇을 주지? 당신은 나를 가졌지만 나는 아무 것도 간직한 것이 없으니… 뭐든 내가 할 수만 있다면… 내가 돌아왔잖아요. 불가능한 것이라도 말만 해요. 다 해줄 테니.
- 당신도 그러길 바래? 그럼…
아! 당신이 원하는 건 뭐든지 말해봐요.
- 당신 영혼의 깊은 곳으로 나를 데려가주구려.
그런데 어떻게 그럴 수 있겠어요? 당신이 바로 난데. 우리는 이제 더 이상 둘이 아닌데."

하지만 그는 이렇게 주장합니다.

"당신, 내게 당신이 겪은 것, 고생한 것, 원하는 것, 과거에 대해 말했어. 내가 당신을 얼마나 더욱 사랑하는지 알아? 오늘 내 부탁은 미래에 대한 생각이야. 당신의 꿈과 지겨운 일 뭐든 다 말하겠다고 약속해봐. 당신의 변덕(아, 변덕을 부리지야 않겠지만), 슬픔, 나 때문에 늘어놓게 될 불평… 또 당신이 힘들고 아파서 사랑의 불꽃이 필요하게 되면 날 의사로 삼으면 돼. 내가 너그럽게 받아줄게. 우리 서로 힘을 합쳐보자고, 자기…. 그렇게 다시금 합치면, 그런 시련쯤이야 하느님과 이성의 구원으로 보일 거야."

그녀는 웃으면서 말합니다.

"겨우 그거야, 여보? 아, 당신만 생각하는 것이라면 너무 쉽잖아. 몰라…."

남편에게 깊이 파묻혀 하나가 되어 쉬면서 아내는 이렇게 말합니다.

"당신은 내 애인이고 남편이잖아. 나는 내 몸과 삶을 주고, 이전의 나까지 주었잖아. 당신한테 비밀도 털어놨으니 당신은 내 의사이고 편한 간호사이고, 후덕한 유모였잖아. 그러니 어느 쪽으로든 햇살이 내 몸과 혼을 관통하는 듯이 보일 거예

사랑이 사랑하는 사람을 지켜주는 그런 달콤한 감각과, 마음의 완벽하고 깊은
일치. 이것이 신성한 열매를 맺도록 하고 자유와 빛의 자식을 낳게 합니다.
둘은 서로 원하고 있었습니다. 바로 이런 것이 영웅을 잉태하는 가장 자발적인
사랑임은 말할 나위가 없습니다.

요. 또 무엇을 더 바라겠어요? 당신 자신이에요. 나는 당신이
된 기분이고. 내 몸과 마음에 찾아오는 것은 당신 것이니 어
떻게 안 보이겠어? 가장 희미한 감정의 불씨도, 첫 번째 여명
도. 그런 것이 나타난다면 나랑 함께 붙잡아야 해요. 나보다
도 더 먼저!"

손을 맞잡으면서 그녀는 이렇게 덧붙입니다.

"여보, 꼭 그럴 거지? 내 맘 알아줄 거지? 내가 무슨 생각도
하기 전에…."

제4부
사랑의 번민

"사람에게서 나온 것, 보잘것없는 것, 무한한 것, 불씨, 우리가 사랑하고 일하고 창조
하도록 하는 것, 나는 이것을 한마디로 '불씨'라고 하겠습니다. 그런데 여자의 불씨
가, 당신이 편하게 기대는 순수한 마음의 부드러움, 풍요한 우유의 바다가 당신을 영
원히 젊게 피어나도록 합니다. 이 모든 것이 겸손하고 순결한 매력 속에 있습니다. 건
강한 단순성과 어린애 같은 신성함입니다."

여자에게서 육체적인 삶은 보통 늦게 깨어납니다. 그녀의 건강이 확고해지고
젊음의 병과 초경의 시련이 사라질 때. 엄마로서 마음도 차분해졌고 착한
아내로서 남편을 지배하면서 마침내 모든 실생활이 천천히 달리는 기차처럼
부드럽게 미끄러져 나갈 때…. 그런데 이때는 얼마나 사소한 것으로도
탈선하기 쉬운 상태입니까?

1
수유와 젖떼기

집은 바뀌어 더욱 활기를 띱니다. 요람은 집 안의 새 중심지가 되고, 모든 것이 그 무게로 쏠립니다. 젖먹이라는 작은 존재의 지극한 순진함이 온갖 매력을 발산합니다. 따뜻한 애정으로 가족은 아기에게 봉사합니다. 이때 아빠는 엄마를, 엄마는 아기를 돌봅니다. 마치 세계의 질서가 거꾸로 뒤집힌 듯하지만, 사랑과 하느님의 뜻에 따라 뒤집혔을 뿐…. 강한 자가 약한 자를 위해 모든 것을 다하는 이런 세계에서 최강자의 세력은 가장 적게 줄어듭니다.

더욱 개방적인 이 집에서 고립도 최소화합니다. 아기가 칭얼대니 어떤 일일까요? 새로운 도움을 청하는 것이겠지요. 엄마는 젖을 물립니다. 하지만 섬약한 엄마가 모든 일을 해결하진 못합니다. 아기를 안아주고, 항상 가족 품에 보여주면서 모든 것을 듣고 보는 또 다른 하인이 필요합니다. 그러다보면 엄마는 한마디만 해도 아기와 덩달아 중요해집니다.

이제 고독이여 안녕! 옛날의 하인은 떠나 살고, 고려의 대상이 못 됩니다. 당신의 둘뿐이던 식구가 이제 다섯이 됩니다.

더 근본적인 변화가 일어납니다. 아기 엄마는 완전히 요람 속에서 삽니다. 그녀에게 다른 세상은 완전히 사라집니다. 세상은 이제 그녀가 사는 식으로, 아기의 안위를 위해 달라져야 합니다. 아기는 나약하므로, 엄마가 이렇게 몰입하지 않으면 무서운 위험에 처하게 됩니다.

잊힌 아빠는 힘들어할지 모르지만 그래도 아내를 존중해야겠지요. 온화한 도취와 정겨운 걱정에 빠져 있는 그녀는 얼마나 곱고 매력적입니까. 그러니 이런 말이 나올 수밖에.

"아니 이게 내 마누라였어? 지금까지 전혀 본 적도 없고 알지도 못했네."

두근거리며 흥분해서, 아들에게 몸을 기울이며 엄마는 몽롱한 눈으로 천사 같은 미소를 짓고, 그녀에게서 아들에게로 번지는 은은한 빛으로 모든 것이 달라집니다. 어떤 거리낌도 없이 모두 내주는…(드레스덴 미술관에 있는 코레조의 작품이나 루브르에 있는 솔라리오의 작품을 봅시다.)

사랑을 뛰어넘는 사랑입니다. 남편은 자신이 새로 태어난 다른 분신이 되었다고 생각합니다. 또 자기 자신보다 더욱 강해졌다고 생각합니다. 그는 어떤 신 같은 숭배의 대상을 섬길 줄 몰랐습니다. 그러나 이제 무릎을 꿇는 일만 남았습니다.

말하자면, 무엇보다 그가 행했던 기적을 무시할 만한 그런 기적이 일어났을까요? 아닙니다. 정다운 자연은 첫사랑을 애틋이 여깁니다. 여자가 자신이 사랑하는 사람에게 무심해 보이는 바로 그때, 그녀는 더욱 그에게 속해 있기 마련입니다. 그녀가 남편에게서 받은 심오한 수태는 존속되고, 이기고 또 이기게 됩니다. 그녀가 아기를 끌어안는 적극적 사랑도 그녀를 지배하는 더욱 무서울 정도로 어쩔 수 없는 본능적 사랑에 무력합니다. 그녀가 남편을 생각하고 바라는 꿈은 이전보다 적습니다. 하지만 그 피와 변화한 생명으로서 더욱 많이 사랑합니다. 두 사람이 멀어진 듯 보이는 이런 망각의 시기에, 둘을 더더욱 섞이게 하는 신체적 변화가 확고해집니다.

그런데 이뿐만이 아닙니다. 생명의 분출도 상승합니다. 그녀가 그토록 착잡할 만큼 기쁘고 괴로운 젖을 먹이는 감정이 때로는 가장 깊은 곳에서 신비스런 관능의 쾌감을 되살아나게 합니다. 그녀는 이런 쾌감을 남편과 사랑할 때의 쾌감과 혼동합니다(말하기 어려운 육감을 통해서). 그녀는 기쁨에 겨워 몸을 떨며 아기를 끌어안고(젖을 물리고) 아기 아빠를 바라봅니다. 그 훌륭한 샘이 고루 쉽게 흐를 때, 아기가 엄마를 아끼고 엄마에게서 넘치고 처지는 것만 빨아먹을 때, 그녀는 환각에 빠진 듯 반쯤 몽롱한 상태가 됩니다. 그 상태에서 그녀와 그 사람의 삶은 더 이상 구별할 수 없습니다. 그 유연한 인격은 그녀를 벗어나 세 사람 모두가 동시에 한 사람이 되는데, 특히 그녀가 사랑하는 둘 속에서(남편과 아기) 하나가 됩니다.

만일 그녀가 이렇게 자신의 깊은 사색의 절정에서 생각하는 것이 있다면 그것은 당신의 여러 면을 비교하려는 것입니다— 그녀가 오장육부 속에 갖고 있는 당신, 그녀가 요람 속에 갖고 있는 당신입니다.

"아휴, 애가 당신을 얼마나 닮았는지 몰라!"

변함없이 하는 말 아닙니까? 여자는 그것을 굳게 믿습니다. 스스로 입 밖에 내기 꺼려지는 뜨거운 관능입니다. 즉 그녀는 이렇게 생각합니다.

"내가 아기를 받았어요. 바로 당신의 모든 것을. 나는 거의 아무것도 아니에요. 당신의 모습, 영혼, 당신의 움직임까지 당신이 그 아이에게 모든 것을 주었어요. 그 뜨거운 불꽃에서 당신의 일부가 나왔어요."

친구와 이웃과 하인들은 각자 저 나름으로 여러 특징을 주목하면서 환호하며 빼놓지 않는 말이 있습니다.

"아, 이것 좀 봐요… 아니, 그게 아니라 이거로구먼!"

즐거운 성탄절에 이 귀여운 녀석은 그 불확실하고 수천 가지 궁금증을 자아내는 모습으로, 날마다 관점에 따라 모든 환상을 빚어냅니다. 아기는 사람들이 원하는 대로 모든 것을 연상하게 하거나 재생합니다. 아기는 이런 행복한 날의 생각과, 이런 밤의 우연한 사건과, 그 혼자만이 알게 해주는 특이한 용모를 완전히 순진하게 드러냅니다.

"아! 요 모양이라니, 내가 얼마나 잘 아는 것인데! 뺨에 들어간 보조개도 다른 데서 보았던 것이고… 눈썹을 찡그리면 왜 그런지 알지. 애 잘못은 아냐. 그때 구름이 슬쩍 지나갔었거든.[기분이 저기압이었을 때 사랑했다는 미묘한 표현]"

살아 있는 역사로서 이렇게 아기는 두 사람만의 비밀스런 접촉 속에 담긴 매력으로 둘이서 잊은 것조차 살려냅니다. 결코 말하지 않는 것을 알고 있고 지극한 순수함으로 불타는 격정의 순간을 재현하고 있는 이 귀여운 심복心腹을 어떻게 사랑하지 않을 수 있겠습니까? 아기의 모습은 분명 충실하고 흔들림 없는 이미지, 아기가 고정시킨 미래를 창조했던 순간의 이 섬광을 간직하고 있는 이미지입니다.

아기가 그것을 그렇게 간직하고 있고, 그 자신 생명의 빛이자 행복의 화신인 만큼 그의 곁에서 다시 황홀해합니다. 아기의 모습이 정말이지 마음을 푸근하게 하는 것은 불순하지 않습니다. 가령 두 사람의 사랑이 식었다면, 그들의 불꽃을 깨우는 것만으로도 아이의 역할은 충분합니다. 아기 아빠는 그 추억에 불타오릅니다. 엄마는 얼굴을 붉힙니다. 그녀는 감정에 휩싸이고, 원하기도 하고 거부하기도 합니다. 그러다가 마침내 정신을 약간 가다듬고 원하게 됩니다(더욱 매력적이지 않을까요?). 그리고 은총을 비는 기도를 올립니다.

"저희를 아껴주세요… 당신의 아들을 불쌍히 여겨서라도."

그는 감격합니다. 이제 두 사람은 요람을 감싸 안고서 한마음이 되어 미래를 생각해봅니다.

아기가 눈을 뜨게 될 날, 그 손이 꼼지락대고 첫걸음을 뗄 날은 얼마나 기막히겠습니까? 두 사람은 얼마나 많은 감정과 말을 나누게 되겠습니까! 얼마나 할 말이 많아지겠습니까! 그러면서도 얼마나 서로를 이해해야 합니까! 아기는 두 사람에게서 기회이자 새로운 오만가지 관계에 반드시 필요합니다. 차라리 두 존재가 산 채로 하나가 된다고 하는 편이 낫겠지요.

부드럽고도 엄격한 일체화입니다. 그렇게 하나가 되면서 젖을 주는 일은 반쯤 그만둘 수도 있어 찜찜하기도 합니다.

사람들은 남편에게 군소리가 많습니다. 의사도, 어머니도 그의 정신을 차리게 할 필요는 없습니다. 아내와 아이에 대한 그의 사랑으로 그는 너무 많은 이야기를 듣고 있으니까요. 그는 멀어지더라도 가능한 한 조금 떨어져 한방에서 지냅니다. 우선 침대를 따로 씁니다.

이것만으로 부족합니다. 아내는 정답기는 해도 거리를 둡니다. 아기가 울고 가령 아빠가 깨어나면, 일하러 갈 아침에는 어떻게 일어나겠습니까? 그녀는 그를 달래고 고집을 부려 자라고 합니다. 그는 약간 투덜댑니다. 하지만 아내는 "여보, 당신이 병이라도 나면 우린 어떡하라고, 당신뿐인데"라고 하겠지요. 반박할 수 없는 이런 논지로 이기게 됩니다. 딱한 남편은 양보합니다. 그때까지 그가 살아왔던 소중한 사회에서 밀려나, 자기 삶을 매력적으로 만들었던 친밀한 세계로부터 밀려나, 아담은 천국에서 쫓겨납니다.

적어도 저녁에 일터에서 돌아와 남편은 여자의 노래, 감사하는 마음의 노래를 듣게 되어 행복했습니다. 이제 이것도 끝입니다. 그녀는 아기만으로 족하기 때문입니다. 아기가 그녀의 노래이자 멜로디입니다. 온종일 밤낮으로 이런 생각에 빠져 다른 것은 아무것도 필요 없습니다.

"여보, 목소리가 더 안 나. 애를 낳아 그런가…"

물론 악기는 그대로 있습니다. 무심하지만 다양한 소리를 내던 피아노가, 그녀가 여러 해 동안 얼마나 두들기던 것입니까. 아! 그 건조한 두드림은 그에게 오늘 그녀의 마음속에 있는 어마어마한 '하모니'에 거의 부응하지 못하는 듯합니다. 대성당 풍금처럼 깊은 모성애 말입니다!

그래도 남편이 기억을 되살려 악보를 찾아낸다면 애써보긴

하겠지요. 하지만 뭘 하겠습니까? 벌써 여러 달째 이 피아노
는 끙끙 앓고 있었으니 말입니다. 최상의 현을 울릴 아내의 손
길이 닿은 적이 없으니까요.

2
경박한 사람

이 사랑을 다룬 책에서 모성애에 관한 후속편을 쓸 수도 없고 그러기도 어렵습니다. 따라서 무척 아쉽지만 아기가 엄마에게 주는, 즉 엄마가 아기에게 주는 것 못지않은 교훈이라는 매력적인 진전을 그냥 건너뛸 수밖에 없습니다. 아이를 바로 키우기 위해 아기 엄마는 나이를 거꾸로 먹고, 다시 떼를 쓰며, 아기가 모방하도록 자신이 아기를 모방하기 시작합니다. 엄마가 그토록 놀라운 인내, 천재적인 면도 없지 않은 인내심을 보이면서 벌이는 감탄할 만한 연극입니다. 이런 커다란 노력이 아니었다면 사람 사는 법을 가르칠 어떤 수단도 없었을지 모릅니다. 우리 모두가 그렇게 모방하며 시작했고, 우리는 아기가 되어버리는 엄마의 이런 참을성 덕분에 사람이 됩니다.

당신은 으스대며, 왜 여자가 한창 성장할 좋은 때에 일을 멈추고 좋은 일감이나 기술을 찾지 않느냐고 물을지 모릅니다.

267

왜냐고요? 여자는 최고의 일감, 즉 사람을 창조한다는 기술, 여러분에게서 정신의 발전과 역량을, 바로 당신을 그렇게 보기 싫을 정도로 뽐내게 만든 그 모든 것을 시작하도록 하는 최상의 예술에 가장 중요한 몇 해 동안 모든 노력을 쏟아야 하기 때문입니다!

그녀와 또 그녀가 한 인간을 만들어내고 싶어하는 것 사이의 장애를 제거하려는 엄청난 끈기가, 말도 못 하고 손짓발짓을 해가며 결국 영혼과 말이, 인간성이 살아나도록 어린 것과 말을 나누려는 이 끈기는 사람의 어떤 능력보다 뛰어납니다. 말 못 하는 어린 것은 그 연극을 잘 지지합니다. 거기에 한동안 끼어드는데, 한 시간쯤이면 그것도 많은 편입니다. 엄마는 같은 것을 스무 번 서른 번씩 반복합니다. 아기가 그것을 잘 알아보고 기분 좋아하면, 입을 놀려 아기를 즐겁게 해주고 깨우치려는 그 작은 몸짓들 또한 엄마라는 이 큰아기까지 즐겁게 해줍니다. 그런데 같은 것이 수천 번, 어쩌면 수만 번 되풀이되고, 밤낮으로 항상 같은 것이 되풀이될 때, 그것을 듣고 동참하는 듯 보이지만 실상 그럴 순 없습니다. 즉 아기는 다른 생각을 하고 있습니다!

처음 4년간(또는 8년간, 둘째나 셋째 아이가 태어난다면) 강하게 결합되던 부부는 점점 더 뚜렷이 갈라지게 됩니다. 교육하는 유모의 역할에 흠뻑 빠진 여자는 거의 새로울 것이 없는 것은 물론이고 더욱 제한된 사고의 틀에 갇히게 됩니다. 반면에 남자는 시간이 갈수록 사업의 관록이 붙으면서 아이들에게 몰두하며 여자가 방치한 그 고독의 결과, 요컨대 자기 사회활동과 인간관계의 다양한 반경을 넓혀갑니다. 그는 우리 시대의 더욱 복잡한 생활에 빠져들고, 개인을 제거하고 지워버리는 끔찍한 동력에 굴복하게 됩니다. 그를 가루로 만들고 바람에 날려버리는 힘에!

이렇게 최상의 생활로 차츰 벌어지던 간격이 굳어지다가 일상이 됩니다. 여자는 아주 작은 틀에 갇히게 되고, 남자는 자기를 무한히 펼쳐나갑니다.

남자에게서 이렇게 크게 벌어진 틈 때문에 결합을 무너뜨리지 않게 하려면 상당한 재산과 확고한 열정이 필요합니다.

그렇다면 자기 세계에서 완성된 여자, 감탄할 만한 어머니로서 완성된 여자는 세상과 그 다양성이라는 자신의 적에 어떻게 맞서 싸울까요? 오늘날처럼 휘황하게 돌아가는 어지러운 이 세상에서….

동시에 수천 가지 힘으로 밀려드는 이런 적에 맞선 사람은 아무도 없습니다. 여자는 아름답고도 적극적으로 가정을 훌륭히 가꿔왔습니다. 하지만 현대생활의 놀라운 교통수단은 단김에 한 대륙에서 다른 대륙으로 우리를 실어 나르며, 남자에게 지구촌을 집으로 삼게 하고, 적어도 기분풀이라도 되는 인간과 자연의 오만가지 멋진 행렬에 놀라게 합니다.

나는 여자가 여전히 정신적이며 즐겁고 능숙하게 자신을 갱

269

신하기 바랍니다. 하지만 매 시간 수천 개의 팔을 지닌 거인인 언론은 남자에게 세상의 새로운 소식을, 크고 작은 사건 사고를 전해줍니다. 풍부한 정신에서 나온 사상의 새로움에도 무뎌질 만큼 말입니다. 이런 물질적 사건들로 거칠게 시선을 바꿔나가는 경향은 뇌를 손상시키고 굳게 합니다.

여자가 제아무리 꾀바른 사람이 된다 할지라도, 재미있는 유행으로 넘치는 변화무쌍한 만화경[같은 세상]을 따르더라도, 그녀는 변화 그 자체의 가장 불확실한 경쟁, 모든 예상치 못한 우연 속에 처하게 됩니다.

섬세한 인간성으로 어떻게 이 거친 자극과 취기가 만연한 야만적인 문명과 싸울 수 있겠습니까? 정신의 적인 또 다른 악마들, 강력한 타격과 극단성과 작위적인 힘에 대항해서?

이 세상에서 다투는 거칠고 야만적인 두 힘이 쓰라린 사랑싸움을 벌인다고 합니다.

1. 욕구, 다양성에 대한 광증, 광고 쪽지(푸리에는 매우 훌륭하게 이런 선전물을 '나비처럼 경박한 사람' 같다고 했습니다). 중세의 단조로움 속에서 오래 지체된 끝에 일단 터지자, 오늘날 복수하듯이 모든 수단을 동시에 맹렬히 동원해서 격렬하게 과거에 저항하는 몸짓을 보입니다.

2. 우리는 여자를 욕구하고 열정적으로 환영하다보니 여자에게 깔려버렸습니다. 이런 현란한 소동에 이미 피로에 지치고 터져버리고, 베이고 역겨워하면서 남자는 비겁하게 그와 다른 흥분 속으로 도피하는데, 더욱 끔찍한 것은 '중독증'에 찌들어 모호하고 썰렁한 몽상 속에서 담배 연기와 알코올에 취해 있다는 것입니다.

꽃

여기서 여자가 자기주장을 얼마나 펴겠습니까!

맹목적 열정에 사로잡힌 남자가 아니라 자성하는 사람, 합리적으로 생각하며 사는 남자라면, 균형 있게 사고하도록 붙잡아주는 도취와 열광의 교대만이 이런 그릇된 생활에서 여자에게 위생적이며 활력을 준다는 사실을 쉽게 이해할 것입니다. 바로 여자의 내면에 최상의 마취제와 각성제가 있습니다.

뇌의 마비와 무감각은 우선 당신의 내일을 시들게 하는데, 아내가 주던 것을—저녁의 천국, 아내 곁의 푸근한 휴식, 오로라도 사로잡을 만큼 새로워지는 선물로 가득한—내던지는 우울한 망각 수단입니다.

이렇게 물건들은 끝없이 넘쳐나 당신을 유혹하는데, 낡아빠진 것일 뿐인 그토록 수많은 책과, 아무 곳으로도 데려다주지 않는 많은 열차가 당신을 유혹하는데, 이 모든 것을 뭐라고 해야겠습니까? 당신의 영혼을 죽이려고, 소화불량의 세계로 당신을 압박하고, 헤쳐나올 수 없도록 그 속에 묻어버리려는 그런 엄청난 음모의 괴력을 부리고 있지 않습니까! 에르콜로[이탈리아 폼페이 옆의 화산 피해 유적지]도 단 하루 만에 오백 피트의 잿더미에 덮였습니다. 또 나도 보았지만 루아르 강변의 평야는 유명한 홍수로, 이백 수레 분의 돌더미가 흘러들어 이제 거의 포기되고 아무짝에도 쓸모가 없게 되었습니다. 이런 운명에서 당신을 지키고 홍수를 막아야 합니다. 사랑과 지혜로 지켜야 합니다. 당신에게 밀려들며, 그토록 많은 것을 쏟아놓는 저 거대한 진흙탕 물결이 다 무엇인지, 이 모든 것이 서로를 지키는 남자와 여자의 보물 곁에서 별것도 아니라고 할 수는 없는지요.

사람에게서 나온 것, 보잘것없는 것, 무한한 것, 불씨, 우리가 사랑하고 일하고 창조하도록 하는 것, 나는 이것을 한마디로 "불씨"라고 하겠습니다.

그런데 여자의 불씨가, 당신이 편하게 기대는 순수한 마음의 부드러움이, 풍요한 우유의 바다가 당신을 영원히 젊게 피어나게 합니다. 이 모든 것이 겸손하고 순결한 매력 속에 있습니다. 건강한 단순성과 어린애 같은 신성함입니다.

당신이 저녁에 귀가해서 아내가 팔에 아기를 안고 곁으로 다가올 때, 그 마음에 드리운 구름을 거두어보시지요. 낮에 짓눌렸던 그 많은 것의 정신없이 휘둥그레진 눈에 드리운 구름을. 공상적인 현실에서 벗어나 그토록 많은 그림자를 비춘 고약한 마술환등기의 기억에서 깨어나 현실감을 되찾아봅시다. 아기와 함께 당신의 아내가 그 매력적인 미소와, 당신을 다시 보고 기뻐하는 모습과, 그 따뜻한 키스와 말없는 포옹이 당신을 순화하고 자연의 훌륭한 빛을 다시 찾아줄 것입니다. 제발 사업 때문에 당신을 제쳐두고, 엄마 노릇하면서 젖을 먹이느라 뜸했던 정다운 말을 다시 걸어봅시다. 아! 왜 거리를 둡니까? 그게 아내의 잘못일까요? 아기에게 젖과 피를 주면서 그녀가 고생하지 않던가요. 악착같고 달랠 수도 없는 아기가 그 연약하고 섬세한 신경을 망쳐놓고 있는데도! 나는 잘 압니다. 당신이 그녀를 사랑하고, 그 활짝 핀 아름다움에 흐뭇해한다는 것을, 그 신성한 열매를 안고서…. 불씨는 그녀가 간직하고 있습니다. 두 사람이 같은 것을 찾아낼 수 있습니다.

혹시 철부지 아기가 두 사람이 머리를 맞대지 못하게 방해라도 합니까? 편안한 적일 뿐입니다. 그러니 서로 관대하고, 차라리 셋이서 사랑하세요. 내일, 아기는 자라고 더는 엄마를 독차지하지 않게 됩니다. 몇 해 뒤에 아기는 엄마를 벗어나게 되고, 또 팽개치고 말면 아이 엄마는 당신 품에서 울게 되지 않겠습니까.

3
아들의 젖을 뗀 젊은 엄마

몇 가지 이유로 마음속에 슬픔이 남아 있습니다. 내가 역사책을 읽으면서 사자死者의 강, 스틱스를 그냥 지나치지 못하기 때문입니다.

내가 우리 시대에도 둔감하지 않은 까닭에 거기서 치명상을 느낍니다.

그런데 이렇게, 내가 누차 보았던, 방금 전 젖을 떼고 나서 아기와 헤어진 엄마를 볼 때마다 가슴이 미어집니다[프랑스 풍습에는 젖을 떼면 곧장 가톨릭 기숙학교로 보내는 전통이 있었다].

아이고, 어떻게 사람이 이런 야만적인 짓을 저지른답니까? 앞날 때문이라는 것이겠지요. 만약 아기가 학교에 들어가지 않는다면, 어떻게 국가가 요구하는 시험과 난관에 대처하겠느냔 말입니다.

그러면 아기 엄마가 "왜 시험을 치러야 합니까?"라고 묻습니다.

– 아니 뭐라고요, 부인? 그렇게 똑똑하신 부모께서 이제 유일하게 남은 장벽이 그것뿐인 줄 모르셨습니까? 시험이 없다면 모든 것이 특혜 아닙니까. 왕 중 왕인 절대군주를 대신하는 것이 시험입니다.

8년 내지 10년이 흘렀습니다. 아기들이 있었지만 잃었습니다. 남은 아기만큼 소중한 존재입니다. 게다가 하나뿐인 아기라도 헤어져야 합니다. 이 점에 대해 한동안 의견이 갈립니다. 하지만 결국 아기가 크고, 아빠의 고집대로 기숙사로 보냅니다. 아, 두 사람의 일은 얼마나 다르고 희생 또한 얼마나 불공평합니까! 사업과 일에 바쁜 남자는 섭섭해하기는 합니다. 하지만 아기 엄마는 자기의 인생을 빼앗긴 느낌입니다. 아기는 그때까지 보모가 맡았던 모든 예술과 독서를 하지 못하게 됩니다. 아기는 떠납니다. 완전한 공허입니다. 썰렁한 집 안에 그녀 혼자입니다. 더 자유로운 아기 아빠가 없을 때 그녀는 이 방 저 방 옮겨다니며 웁니다. 아기가 태어난 방, 놀던 방, 읽기를 배우던 방에서. 식사 때는 최악입니다. 그녀는 남편을 힘들게 하지 않으려고 잘 견디려 하고 강한 모습을 보이려 합니다. 하지만 그녀는 그 빈자리를 감히 바라보지 못합니다. 일이 어떻게 될지 나도 알 수 없습니다. 그녀는 눈을 피하고, 울며 일어서 나갑니다.

그녀에게 뭐가 남았습니까? 바로 당신입니다. 그녀를 안아주고 위로하는 당신입니다. 하지만 이런 것으로도 병든 마음을 달래기에 부족합니다. 그 마음은 저기로 가 있습니다. 즉 그 힘든 기숙학교로 말입니다. 그 마음은 급박하고 잔인한 상황의 변화에 동참합니다. 그때까지 그토록 자유롭던 아이에게, 버겁고 추상적인 일과 건조하고 거친 억압이 쏟아지지 않겠습니까! 이 모든 것의 반발이 누구에게 오겠습니까. 제 어미가 아니라면 누구한테 편지를 쓰겠습니까? 이런 고통을 말하기조차 두렵습니다. 절망에 빠진 아기 엄마를 보았기 때문입니다.

그렇지만 여기서 그치지도 않습니다. 더욱 나쁜 일이 있습니다. 즉 우리가 모든 것에 익숙해지고 만다는 것입니다. 한 해쯤 지나고 나면 아이는 덜 불행해하고 친구들도 생깁니다. 아이는 오락 시간에 즐겁게 뛰어놉니다. 게다가 아이 엄마가 초조하게 매일 손꼽아 기다리던 한 주일을 기다리고 나서 주말에 아이를 포옹하며 감격할 때, 아이는 이미 냉정하고 산만하며 눈에 띄게 다른 것에 관심을 두고 있음을 알게 됩니다. 엄마가 아이의 놀이를 방해하고 시간을 뺏은 셈입니다. 그녀는 말을 하지만, 아이는 자기 없이 노는 동무들이 외치는 소리만 듣습니다. 잔인한, 잔인한 상처입니다! 그녀는 이미 자신이 아이에게 거의 필요 없는 존재라고 느끼게 됩니다. 그녀는 그저 잠시 아이의 길을 스쳤던 것이고, 아이는 엄마가 떠나는 것을 좋아하며 바라봅니다. 그녀는 울진 않지만 고통으로 굳어진 채 떠납니다. 그렇지만 돌아온 그녀는 지쳐 쓰러집니다.

"하느님, 어떻게 된 거지요. 뭐가 잘못되었나요?"

말할 수도 거의 숨 쉴 수조차 없습니다.

이게 무슨 추락입니까! 그녀는 아들을, 10년간의 사랑을 잃었습니다. 세상의 사랑을 잃었습니다! 그런 사랑은 다시는 되돌아오지 않을 것입니다.

순진하고 착한 그녀는 남편에 기대어봅니다. 하지만 머릿속으로 어떤 위안도 구원도 찾지 않습니다─다행스럽긴 합니다. 만약 남편이 안아줄 줄 알기만 한다면!

그렇지만 이런 일은 거의 없습니다. 그는 이미 너무 달라졌습니다.

아내가 아이에만 매달려 있어 별거에 가깝던 그 몇 년 동안 남자는 엄청나게 다른 길을 가고 있었습니다. 그는 수천 가지 경험을 쌓았습니다. 그는 낭만적인 면이라고는 전혀 없는 나이가 되었습니다. 즉 대부분의 사람이 "실리적"(사십대)이라고 하듯이, 이미 차갑고 삭막해졌습니다. 그가 자기 자신을 얼마나 간직하고 있겠습니까? 그렇다고 믿고 싶습니다. 하지만 예외적이고 특이하게 인생의 쓴맛을 보지 않았더라도, 최소한 달콤한 기분과 푸근한 귀가의 행복을 느낄 만한 심정의 꽃을 따려고는 했겠지요.

물론 아내도 변했습니다. 그러나 얼마나 더 좋아졌습니까! 나는 반 디크[17세기 네덜란드 인물화가]의 그림을 연상합니다. 스무 살, 스물여덟 살의 감탄할 만한 나이가 됩니다. 흥미롭게도 그녀는 이를테면 계층이 달라집니다. 청춘의 싱그러운 아름다움은 그다지 뛰어나게 구별되지 않습니다. 장미는 약간 부르주아였을지 모르지만, 백합은 귀족입니다. 곱고 때 묻지 않은 부드러움, 누가 뭐라 트집 잡을 수 없는 그 청순한 살결은 어떤 저질스런 열정으로도 이 성스런 여인을 건드릴 수 없다고 고하는 듯합니다. 그 두드러진 무구함 때문에 그녀가 우울할 때는 더욱 애처로워 보입니다. 그녀는 고민하지만 나쁜 일이 일어나지는 않습니다. "또 무슨 일이야?"라고들 합니다.

"서방 때문에 울상이야?
– 아니, 애가 학교 갔잖아. 그래서 아픈 거지."

이제 사람들은 웃습니다. 거의 이해받지 못하는 이런 고민을, 유치하다고들 하고 모른 척하면서도 약간 걱정하긴 합니다. 뭔가 그 뒤에 다른 걱정이 있을 거야, 라고 제각기 믿어버리면서 그녀를 위로하려고 난리를 핍니다.

하지만 쉽지 않습니다. 왜냐하면 그녀는 세상을 무서워하고 군중을 혐오하며, 공허한 오락을 싫어하기 때문입니다. 남편이 그런 재미를 보러 가자고 할 때 그녀는 더 서글퍼합니다.

278

"아이고, 여보. 어쩌자고 우리 습관을 바꾸려 해요? 슬프든 즐겁든 내 집이 최고지."

෴

이렇게 얼마나 이 여자의 말이 옳더랍니까! 얼마나 현명합니까! 그런데 당신도 그렇게 현명합니까? 그 마음에 필요한 것이 무엇입니까? 사랑이지 다른 아무것도 아닙니다. 사랑이 식었습니까? 아닙니다. 미지근하고 느슨해졌을 뿐입니다. 당신이 기분 좀 풀자고 할 때, 이것은 그녀가 원하는 것과는 정반대의 것입니다. 그녀는 집중을 원합니다.

가정[불어에서 아궁이와 가정은 같은 말이다]은 약간 흔들렸습니다. 항상 타오르던 재가 식은 듯합니다. 그러하기에 서로 접근하고 다시 결합해야 합니다. 불씨를 되살리자면 집중하기만 하면 됩니다.

사랑하기를 원하고 더욱 많이 사랑하고 싶다고, 더 행복해지고 싶다는 말이지요? 바로 지금 당신에게 돌아온 이 매력적인 여자를 다시 붙잡아보세요, 손으로. 꼭 붙잡고서, 끌어안고 오래 들여다보고 떨어지지 말아보시지요. 예전에 그렇게 서로 섞이던 많은 근육이 다시 함께 떨면서 얼마나 합쳐지는지.

털어놓을 것이 있습니다. 그녀는 요즘 그 어느 때보다 더욱 우아하고 정이 넘칩니다. 열정과 고통은 여자를 새롭게 만들고, 감수성의 감미로운 샘을 솟아나게 하면서, 당신을 위해 여전히 터무니없을 정도로 깊은 쾌락과 미지의 관능에 넘칩니다.

하늘이 준 보석 아닙니까! 그녀에게 줄 마음만 찾는다면 서로 나눌 세계로 들어가는 데 딱 알맞은 이 순간에 미쳐보세요.

세상, 끝없이 넓은 세상! 이 말을 하면서 젊은 여자는 약간 슬퍼하고 우울해합니다. 나 또한 그녀처럼 침울해집니다. 막막한 미지의 세상 앞에서. 거기서 무엇을 찾게 됩니까? 수많은 예감이 찾아듭니다.

이 책은 줄곧 달려왔지만 나는 멈출 수 없었습니다. 이 책에서 조화로운 작은 세계와 오붓하게 고립된 생활이라는 행복한 전제에 너무 편하게 기대왔습니다. 하지만 저 넓은 세상과 어떻게 고립되겠습니까?

세상은 우리를 그냥 그렇게 놔두지 않습니다. 우리가 거기로 접근하지 않는다면, 그것이 우리에게 오고 문을 두드립니다. 마치 무시무시한 해일처럼… 어떤 문으로도 막지 못할 것입니다.

그런데 그렇게 강하게 두드리는 그대는 대체 누구입니까? 그대는 조국입니까, 마을[도시공동체]입니까? 모든 것이 그에 굴복하며, 영웅들이 그것을 위해 자기 심장을 제물로 바치는 (삶보다 더) 위대한 사랑의 신입니까? 아! 만약 그대가 바로 이런 사랑이라면 문을 활짝 열어야 할 텐데! 그런데 아닙니다. 그 문은 떨어지고 벽도 무너집니다. 우리는 그대 것이고 그대에게 속하기 때문입니다. 몸도 재산도, 정신도 생활도 말입니다. 여자인 만큼 아내는(여자이기 때문이라고 하는 편이 더 낫겠지만), 우리를 실망시키지 않습니다. 반대로 각 개인에게도 그러하듯이 여자도 우리 남자처럼 애국심이 깊습니다.

하지만 이 세상! 그대는 이런 위대함과 빛의 세계와는 다릅니다. 그대는 말썽이고 혼돈입니다. 세상은 내게 이런 말을 합니다.

"상관없어! 당신이 할 것은 아무것도 없고, 나는 당신의 운명이요. 당신은 문을 닫아걸지요. 그래도 나를 피할 순 없소. 나는 공기 중에 있으니까. 누구도 나를 못 피하오. 밖이든 안이든 어디서나 나를 만날 것이오.

나는 물론 말썽쟁이고 두려운 존재요. 그렇기에 유용한 시련이지. 내게는 따르고 맞서야 할 의무가 있소. 그래서 내 진짜이름은 '생존 경쟁'이오."

4
바깥세상에서—남편은 기가 죽었을까?

우리가 행복하게 묘사했을 작은 가정은 더는 작은 집이 아닙니다. 그 집은 만물의 힘으로 커집니다. 아이와 인간관계와 사업상의 이해관계가 모든 면에서 그 실체를 키웁니다. 단단히 결합되었으면서도 마음은 외로운 우리 부부는 이 위험한 제삼자들의 존재를 인정하지 않을 수 없습니다. 두 사람은 이 세상을 배척하고 목 졸라 죽이고 무시해버리고 싶어합니다. 그러면서도 남편의 일이 잘되려면 큰 중심지에서 살아야 합니다. 그러다보니 최악일지도 모르지만, 이런 활동 때문이든 시간이 지나면서 그렇게 되든 혹은 고인에게서 물려받아서든 우리의 부부는 부자가 됩니다.

프랑스에서는, 영국인의 생활에서 물질적으로 가족을 묶어주는 실질적인 밑바탕이 되는 것이 부족하다는 점을 주목합시다. 그것이 무엇입니까? 문과 빗장입니다. 이중 어느 것도 프랑스에는 없습니다. 영국에서 고독은 규범입니다(자발적으로 즐기는 고독). 하지만 프랑스에서는 예외요, 개성이고 희귀성입니다. 소개도 추천도 받지 않지만 모든 인간은 누구나 자신을 인격만으로 내세웁니다.

영국 사람 집의 대문에는 반드시 쓰여 있지는 않더라도 아무튼 이런 글이 나붙습니다.

"당신 누구시오? 난 모릅니다."

반면에 프랑스 사람의 대문에는 이렇게 쓰여 있습니다.

"좀 들어와보세요."

나라와 민족을 존중하는 이런 아름다운 믿음에서 나오는 것이 있습니다. 오직 예외로서 표현되지만, 인정하지 않는 사람들은 적이 됩니다. 유보적이며 합리적으로, 당연히 신중하게 인정해서 받아들이는 사람들도 여전히 위험한 적입니다. 그 자리에 나타남으로써 해로움 이상으로 위험합니다. 바로 트로이의 목마를 들여놓는 셈입니다.

가장 깊은 상처를 주고 적대적인 사람들이 보통은 부모[친척]입니다. 생각이나 감정과 상관없이 무작정 믿으려 하는 [친정]부모 말입니다. 남편과 밀착된 아내와 또 그를 위해 그의 생각을 보호하는 아내는 친정 식구 모두가 자신을 반대한다고 믿습니다. 어머니, 언니 동생, 사촌 모두가 그녀에게 적대적이고 싸움을 걸어옵니다. 그녀의 집 문턱이 닳도록 드나들어온 어린 시절 친구들은 그녀에게 적의를 보이고, 그녀가 올바른 길로 가는 것을 그냥 못 봐줍니다. 가령 그녀들이 직접 싸움을 걸지는 않더라도 이 특이한 가정과 예외적인 인물을 주시합니다. 그녀들은 항상, 조금 먼저든 나중에든 그녀 또한 나약해졌으면 하고, 이때부터 아내는 소문과 추문을 극도로 걱정하면서 현명했던 것 못지않게 의존적으로 되고, 자신의 비밀에 놀랄 친구들에게 더욱 굴복하려 합니다.

사람들은 그녀가 스물아홉 살이지만 어리고 젊고 순진한 줄 알면서도(아기에게 마음을 쏟는) 나약한 순간에 이르게 되는 것을 보고야 말려 합니다. 여기서 솜씨와 각별한 인내심을 발휘합니다. 사냥에 나선 야수의 간교한 참을성 같은 것 말입니다. 시기하는 사람들이 반드시 지닌 것이지요. 세월도 상관없습니다. 그녀들은 결국 어느 정도는 이길 것이라 예상할 테니까요.

게다가 무엇보다 별것 아닌 데서 일이 시작됩니다. 그녀가 유행에 따라 생각해보게 될 것이 또한 일순간 다른 문제를 건드리게 됩니다. 그녀는 가벼운 수다나, 경솔하게 어떤 기회에 남편에 관해 별것 아닌 말을 꺼내게 되고, 그런 가벼운 실수로

284

농담 삼아 한 말이 아내의 믿음을 흔들게 됩니다. 그때까지 적어도 습관적으로 맹목적이던 믿음, 그를 거의 완벽하다 생각했던 믿음 말입니다.

⁂

그는 이런 것을 확인시켜주는 듯합니다(그럴 수밖에 없을 것입니다). 한창 사회생활을 하면서(서른아홉 살쯤이라고 해봅시다), 남자는 사업에 열심히 뛰어들어 일에 몰두하고, 자기 이력에 전문성을 강화하면서 현저하게 지칠 수 있습니다.

그의 노력에도 한계가 있습니다. 자기 정신을 집중하는 그는 더욱 강하지만 그만큼 더 균형을 잃습니다. 스물한 살과 스물여섯 살에 가졌던 그 아름다움, 진정으로 모든 것에 관심을 쏟을 그즈음에, 모든 것에서 활력 넘치던 이 젊은 포부, 아내를 고상하게 유혹하던 그 모습이 여전할까요? 어렵지 않을까 싶습니다. 왜 사랑받았을까요? 그에게서 무한한 가능성을 봤기 때문입니다. 하지만 바로, 자기 분야에서 성공을 거둔 오로지 특수한 능력과 기술이나 학문이 그에게 제약이 되고 또 무한한 가능성을 배제했습니다. 사랑의 커다란 환상을 말입니다.

우리가 여자한테 털어놓아야 할 것은 바로, 정말이지 남편은 쇠했다는 사실입니다.

정말 그렇습니다. 그는 남자였습니다. 사랑받을 때. 그런데 10년이나 12년 뒤에 그는 눈부신 변호사요, 탁월한 의사요, 위대한 건축가 등이 되었을지 모릅니다. 대견한 일입니다. 하지만 여자에게 그는 한 사람의 남자일 때가 더 좋았습니다. 다시 말해 그녀의 모든 것이었을 때가. 모든 것을 고상하게 생각하고 무한한 열망으로 모든 것 위에서 날고 있던 때가.

이제 여자에게 (지상의 행복을 주는) 공평한 판정을 맡겨봅시다. 이 남자가 계속 모든 것을 꿈꾸고만 있었거나(모든 것 위에서 날아다니면서), 아니면 현실을 붙잡으려고 지상으로 내려왔다면 그 결과는 어떻게 되었겠습니까?

어떤 판정을 할까요. 하지만 큰마음으로 그녀는 주저합니다. 남자는 "여자는 정의의 파괴자야"라고 합니다.

그녀는 사랑 그 자체입니다. 사실입니다. 사랑은 호의와 친절로 보입니다. 그런데 사랑 속에 인정하는 관대함과 온화함과 고상한 자비가 있다고 비난하겠습니까. 의지에서 나온 노력과 이에 걸맞은 성공을 낳는 큰일에 대해서? 더구나 어떤 여자가 영예를 모르겠습니까?

영예조차 상대적입니다. 예술처럼 그것은 직업 속에 있습니다. 영예는 민족과 인류라는 방대한 세계 속에서 느껴지는 것과 마찬가지로 작은 동아리 속에도 있습니다. 여자는 그것을 아주 생생하게 느낍니다. 그녀는 자기 남편의 영광을 전혀 의심하지 않습니다. 그가 대장장이라면, 그녀 앞에서 그가 최고의 대장장이가 아니라고 감히 누가 그런 말을 하겠습니까?

그러니 부인, 당신은 영광과 성공을 원하시고, 이 남자가 자기 능력을 입증하는 유일한 것인 일을 통해서 돋보이길 바라십시오. 그러나 단, 성공을 거두는 수단이 절망적이고 때로는 폭력적이고 극단적이기도 한, 악착같은 노력이라는 대단히 힘든 조건을 항상 이해하지는 못합니다.

이런 조건에서 이 사람에게 가장 어려운 것은 성공이란 그가 가장 많이 사용하는 부분에 힘을 쏟은 결과라는 것입니다. 따라서 더 이상 조화롭지는 못합니다. 쇠를 두드리는 사람은 그 분야의 귀재이고 신 같은 존재이지만, 오른쪽 어깨가 틀림없이 더 부어올랐을 것입니다. 이에 대해 당신은 무엇을 더 원하겠습니까? 일찌감치 그의 직업에서 그를 끌어내야 합니다.

또 다른 곳에서 주물을 녹이는 사람도 자기 직업에서 두드러질 수 있습니다. 정신적 물리적인 기형에서 가장 위험한 사실은, 사용되지 않는 기능이 위축된다는 것입니다. 가령 직인이 이것을 염두에 두지 않고서 일부분, 그 부분만 거대해질 것을 거듭 단련하면서 다른 것을 미숙하게 놓아둔다면, 그는 괴물 같은 모습이 되고 맙니다─사실상 숭고한 괴물입니다.

고대에 남자는 아름답고 강했습니다. 그들에게 나이가 든다는 것은 아름다워짐을 뜻했습니다. 율리시즈(그리스 고대 시인 호메로스의 서사시 『오디세이』에 등장하는 영웅)는 쉰 살에 트로이로 돌아왔습니다. 모든 고생을 이겨낸 길고 무서운 항해에서 돌아왔습니다. 젊은 왕위 계승권자들이 가까스로 당길 뿐인 활을 그만이 당길 수 있을 만큼 옛날과 변함없는 모습이었습니다. 그의 아내 페넬로프는 그의 힘과 역경 속에서 무르익은 당당한 아름다움을 알아보았습니다. 어떻게 그럴 수 있었을까요? 그는 자신의 타고난 모든 재능으로 에너지의 사용을 통제하고 간직했습니다. 그는 트로이 전쟁에 참전하러 떠날 때처럼 여전히 조화로운 인간이었습니다.

이제 당신이 원하는 현대 남성을 봅시다. 유복하며 커다란 재능과 의지를 갖고 태어난 사람 말입니다. 이런 사람이 스무 살에 자기 앞에 선 엄청나고 무서운 기계와 마주칩니다. 기술과 과학과 직업의 수많은 갈림길과도 마주칩니다. 그중에서 어떤 것을 이루려면 반드시 거쳐야 합니다. 인생의 목표는 바뀌었습니다. 율리시즈는 행동하기 위해 태어났습니다. 행동하고 아름답게 남았습니다. 하지만 현대인은 창조를 위해 태어났습니다. 전문성(만들어내야 할 기계)이 그를 삼킵니다. 그 일은 훌륭하지만, 인간은 추해질 위험에 처합니다.

여자들이여, 그러니 남자를 가여워합시다.

그와 같은 엄청난 노력을 믿어줍시다. 남자들이 실패하더라도—그래도 그것으로 인간을 얻을 수 있으므로—그 일을 봐야지, 일하는 사람을 보지는 맙시다.

여자는 문자 그대로 자신의 아름다움을 자기 아이에게 전해줍니다. 우리 남자는 그의 일에 전해줍니다. 우리 지적인 아이에게. 하지만 언제나 너무 곧이곧대로 전하니, 아무것도 남겨두지 않고 몽땅 전해주니 문제입니다.

❧

이제 막 우리가 해온 것, 모든 것에 훌륭한 적성과 눈부신 수월함으로 과학의 찬란한 문턱에 들어서면서, 어둠 속을 뚫고 나오지도 못했는데 무엇을 남겼을까요? 우리는 율리시즈 같은 고상한 조화를 지킨 고대인이 아니라 보편적이고 기분 좋은 인간, 모든 것을 알고, 루이 14세의 시대가 찬미하고 권했던 "신사"입니다. 아무것에도 손 하나 까딱하지 않고서 훌륭하게 판단하고 세련되게 짚어내는 신사였습니다. 우리는 오늘날 "개화한 아마추어"라고 하겠습니다. 이런 사람들이 몰리에르의 필랭트 같은, 심지어 클리탕드르 같은 영웅이겠지요.

그는 살롱의 제왕이요, 모든 점에서 훌륭한 판단력을 보여주는 사람이요, 부인들의 영접과 초대를 받고 감탄을 자아내는 사람입니다. 그는 "일반적으로" 모든 것을 압니다. 그가 부인들을 즐겁게 하는 것은 그들과 비슷하기 때문입니다. 부인들은 항상 "일반적으로" 모든 것을 알고 행합니다(그녀가 무슨 일을 하든). 부인들은 "아마추어" 즉 애호가 수준에 머무릅니다. 헤라클레스 같은 노력에서 나온 걸작이나 의식에서 나온 작업을 이해할 힘은 없습니다(예컨대 로이스달의 작품으로, 루브르의 자랑거리인 「썩은 물가의 에스타카드」 같은 것을).

물론 우리는 부인들에게 이런 끔찍한 작업을 요구하지 않아야 할 것입니다(예술에 순교자처럼 자신을 바쳐야 하는). 부인들의 영예는 모든 예술을 능가하는 살아 있는 일에 있습니다. 즉 그녀들 자신 속에, 그녀들에게 영감을 주는 불씨에.

그러나 남자들은 다릅니다. 그들이 몰리에르의 주인공 같은 사람이라면, 나이는 그들을 무사히 내버려두지 않을지 모릅니다. 무엇에서든 유능한 남성인 현대인은 끝없이 대를 이어가야 합니다.

하지만 가령 여자의 출산이 고통을 치러야 한다면, 그녀가 아홉 달을 고생하고 스무 시간 내지 서른 시간을 악을 쓰고 해야 한다면—남자의 대 잇기는 종종 9년이나 20년쯤 걸립니다. 질식할 듯한 한숨과 탄식을 참아내야 합니다! 목수가 한 방에 나무를 쪼개려고 "얏, 얏"이라고 도끼질할 때 외치는 소리 같은 것을 우리는 매일 외치고 있습니다.

여자들은 힘과 대단한 성과, 원칙과 목표를 좋아합니다. 그러나 그 목표에 이르는 기나긴 길을 잘 모르며, 거기에 걸리는 시간도 지속적인 노력도 인식하지 못하고, 모든 일이 천재적인 솜씨나 은총의 행운으로 이루어진다고 생각하면서, 즉흥적인 성공에만 예민하게 반응합니다. 매일 저녁 집으로 성공 소식을 전하는 행복한 변호사, 특종을 터트린 기자를 사랑합니다. 하지만 큰일에서는 즉흥성 자체도 시간이, 많은 시간이 필요하기 마련입니다. 미켈란젤로는 그토록 재빠른 즉흥적 솜씨로 성당 전체를 그려냈지만, 이것은 고독 속에서 악착같이 6~7년 동안 작업한 결과입니다.

거대한 공사와 큰 노력에서 번번이 그 결과만을 주목한다는 것은 쓸데없는 말잔치에 불과합니다. 일하고 창조하는 사람은 말이 없습니다. 그의 모토는 "일이지 말이" 아닙니다. 남자가 갖고 있을 눈부신 재능이란, 그가 피상적인 데 매달려 있을 때에는 모르고 있다가도, 그 기술이 까다롭고 엄격한 지성으로 돌입할 때 결과를 끌어내게 됩니다. 말이 없고 신중한 사람일수록 심오한 발명자가 되곤 합니다. 금세기에 이름을 남긴 사람들 가운데, 부인들의 서클에서 비웃음을 샀던 별 볼일 없던 사람이 실은 재능 있는 인간으로서, 그들 중 3 내지 4분의 1쯤은 학문과 예술에서 크게 성공했습니다.

일거리의 경우는 더욱 고약합니다. 여자 곁에서 일을 벌이지 말아야 합니다. 여자는 자신만이 필요한 일이 되길 바랍니다. 다른 것은 지겨워합니다. 여자는 종종 일거리의 이해관계를 다루는 데에서 정신과 능력 따위에 관심이 없습니다. 그녀는 이런 것을 알고 싶어하지도 않습니다. 남자가 계획과 노력과, 가족을 위해 바람직한 것을 몇 마디만 하더라도 그녀는 하품을 하고 고개를 돌립니다. 물론 여자들은 부자가 되고 싶어하지만 그 수단에는 전혀 관심이 없습니다.

그러면 남편은 어떻게 합니까? 그는 대체로 여자 때문에 일하기도 합니다. 큰 욕심 없고 수수한 사람은 다른 많은 사람과 마찬가지로 프랑스에서 사람들이 좋아하는 자유롭고 가벼운 생활을 즐기며 살 수 있습니다. 그의 결혼과 상당한 집과, 뒤를 잇는 아이들이 그를 일에 묶이도록 만듭니다. 여자에게 말할 수도 없는 무자비한 일도 마다하지 않습니다. 이렇게 남자가 사실상 혼자서, 생활고를 짊어지고서 자신을 소진하는 동안 여자는 느긋하고 무심한 태도로 살아갑니다.

우리 풍습을 진실로 재현하는 척하는 소설들이 이런 것에 전혀 입을 다물고 있다는 것은 어떻게 된 일입니까? 어째서 소설에서 보이는 남편이든 애인, 누구든 모두 한가롭고 연금생활자 같은 모습입니까? 어째서 남녀 소설가들은 일반적으로 그 주인공을 "깨끗한 구석이 전혀 없고"(이렇게 거친 언어를 사용하는 것을 용서하시길), 할 일 없고 살찐 사람에게서나 찾고 있습니까? 왜? 그들의 대단한 민주적 담화에서 마치 "당연한" 사교계의 멋쟁이로서 자신들이 약점을 갖고 있기 때문 아닙니까?

우리 시대에 이런 유의 서글픈 소설에서, 우리의 상처를 들쑤시고 악화하는 데에 그토록 재능을 낭비하는 것이 딱하기만

합니다. 소설이 우리에게 가르치는 것은 우리 자신을 통곡하게 합니다. 즉 소설은 인내심을 죽입니다. 소설은 불행과 일부 계층에 국한된 정신적 추악함을 보편화합니다. 삼천육백만 프랑스 사람 가운데 삼천오백만은 이 위대한 예술가들이 그려내는 것을 까맣게 모르고 삽니다.

게다가 이런 불건전한 문학은 건전한 정신을 이해할 줄도 모릅니다. 병자에게 병만 줄 뿐입니다. 우리처럼 소박하게 사는 부부에게 그렇게 위협적이지도 못합니다. 첫 번째 성숙기에 이르지 않는, 버릇없고 신비스런 시에 도취되고 또 그 비슷한 종교적 말씀에 도취된 처녀는 소설에 대비할 힘이 없습니다. 이런 처녀들에게 건강하고 충실하고 튼튼한 사랑, 그리고 모성애가 오염을 막아줍니다. 이렇게 철부지 처녀는 오노레 드 발자크를 이해하지도 못합니다. 작가 자신이 유해遺骸 같다고 했던 『결혼』 같은 소설을 어린 처녀는 송장처럼 끔찍하게 느낄지 모릅니다.

그녀가 천한 것에 굴복하지는 않을 것입니다. 친구들이 그녀를 꼬드기고 부추기며, 마담 조르주 상드의 작품[앵디아나, 1831]을 몰래 읽어보라고 빌려줄 것이 틀림없겠지요. 거기서 그녀가 무엇을 보겠습니까? 애인이 남편보다 더 나을 것도 없습니다. 그녀의 책에서 남편은 종종 자격이 없지만, 애인도 항상 한심하기 짝이 없습니다. 그러니 더 무슨 말을 하겠습니까. 수치스럽고 역겹다고 할밖에! 레몽은 가엾은 앵디아나에게 문을 열어주지 않고, 방황하는 앵디아나는 오직 죽음으로밖에 도피할 곳이 없습니다. 간통의 공포를 가장 설득력 있게 제시하려고 쓴 것이라는 점은 분명합니다.

그렇지만 이 위대한 문인의 고뇌에 젖은 작품에서 단 한 권의 책만 택하지는 않아야 합니다. 작품 전체를 함께 봐야 합니다. 남편은 그것을 아내에게 보여주고 그 주제를 일러주어야 합니다. 전체적으로 그녀의 작품은 이 시대의 취약점을 그려낸 역사적·기념비적 작품이고, 개성의 평준화에 대한 맹렬한 고발입니다(우리 중산층에서). 위대한 것을 위해 태어난 한 여자가, 바로 그만큼 까다롭기 마련인 여자가, 강한 자들이 어디 있는지 찾았지만 만나진 못합니다. 그녀는 모든 사람의 생각을 큰 소리로 외칩니다. 즉 남자는 쇠했고(남편이든 애인이든), 그런 남자로는 안 된다고.

만약 당신이 이런 호소에 답하고 힘을 되찾을 뜻이 없다면 당신은 이 책들을 두려워할 이유가 충분합니다. 그 책들은 결국 당신을 비난하고 있기 때문입니다. 하지만 매일 부지런하게 일하고(활동이든 생각이든), 새로운 생활을 창조하거나 그런 생활의 위험에 맞서는 남자들은 소설을 전혀 두려워하지 않습니다. 그들은 마누라가 그런 책에서 마담 상드가 훌륭하게 그려낸 남편의 초상을 온종일 읽고 있을 때, 자신들에게 낯선 이런 그림을 인정하지 않을 것입니다.

나는 이 글을 프랑스의 아름다운 여자들의 도시에서 쓰고 있습니다. 그 남편들이 매일 밤 죄를 지으러 외출하는 곳입니다. 게다가 그들은 일 년에 6개월은 신대륙으로 떼거리로 몰려갑니다(그들 대다수가 병에 걸립니다, 그곳에서). 그러니 이 도시에서 사생아나 불의로 태어난 아이들도 없습니다. 모험은 없습니다. 어떤 여자를 비방한다면 (일만팔천명 중에서) 부유하거나 부르주아 계층의 일일 뿐입니다.

감탄할 만큼 건장한 그 여자들은 몸매도 풍만하고 아름다움에 넘치며, 손도 억세고 남자의 일에도 강인합니다. 많은 여자가 일을 합니다. 밤에 그 여자들은 빨랫감을 다듬고, 낮에는 화가를 즐겁게 해줄 만큼 대담하게 벌거벗은 모습으로 바위 골짜기로 달려갑니다. 게다가 이 여자들은 "신사"라든가 남자를 전혀 모르는 듯합니다. 그녀들은 필요하다면 남자를 씻기고, 마치 유모처럼 먹거리를 챙겨줄 것입니다. 그녀들은 적이 쳐들어온다면 경이롭게 싸울 것입니다. 옛날 그녀들의 어머니가 그렇게 했듯이, 한 손으로 영국인들을 장악할 것입니다.

이런 자리에서 소설은 없습니다. 끝없는 바다의 시만으로 충분합니다. 그렇게 대양은 너무나 많은 비극으로 넘칩니다. 그렇지만 감히 주장하자면, 세상의 모든 소설 같은 이야기가 여기서 벌어질 수 있습니다. 별 어려움 없이 남편들이 아내들에게 그런 소설을 허용할 것입니다. 두 가지 것이 그녀들을 지키기 때문입니다. 하나는, 시내에 너무 많은 과부들이 살고 있습니다. 바로 널려 있는 죽음과 위험에 대한 생각입니다. 이는 마음을 고상하게 지켜줍니다. 다른 하나는, 남자의 힘과 우수성입니다. 병사조차 감히 대결하지 못한 극심한 위험을 매일 마주치고 있습니다. 여기에서 깊은 안전의식이 나옵니다. 이 남자들은 자신들의 용감한 반쪽인 마누라가 속이지 않을 것이며, 진정한 남자가 누구인지 잘 알고 있다고 생각하고 있습니다.

　이 독특한 장소, 위대하고 신선하며, 건강한 바람과 영웅적인 숨결이 있는 바로 이곳이 영국과 프랑스 사람이 싸운 곳입니다—그랑빌이라고. 바로 93년 이후로 '승리'라고 부르게 된 곳입니다[대첩을 거둔 도시라는 뜻으로, '그랑빌'이라고 노르망디 방언을 쓰는 이 고장에서 이와 다르게 발음하지만 표기하긴 어렵다].

5
거미와 파리

여자들끼리 극성맞게 싸우고, 친한 친구들이 한 친구를 잃어버리는 모습을 고소해하며 즐기는 것을 볼 때, 나는 이 책에 들어가 있는 가정을 걱정하고 말게 됩니다. 하지만 안심할 것이 없지 않습니다. 관계가 서로 느슨해질 계제가 계속됨에도, 부부는 서로 모든 것을 소통하고 행동과 사고 모든 것을 믿는다는 점 때문입니다. 함께 쓰는 식탁과 침대는 아주 바쁜 남자의 경우라 해도, 유리하고 자연스런 기회를 마련해줍니다. 그는 일과 생각을 그녀에게 모두 털어놓습니다. 아내는 남편이 자기 세계 밖이라 여기는 일까지 이해시키려 배려한다는 사실을 인정합니다. 그는 항상 자기 생활의 절반을 그녀에게 나눠주려 노력하면서 그녀를 한없이 배려합니다. 이런 것에서 아내는 그의 변함없는 사랑을 느낍니다. 많은 편견을 넘어서는 일입니다. 아내는 아내로서, 어머니로서 자신에 대한 남편의 푸근한 존중을 느낍니다. 아내는 그렇게 높여지며 스스로의 눈으로 명예를 확인합니다. 이렇게 강하고 진지한 정은 그녀를 꽤 깊이 있게 만들고, 기분과 같은 변덕(전적으로 외적인)으로부터 독립을 지키게 합니다. 그런 정으로 아내는 모든 것을 조심스럽고 신중하게 말합니다. 이런 정이야말로 그녀가 남편에게 자신의 감정과 모든 심정을 맡기면서 하는 약속(제3부의 끝에서 말한)을 진지하게 지키도록 합니다. 그는 때때로 그 약속을 지키기 위한 대가를 그녀에게 치릅니다. 여전히 젊고 정신적으로 순결한 아내는 구체적인 생각과 어떤 꿈과, 현명한 여인에게서도 나타나는 자연스런(본능적인) 환상을 그에게 털어놓지만 그래도 조금은 어려워합니다. 하지만 결국 그녀는 그렇게 약속합니다. 정당한 본능으로 그녀는 환한 곳에서 남편의 눈앞에서 사는 것이 최상의 보장이라고 다짐합니다. 그녀는 주위에 자신을 둘러싼 함정들에 복잡한 감정을 갖고 있습니다. 그러면서도 그녀는 그 모든 것을 아는 척하지 않습니다. 지금까지 세상과 유리되었기에(아이 때문에), 그녀에게 가장 확실한 것은 세상의 생존 경쟁의 전쟁터에서 살면서도 줄곧 자기 곁에 있는 사람의 경험에 의지하지 않고서는 한 발자국도 움직이지 않는 것입니다. 여자들(거의 모든 여자)은 거만함으로 자기를 잃습니다. 치열한 경쟁 속에 살면서, 수없이 복잡한 일에 섞일 수밖에 없는 남자가 훨씬 실용적이라는 사실을 인정하지 않으려 합니다. 만약 한 치나 머리털 하나만큼이라도 틀린다면, 가족을 굶길 수도 자신을 잃을 수도 있는 나날의 생활에서 그는 일을 하지 않을 수 없는 존재입니다.

사람들은 여자들이 매우 섬세하다고들 합니다. 사실 그렇습니다. 하지만 감정의 문제에서 여자의 이런 섬세함, 세상을 돌아가게 하지는 않는 이런 감정은 실생활과 전혀 무관합니다. 여자들은 정말이지 장래에 대한 대비 없이 그럭저럭 생활합니다. 가장 힘든 순간에 여자들은 많은 기회를 놓치기도 합니다. 그런데도 여자들이 뻔질나게 의논하는 상대는 조심해야 할 사람입니다.

홀륭한 여자들조차 사람들에게 흔들리는 것은 바로 남편을 통해서입니다. 사람들은 이런 여자들이 남편에게 쓸모없고 야심만 많다고 생각합니다. 만약 남자가 유능하고 힘이 있다면, 그 아내는 좋든 싫든 측근을 거느리게 마련입니다. 그녀는 남편을 반영하는 이런 광채를 즐거워합니다. 아내는 모략의 대상이 됩니다. 그녀는 입지가 확고하고, 평판도 좋고 정숙하며, 매사에 적극적인 부인들의 방문을 받습니다(한두 번이 아니라 수십 번). 아내가 자선 모임에서 보았듯이, 홍미로워 보이면서 이미 그녀의 남편 일을 거들 만하고, 자기 생각을 갖고 있으며 완전히 제 갈 길을 가고 있는 젊은 총각을 소개합니다. 하지만 이 총각은 외롭게 공부했습니다. 사교계의 세련을 모릅니다.

하지만 그게 뭐 어떻습니까. 그토록 착하고 순하지 않습니까! 그가 조금 조언을 듣고 지도를 받기만 해도 훌륭하게 성장할 것입니다.

일단 일이 무르익기 시작하면 놀라운 연주회 같은 수다판이 벌어집니다. 사람들은 그 총각 이야기뿐입니다. 마치 각자가 역할을 분담한 듯합니다. 아침에 들른 한 친척 아주머니는 우연히 총각 이야기를 꺼냅니다. 그를 보았는데 아주 잘났다면서. 저녁에는 한 친구가 익살스럽게 수다를 늘어놓습니다.

"난, 사랑에 빠졌어."

더욱 대담한 하녀는 금세 호들갑을 떨면서 이야기를 지어냅니다. 안주인의 머리치장을 해주는 동안 언제 새침을 떨었느냐는 듯이 수다를 늘어놓습니다. 옛날에 사람들은 직업적 수다쟁이 리제트를 불러 그 수다를 들으려고 돈을 지불했습니다. 그런데 오늘날은 불필요합니다. 그녀는 부인을 일단 모험에 끌어들여 핸들을 쥐여주기만 하고, 비밀에 놀라게 하면, 그러면 자신이 이 부인의 주인이 되어 집을 장악할 수도 있고 아무런 통제 없이 약탈할 수도 있다는 것을 잘 압니다.

가령 남편이 보호자가 아니라 그 자신 피보호자가 되어버린다면, 사태는 얼마나 급박하게 돌아가겠습니까! 그가 만약 진급을 기다리는 하급 공무원이라든가 잘나가지도 않는 꾀죄죄한 사업가라면, 자본의 지지도 받지 못하는 사람이라면…. 바로 여기서 부패는 염치없고 대담해집니다. 하녀는 아무것도 두려워 않고 당당하게 치고 나갑니다. 젊은 부인이 분개하건 말건. 이때 마음의 슬픔을 순진하게 털어놓을 만한 믿음직한 선량한 유부녀 친구, 이미 경험이 있는 친구라면 사실 그녀가 이렇게, 딱한 서방이 한심한 무능력자로 자신을 영원히 보람 없이 살게 만들 것이니 잘못 결혼했다며 곤혹해한다고 놀라지 않을 것이라고 할 것입니다. 선량한 친구는 자존심과 선한 마음과, 그녀가 고이 간직한 애착에 약간 흠이 났을 뿐이라고 할 것입니다. 그녀는 다시 큰 소리를 치게 되고, 승리합니다. 또 이런 일에 서투른 여자는 재충전해야 합니다. 최소한 그 딱한 사내를 돌봐주어야 합니다. 사실 그는 열심히 일하고 있습니다. 그에게는 그를 진심으로 잡아주는 누군가가 꼭 필요합니다. 쓰러진 그를 일으켜 세울 사람이. 그러면 그는 다시 기를 펴겠지요. 첫 번째 구원의 손길만으로도 효과는 대단합니다.

두 사람이 사랑하도록 하는, 둘이 절대로 생각도 못 했을 아주 오래된 방법이 있습니다. 하지만 이것은 늘 성공적입니다. 단지 각자에게 서로 상대방을 사랑하고 있다고 말하기만 하면 됩니다. 서로 준비를, 부인과 그 응원자가 우연한 기회를 살리는 것입니다.

말보다 행동이 훨씬 더 확실합니다. 거의 거칠 정도로 대담해야 이기고 헤쳐나갈 수 있습니다.

그럴 수 없다고 하겠지요. 그런 역겨운 행동은 비천한 계층에서나 본다고 생각합니다. 그렇지만 이는 착각입니다. 매우 보편적인 행동입니다. 그러나 부인들은 사실 처녀들보다 그 문제에서 더욱 신중합니다. 부인들은 모험을 하지 않고 자신들의 고통과 눈물을 삼킵니다.

때로 오랜 뒤에 사실이 이런저런 식으로 드러납니다. 이런 종류의 많은 사실을 내가 알게 되었습니다. 확실한 경로를 통해서. 나는 그 부끄러운 세세한 사실을 기록해두었습니다. 항상 파리를 기다리다가 거미줄에 얽어매는 거미가 있습니다.

중요한 문제 하나가 있습니다. 이런 사실에서 약자는 배신할 악의가 전혀 없습니다. 의지라고 해봐야 미미한 행동 속에 있을 뿐인데, 반대로 의지를 해치곤 하는 것은 행동(강요되고 거의 억지에 따른) 때문이었습니다.

주목할 요점은, 친구를 배신했던 여자 친구는 그 친구의 생활환경, 기질, 건강, 생리 등 모든 것을 훤히 알고 있었다는 것입니다. 바로 이런 정보로써 그녀는 자신이 감행할 것이 무엇인지 충분히 알고서 상황과 때를 선택할 수도 있었습니다. 즉 여자가 나약해지고, 어떤 감정에든 쉽게 동요하는—놀라움이나 공포 때문에—때와 상황을.

그리고 세 번째 요점은, 사건이 예상할 수 없고 터무니없어

보이거나, 역겨울 정도로 부조리할수록 더욱 쉬워진다는 것입니다. 그러니 분노가 더욱 클 수밖에 없습니다. 그렇습니다. 놀라움은 더욱 크고, 청천벽력 같고 얼어붙게 하는 것입니다. 의지는 기다리지도 나타나지도 않고, 운명이 모든 것을 결정합니다. 그저 동의라고 할 수도 없는 육체적 동의라는 부차적인 것을 끌어내기 위해서, 어쩌면 그 뒤에 상처받은 인격이나 되찾게 하면서….

그녀는 울면서 모든 것을 말하고 싶지만 아무것도 못 합니다. 친구는 그녀에게 돌이킬 수 없는 것이 되려면 그런 끔찍한 폭로가 돌이킬 수 없으며 얼마나 위험한 것인지 말하며 달래봅니다. 남편이 얼마나 펄쩍 뛰겠습니까! 그가 아내가 어쩔 수 없이 그렇게 되었다고 생각할까요, 아니면 동의했다고 생각할까요? 그는 그 총각에게 해명을 요구하겠지요[결투를 신청하며]. 총각보다 무술도 더 뛰어나고 익숙하니 대답을 듣지 못하고 총각이 쓰러질지도 모르는데.

"여보, 당신 남편의 명예를 생각해서 아무 말 맙시다, 제발. 누가 안다고? 그 친구 죽게 되거나 크게 다칠 텐데. 아이들도 놀라고 당신 자신도 동요하고… 나는 너무 튼튼하니 다칠 일이 없잖아! 나도 사내로서 화가 나고 누가 성가시게 굴면 아주 무섭잖아. 그래도 사랑하는 당신과 아이에게 얼마나 열심이우. 당신이 진정하고 가라앉길 바라고 있어. 애들 장래와 우리 집을 위해 뭐든 다 할 테니."

사실 그다음 날에 젊은 부인은 행복했던 남편이 이제 절망에 빠져 자살할지 모른다는 말을 듣습니다. 왜냐하면 그가 얻고 싶어했던 것은 그녀의 마음이기 때문입니다. 이미 마음(사랑)이 남편을 위해 움직입니다. 그를 위해 타오르고 어느 때보다도 착해집니다.

"귀여운 아가, 지난 일은 지난 일이다. 아이고! 우리 같은 여자들도 괴로워도 많은 것을 참고 살거든. 나도 그런 일을 겪었어. 하지만 결국 이런 눈물이 쏟아질 때, 양보하고 겸손해야 한다. 용서해주거라. 좋은 감정을 가져야 하고, 적들에게 완벽하게 맞서려 하지 말고. 정말이지 그 사람 처참한 것 같더라. 미친 것 같이… 불쌍하잖니."

이런 웅변은 자발적인 만남으로 이어집니다. 가족의 관심이 쏟아지기 시작합니다. 격렬하고 고통과 절망으로 범벅이 된 연극이 벌어집니다. 중요한 약속이 튀어나오고 남편에 대한 영원한 의무가 쏟아집니다. 여자 친구도 울먹일 만큼 모두가 숙연합니다.

그러면서 누그러집니다. 젊은 아내는 냉정하지 못합니다. 도 대체 어디까지 용서해야 할지?

한편 사태는 여전히 지지부진합니다. 커다란 약속도 변변히 지켜진 것이 없습니다. 아내는 후회와 원망으로 죽을 지경입니다. 어떤 사과를 받아야 할까요. 마침내 핑계거리도 바닥이 나고 나서 친구는 이런 조급함을 이용합니다.

"그래 얘, 나라면 이렇게 쓸 거야… 그래 내가 네 입장이라면 그의 약속을 지키라고 그를 부를 거야. 그가 부끄러워하게 하고, 무슨 짓을 했는지 말할 거야. 그렇게 다시금 선의로 용서했던 것이 무엇인지도 말할 거야. 잊는다는 것은 끔찍하니까."

다른 사람들에게서 신중치 못하게 받아 적은 이런 말이나 그 비슷한 말이, 그녀에게는 영원한 누설이 됩니다. 남녀 불문하고 그녀의 친구들은 그녀를 자기편으로 끌어들였다고 믿습니다. 이제 사람들은 그녀에게 어조를 달리해 설교하고 지시합니다. 그녀에게 주인이 생긴 것입니다. 모일 모시에 여기저기서 그녀는 오라는 소리를 듣고, 찾아갑니다. 요란했던 그녀의 두려움, 그 파장이 얼마나 큰지는 알 수 없지만 마치 뱀이 기다리는 쪽으로 새를 몰아가듯이, 그녀를 딱한 곳으로 밀어붙입니다. 사람들은 그것이 훨씬 잘된 일이라면서 웃습니다. 약속 따위는 거의 기억할 줄도 모릅니다.

그것으로 되었다고 생각할 때 과연 그녀가 최소한 자유롭겠습니까? 전혀 그렇지 않습니다. 친구는 쪽지(약속한 언약의 글)를 갖고 있고, 새로운 건수의 미끼로 삼습니다. 터무니없고 황당해도 중요하지 않습니다. 그 친구는 앞으로 계속 일을 벌여 나갈 것이고, 또 다른 후원자를 찾아 자신을 팔고 또 팔아야 하기 때문입니다. 종종 더 잘하겠다지만 아무것도 못 할 텐데도.

이런 간섭은 그녀가 젊고 아름다운 한 무섭도록 계속되기 마련입니다. 더욱더 파고들고, 괴롭히고 미쳐버릴 정도로…. 아! 누가 남편의 품에 뛰어들어 이 모든 것을 고백할 위험을 감수할 만큼 용감할까요! 애당초 처음 어떤 분란이 터졌든지 간에 여자는 그에게서 확실히 더 이상 공감하기 어려워집니다.

그렇지만 이런 부끄러운 생활은 그녀가 품은 기분과 결심을 거의 꺾지 못합니다. 그녀는 거기에 파묻혀 날이 갈수록 더욱 벗어나지 못합니다. 통제할 수 없는 독한 여자의 마음이, 쓰라린 냉소적인 말로써 그녀를 찌르고 다시금 부추기기도 합니다. 그녀가 반발하며 이런 말을 하기도 합니다.

"모든 것을 알게 할 거야!"

하지만 다른 사람들의 말도 쏟아집니다.

"뭐라고, 사람들이 웃을 거야. 믿지도 않을 거야. 누군가 믿어주더라도 비웃음을 사기는 마찬가지고."

"법이 있잖소, 부인."

"법은 무슨… 그래서는 안 돼, 얘야. 판사들은 이 경우에 더욱 명명백백한 증거를 원할 텐데. 죄를 지은 사람을 반드시 누군가 하나쯤 찾아내려 할걸. 그런 것이 프랑스에서 통하는 정서거든. 사람들은 항상 강하게 반발하는 여자가 적어도 잠시 한때라도 마음속으로 동의한 것이라는 생각을 하고 들어가니까. 어쩌려고 그래? 사람들은 항상 이런 식으로 생각하고 비웃는 법인데."

지나친 사실이 아닙니다. 이것을 읽은 사람들조차, 오늘의 풍습을 보고 있는 사람들조차, 또 불명예를 찾아내기에 분주한 많은 여자를 보고 있는 사람들조차 내 생각에는 "그런 식으로 〔심하게〕 할 게 뭔가"라고 말할지 모릅니다. 아무튼 이런 사람들은 숨겨진 사실이 무엇인지 모를 뿐 아니라 알고 싶어하지도 않습니다. 수많은 여자가 어디로 가게 될지 알지도 못하면서 자신도 모르는 사이에 습관에 끌려다니며 자신의 뜻과 상관없이 분수를 벗어나게 되고, 결국은 놀라고 난처한 행동을 하는 것이 사실입니다. 나는 약한 여자를 속이고도 남을 폭력적인 소리를 듣습니다. 그 약한 여자는 지나치게 나가다보니 말려들고, 정신을 잃고 쓰러지게 됩니다. 이때부터 그녀는 돌이킬 수 없게 되었다고 생각하고, 매일 숨죽여 살게 됩니다.

"그녀가 동의했다"고들 쑥덕거립니다. 그녀가 가볍고, 조금 짓궂게 신중치 못한 눈길을 주었다는 점을 입증할 수 있다고. 이런 사실을 판단하기가 그렇게 쉬운 일이겠습니까? 그들이

진지한 용기로 그랬습니까 망신을 주려고 그랬습니까? 우리가
잘 알다시피 여자들은 항상 환심을 사고 싶어합니다. 이런 여
자들은, 점잖은 남자가 자기 가족이 눈총을 받게 되는데도 관
대할 거라고 생각하면 잘못입니다. 사실상 한 여자를 억지로
복종하게 하면서, 순진한 여자가 표하는 호감을 이용한다는 것
이 그렇다면 아무것도 아닐까요?

　만약 불운하게도 임신을 하게 되었더라도 그녀가 동의했다
고 말하기 어려울 것입니다. 해묵은 잘못입니다. 그 허구성이
오늘은 잘 알려진 것이지요. 자연(본능)은 동의와 무관합니다.
그런 결정은 시대에 달렸습니다. 완전히 의지에 반하는 고통과
절망으로는 거기서 아무 결론도 끌어내지 못합니다.

　나는 이 문제에서 보통 어디서든 감탄할 만한 상식을 보이는
세르반테스에게 분이 납니다. 그가 거친 판결을 칭찬했기 때문
입니다. 엉뚱한 웃음을 자아내려고, 자신의 왕 산초가 자신에
게 불평했던 처녀를 고발하면서 그녀에게 안겨준 시련 때문입
니다. 법정에서 대낮에 아무런 두려움도 없이 처녀가 자기 돈
주머니를 뺏기지 않으려고 억척스런 모습을 보였다고 해서, 밤
중에 놀라고 겁에 질린 채 자신의 명예를 그렇게 잘 지킬 수 있
을 것이라고 입증할 증거는 어디에도 없습니다. 독일(슈바벤)
의 옛 법은 이와 정반대 방향에서 상식을 과장한 적이 있습니

다. 그러나 아무튼 처녀가 경악한 것만으로도 유죄가 성립된다는 점을 잘 이해했습니다. 그 애당초의 대담성에 모든 죄가 있다는 것이지요. 수줍고, 우선 극도로 감정이 질린 상태의 처녀에게 손을 댄 순간에 말입니다. 결국 처녀에게 손을 댄 사람에게는 유죄가 선고되고 그는 교수형에 처해졌습니다.

여자가 육체적으로 자신을 방어할 수 있다고, 마치 냉정하고 무감각하며, 감정도 없는 대리석이나 나뭇단 같은 존재라도 된다는 듯 말하면서 사실처럼 확고히 믿는 사람들이 있습니다. 그렇지만 생리학자라면 누구나, 의사든 누구든 이 예민한 가엾은 존재가 한숨에도 떨 수 있을 정도로 본능적으로 나약하며 매달 고통에 시달려 무기력해짐을 알고 있습니다. 바로 이런 사람은 본능에 관해서도 그녀가 항상 보호받도록 해야 하고, 그녀가 신성하게 존중받아야 하며, 누구든 그녀의 원인을 옹호하고 진지하게 그 호소를 들어야 한다고 주장하는 것입니다. 우리가 바로 그런 여자를 방어해야 합니다. 여자는 스스로 그렇게 할 수 없기 때문입니다.

"동의했냐, 하지 않았느냐"는 심연이며, 이런 딱 잘라 말할 수 없는 대립항에 분명하게 선을 그으려는 어리석은 의견을 전문가에게 맡겨야 합니다. 육체와 영혼이, 또 자유와 운명이라는 두 영향이 그토록 복잡하게 얽힌 사건은 미묘하기 짝이 없는 법이고, 동의하지 않거나 양보하는, 그 복잡한 중간지역이 얼마나 큰지 알 수 없습니다.

나는 지금까지 우리 시대의 역겨운 물질주의에 맞서 영혼의 권리를 주장해왔습니다. 그러나 여기에서 정확하게 상식으로 말해야 합니다(물질주의 관점에서의 상식). 왜냐하면 육체 또한 살아 움직이고, 그것 또한 하나의 주체의 문제이며(한 사람의 문제일 경우), 그 두 가지 작용이 교차하면서 서로 우위를 다투고, 복잡하고 지독히 빠르게 뒤섞이며 이어지기 때문입니다.

우리는 우리의 의지력을, 잡아당기거나 쉽게 여닫는 철봉이나 빗장 같은 것으로 이야기할 수는 없습니다. 그렇지 않기 때문입니다. 모든 것이 그와 다르게 상당히 복잡합니다. 의지력은 차라리 어느 수준인지 알 수 없을 정도로 나뉘는, 한 대의 온도계처럼 더욱 오르기도 하고 더욱 낮아지기도 쉬운 것에 비유할 수 있습니다. 그것이 움직일 때 그 실질적인 이동성과 다시 돌아오는 힘겨운 수준을 측정하자면, 의지의 수준이 무엇인지, 또한 언제나 거기에 끼어드는 운명의 수준이 무엇인지 알아봐야 합니다.

이런 조심스런 이해 없이는 최상의 판단도 오판할 수 있고, 지나치게 약하거나 지나치게 엄한 것이 될 수도 있습니다. 절제했다고 보았던 사람이 대담하게 덤볐을 수 있습니다. 그런가 하면 남자에 억눌려 억지로 따르고 고통받은 여자의 자의적 부분은 30도(100에서)도 안 됩니다.

310

"나머지 29도의 부분이 행동을 결정한 것이라면, 그것들을 어떻게 따져야 합니까?"

– 그렇다면 강력한 손(또는 잔인한 손)에 잡힌 놀라움과 두려움에 20도 정도라고 할까요. 그런데 가령 저항이 계속된다면 8내지 9도가량을 덧붙일 수 있을 것입니다. 성급함으로 잃어버리게 되는 것이고, 거친 충격이나 마비시키는 극심한 고통의 몫입니다. 끝으로 감정(가엾은 여자가 돌은 아니기 때문에)이 남습니다. 가령 갑자기 들이닥친 이런 고통 없이 감각이 이어진다면, 그녀든 피고든 살아남게 됩니다. 바로 여기에 불운한, 의지도 없는 의지의 30도가 있습니다. 이른바 동의〔포기〕하고 말게 되는 것입니다. 범죄자는 죄가 덜할까요? 그는 더욱 심합니다. 죄를 경감하기는커녕 엄벌해야 합니다. 그는 영혼을 모독했으니까요.

어떤 현명한 법관이 전적으로 여자로서의 이유를 들고 또 다른 이유로 뜻과 운명의 실질적 수준을 밝혀보자고 했습니다. 그 평결에는 "의사 판사"가 배석해야 할 것이라고 했습니다. 물리적 정황을 밝히려고 어쩌다 전문가를 부르자는 것이 아닙니다. 항상 문제의 요점을 밝혀내야 하고, 매우 모호하기만 한 의지의 수준을 밝혀내야 합니다.

여기서 생리학의 도움이 절대적입니다. 의사들이 신체와 물질과 운명에 관한 것을 이야기할 경우 판사는 자기의식에 따라 판단에 들어가면서, 영혼의 비난과 갱생과 교정과 속죄와 개선의 여지를 숙고할 것입니다.

모든 과학이 신학이던 중세에 재판장은 자기 곁에 '성직 판사'를 배석시켜야 했습니다. 다시 말해서 자신의 의식을 명쾌하게 해줄 '학자'입니다. 오늘날 우리도 이런 문제에 의심의 여지는 없습니다. 우리 판사들은 점점 더 자기 곁에서 과학의 빛을 보고자 하며, 최소한 사태의 절반이라도 밝혀보려 합니다. 바로 그런 자리에서, 지나치게 영향력을 행사하려 하지 않으면서도 종종 판사가 의지의 어둠 속을 뚫고 나갈 수 있도록 도움을 주는 생리학자와 의사의 말을 듣고 있습니다.

6
유혹

이 책의 유일한 목적인 작은 가정〔부부생활〕에 낯설고 비극적인 일들에 대해 말했다면, 이는 오직 거미의 작전에 신중치 못하게 파리들이 말려드는 것을 입증하려 했기 때문입니다. 또 여자를 모르고, 거의 잊고 있다가 그 우울한 모험에 놀라는 사람들에게 상기시키기 위해서였습니다. 그들 자신이 원인 제공자가 되기도 하고 당연히 벌도 받습니다.

그렇지만 거의 따로 떨어져 지내지 않고 함께 어울리며, 매일 모든 생각에 동참하는 사람들은 이런 음모를 걱정할 필요가 없습니다. 그들은 그런 음모를 미리 보고 있고, 그 이야기를 하고, 경멸하고 불쌍해하면서 웃습니다.

이런 보편적인 중상에서 자유롭고 순수함을 지키는 여자는 큰 명예입니다. 친척과 젊은 친구(여자)들이 대부분 부끄럽게 굴종하는 사람으로 사는 데 비해서 그렇습니다. 이런 여자들은 처음에는 그녀를 이상하고 어리석다고 생각하도록 영향을 줍니다. 이런 것이 먹혀들 리 있겠습니까. 그녀가 확고하고 만만치 않아 보이게 되면 그런 여자들은 물러서고 맙니다. 공공의 목소리, 무관한 사람들의 통계를 그녀에게 정신적 잣대로 들이댑니다. 그녀는 그것을 알지도 원치도 않으며 여전히 젊고 순진한 위엄으로 자신의 권위를 지킵니다. 사람들은 그녀를 참조하고, 그녀가 받아들인 것들을 평가합니다. 확실하고 신중한 그녀는 단호하게 자기 남편에게 말할 수 없는 비밀 같은 것은 알고 싶지도 않다고 밝힙니다!

그녀가 이런 입장의 유리함을 모를 수도, 그것을 자랑스레 생각하지 못할 수도 있을까요? 어려운 일인 데다 사람들은 거의 느끼지도 못합니다. 그녀는 그저 젊은 부인의 겸손한 진중함을 보입니다. 또 남편에게서 존중받으며, 집에서와 마찬가지로 마음에서도 절대적인 주권을 갖고, 자기가 지배하는 세계나 일하는 남자의 세계도 훤히 알고 있으며 유용한 조언을 구하는 모습을 보입니다. 심지어 사고와 일반적 대화에서도 삼십대 여자로서 똑똑하고 순진한 사람이라면, 저급하게 주저앉지 않고서, 전문적인 능력이 있어도 조금은 지친 사십대 남자에게 부족한 빛을 발하기도 합니다.

이렇게 그녀는 삼십대에 자기 힘의 절정을 맞습니다. 우리는 그녀의 아름다움이 취하는 시원하고 차분한 표현을 느낍니다. 그녀는 충만한 매력으로 넘칩니다. 그 어느 때도 피부가 이처럼 뽀얗던 적은 없었습니다. 다시금 미묘한 화색이 돕니다. 항상 건강해도 그녀는 식탁에 무심하지 않습니다. 그녀는 많이 걸어야 합니다. 하지만 집에서 할 일이 너무 많으므로 밖에 나가기 어렵습니다. 이런 집 안에서 틀어박혀 지내는 생활은 꽤 힘이 드는 것도 사실입니다. 그녀는 쉽게 얼굴이 붉어지고 이유도 없이 그럴 때가 있습니다. 혈류는 갑자기 머리까지 올라오고, 아름다운 눈은 지나치다 싶을 정도로 반짝입니다.

그녀는 웃으면서 생활을 즐깁니다. 하지만 다른 모든 사람을 귀찮게 할 정도는 삼갑니다. 그녀의 소박한 감수성으로 때로 혼자 정원에 나가 과일을 하나 둘 셋씩 따기도 합니다. 모든 것의 주인으로서 자기만 훔칠 수 있을 뿐인데 어째서 몰래 할까요?

그녀에게 휴일도 있습니다. 그녀는 잠꾸러기입니다. 때로는 깊은 잠에 빠지기도 하지만 항상 평온하지만은 않습니다. 자다가도 갑자기 열이 오르고, 심하게 얼굴을 붉히며 뒤척입니다. 아침에 남편은 깨어나 그녀를 바라보면서 걱정스러워하지 않을 수 없습니다. 무슨 일일까? 그녀는 꿈만 꿉니다. 아니면 그녀의 젊은 피가 넘치고, 관대해지고 싶은 꿈을 꿉니다. 꿈속의 짓궂은 요정들이 바로 현명하게 장난을 치는 것입니다. 그녀는 낮에는 심하지 않던 이 요정들의 광기에 밤에는 지고 맙니다. 그러면서도 너무 신중해서, 일어나자마자 모든 것을 말하려고 애쓰게 됩니다. 고백하고 용서받고, 품에 안긴 그녀는 행복해하고 또 완전히 피어나 자기 자신조차 더는 기억하지 못합니다.

여자에게서 육체는 보통 늦게 깨어납니다. 가장 조용해져야 할 듯한 시기입니다. 그녀의 건강이 확고해지고 젊음의 병과 초경의 시련이 사라질 때. 모든 것이 규칙적으로 최적의 자리에서 완벽한 질서로서 돌아가고, 아이도 조금 자라 학교에 가게 되고, 엄마로서 마음도 차분해진 가운데, 착한 아내로서 남편의 모든 것을 받아들이고, 그의 장단점을 훤히 아는 가운데, 약간 우세하게 그를 지배하면서 마침내 모든 실생활이 천천히 달리는 기차처럼 부드럽게 미끄러져 나갈 때…. 그런데 얼마나 사소한 것으로도 탈선하기 쉬운 상태입니까?

장사를 하는 프랑스의 똑똑한 여성들은 마치 유리로 만든 집처럼 환히 대중을 접하며 살다보니 다음과 같은 사실을 쉽게 주목합니다. 적어도 정식으로[최소한 신중하게 행동하는 가운데] 이런 일을 하는 여성들 대부분이 최상의 사무원이 되기에는 허물이 있다고 합니다. 이런 사실을 잘 알고 있습니다. 사람들은 말하기를 이는 남편을 희생시킨 탓이라고 합니다. 하지만 항상 그렇지는 않습니다. 좀 더 자세히 들여다보고 더 깊이 속을 알게 되면, 남편은 상당히 사랑받고 있으며, 아내의 취향은 남편이 좋아하고 존중하는 것을 향하고, 이유가 없지 않듯이 남편은 아내가 가장 헌신적이라고 믿고 있습니다. 나는 가게에서 이런 순정적인 모습을 자주 보았습니다. 순정적으로 보였습니다. 물론 위험이 없지는 않습니다. 그 바닥은 미끄러우니까요. 그렇게 두 가지 역할에 적응하고 인정하게 되는 데에 흐뭇한 젊은 남편은 우선 매우 신의를 지킵니다. 즉 그는 아내와 그 일 둘 다 좋아하고 자기 애정에서 그것들을 거의 구별하지 않습니다. 하지만 일은 일대로 자기 갈 길이 있기 마련이어서, 매력적인 안주인의 눈은 남편을 안절부절 못하게 하기 마련이고 이내 그는 생활을 아주 불행하게 만들어버립니다. 이내 세 사람 모두가 함께 얽히게 됩니다. 순정은 비극이 되고, 비극은 종장에서 결별과 몰락과 자살로 마무리됩니다.

여기서 한 가지 여전히 주목할 만한 사실이 있습니다. 정숙하고 다정한 그런 착한 여자가 불행히도 과실을 약간 저지른다면, 남편 또한 호감 가는 상대에게 기울어지고 맙니다. 다시 말해서 남편이 좋아하는 사람, 아끼고 따르게 하는 사람입니다.

반대로 남편보다 나은 남자를 사랑하기는커녕 아내는 그런 남자에게 매우 적의를 품습니다. 그가 더 낫다는 그 모습에 그녀는 시샘을 느끼고, 그를 미워하고 비난하며, 전혀 매력을 느끼지 못합니다. 나는 이런 것을 부르주아 계층에서 열 번이 아니라 백 번이나 봐왔습니다.

반대로 한심하기 짝이 없는 최악의 경우는, 나약한 과실 탓에 그쪽으로 쏠리는 것이 아니라 성급한 의욕으로, 직접 찾아

나서고 적대적인 남자를 끌어당기려 하는 경우입니다. 즉 남편보다 더 잘났음이 분명한 사람이 남편을 수치스럽게 할 것이고, 초라하게 만들 것이며 비웃음을 받거나 창피하게 할 것입니다. 그런데 도대체 여자가 진심으로 사랑하는 사람은 어느 쪽일까요? 어느 쪽도 아닙니다. 부부의 타락은 사랑의 문제가 아니라 순전히 일시적인 허영심의 문제이자, 자만심으로 서로 명예를 해치는 것입니다. 마음이 공허하다는 것이 모든 것을 설명합니다. 그래서 거의 회복이 불가능합니다. 마음이 없는 곳에서 아무것도 대신할 수 없습니다.

　정신적으로 안정되고 남편과 훌륭하게 결합된 젊은 부인에게 돌아와봅시다. 그녀에게 문제가 벌어진다면 그것은 놀란 가슴 때문일 뿐일 테고, 이는 주로 남편 탓일 것입니다. 이들의 상황과 미덕과 이 훌륭한 남편의 아량은 위험하지는 않더라도, 아내에게 고통스런 사건을 유발할 수 있습니다. 그에게 아내가 여자이며 또 가엾은 가슴에 피멍을 들일 수 있다는 사실을 상기시킵니다.

　남편의 열 살 난 조카가 갑자기 고아가 되어 두 사람의 집으로 들어왔습니다. 물론 서둘러 데려왔습니다. 아이는 남쪽 베아른(포 또는 바욘 지방에서)에서 올라왔는데, 얌전하면서 위악스러운 면이 있었습니다. 부인은 스물한 살이었지만 어머니처럼 아이를 대해주었습니다. 남편보다 더 슬퍼하며 친자식처럼 아껴주었습니다. 그는 학교에 들어가 매년 방학 때 집으로 돌아왔고 또 점점 더 기운이 넘치고, 부드럽고도 대담해지며 아무것도 무서워할 줄 몰랐습니다. 그는 열세 살에서 열여섯이 되어 찾아와도 항상 따뜻한 환대를 받았습니다. 아기의 실제 형처럼. 그는 순수한 애무를 받았습니다(어린아이와 마찬가지로). 하지만 결과는 달랐습니다. 어느 날 남편 앞에서 아내는 조카와 뜀박질 놀이를 했습니다. 흔히 예상할 수 있듯이 우선 그녀가 붙잡혔고, 그녀는 [벌로] 키스를 해야 했습니다. 하지만 이번만이 아니라 두 번째에는, 그녀는 정신없이 조카가 하는 것 이상이 되었습니다. 그녀는 잠시 힘없이 조카 팔에 안겨 있었습니다. 숨도 쉬지 못했습니다. 조카는 상기되었고 그녀는 아주 창백해졌습니다. 조카는 웃으며 비둘기처럼 떠는 그녀를 부축했습니다. 남편 또한 웃고 있었지만, 그녀는 전혀 그러지 못하고서 열병이 걸려 온종일 앓았습니다.

이해부터 그를 믿기는 했지만, 그녀는 조금 두려움을 갖게 되고 더욱 신중하게 처신하게 되었습니다. 조카는 남쪽 출신의 멋쟁이처럼 활달하고, 말도 잘하고 재치도 넘치고 매력적이며, 조금 허풍끼도 보이면서 성장했습니다. 하지만 항상 그를 믿었습니다. 북쪽 지방의 부인이 갖는 부담은 컸습니다. 이는 남편과 뚜렷이 대조되었습니다. 진지한 남자로서 심중을 드러내지 않고, 자신의 불꽃을 행동과 큰일을 하는 데 쏟는….

젊은 조카가 찾아오는 날은 집 안이 축제 분위기입니다. 또 모든 것이 갑자기 바뀝니다. 햇빛조차 보이지 않는 듯하고, 소란과 웃음이 넘칩니다(진짜 행복한 곳에서는 별로 들리지 않는 법입니다). 그녀는 웃고 있어도 슬픕니다. 이런 대조는 그녀 자신을 두드리고 불안하게 합니다. 그녀는 잘 위장하지 못하고, 남자들이 함께 나간 동안 혼자 남아 조용히 마음을 추슬러 보고 반성합니다.

그렇게 작은 뜰에 그녀 혼자 남겨졌습니다. 바로 십 년 전에, 그녀가 임신하던 그 신성한 날에 그녀는 오로라 같은 광채 밑에서 거닐었고, 적지 않게 감동에 휩싸여 그토록 순진한 모습이었습니다. 그녀 앞에서 기다리는 꽃들은 그녀가 무구했다고 맹세했던 바로 그 꽃들입니다.

"하지만 지금은 뭐라고 할까? 아무 짓도 안 했고 나쁜 짓을 바라지도 않는데… 남편한테 말해야 할까… 그래도 혼란스러워 편안한 기분은 아니야. 아무튼 무슨 할 말이 있겠어—많겠지요, 부인—누가 그런 말을 하는 거예요? 나하고 장미뿐인데. 장미는 얼마나 눈부시고 붉은지(적어도 내게는 그렇게 보이니까), 불꽃처럼…. 장미는 색으로 말하는 것일까? 무슨 말을 하려는 것일까?"

7
상담자를 위한 장미 한 송이

그 꽃을 꺾지는 마십시오, 부인. 그러면 벙어리가 될 테니까요. 자연의 품을 떠나면 꽃은 당신의 품에서 시들게 되고, 당신은 그 아찔한 향기에 취하겠지요. 고개를 숙이고 그 목소리를 들어보세요. 이런 말이 들리지 않겠습니까.

"부인은 마음대로 오가시지요. 움직이는 힘을 타고나셨으니까. 하지만 나는 줄기에 붙어 있답니다. 부인은 나의 고요하며 장미로서 띠는 존엄에 감탄하지요. 바로 그게 나예요. 내 자연적 본능에 충실하니 그런 모습인 것이지요.

나는 머리에 꽂고 노는 장난감이 아닙니다. 나는 진솔한 생물, 살아 있는 생명이고, 힘찬 기운입니다. 수수께끼를 풀 일감이자 일꾼입니다. 내 생명은 짧습니다. 나는 장미의 불멸성과 종의 지속성이라는 위대한 일을 부지런히 해야 합니다. 그래서 하느님의 장미로 이렇게 살아 있지요.

나는 줄기에 꼭 붙어 있습니다. 내가 당신 품에서 죽지 않도록 해주세요. 순수함을 간직하고 또 결실을 맺도록 해주세요. 당신과 마찬가지로 그렇게 할 수 있도록 해주세요.

- 아! 어쩜 그렇게 말을 잘하니! 나도 너처럼 그랬으면 좋을 텐데! 하느님의 장미가 되어! 그런데 장미야, 내가 진정 고백해야겠니? 무엇을 고백해야 할까? 구름이나 안개처럼 뿌옇기만 한데. 어떤 것도 분간이 안 되거든…. 내가 자책하면 그이가 마음 아파할 텐데!

부인은 모두 말하겠다고 약속했잖아요.

- 아이고, 장미야. 너는 꽃들의 사랑을 알겠지만 여자의 사랑은 몰라! 내가 그것을 말하게 되면 그때부터 다른 정념과 묘한 힘을 띠게 될지 모를 일이거든. 그것을 드러내면 더 커지기나 할 거야.

아! 부인은 정말 불운하군요! 비밀을 지키고, 덮고, 마치 아기처럼 쓰다듬잖아요. 환하게 밝혀질까봐 걱정하고… 그래요, 부인이 옳아요. 세상에 이처럼 미묘한 문제가 어디 있겠어요. 은밀한 사랑을 털어놓게 되면 그 순간부터 위태로워지지요. 타오를 수는 있다 해도 금세 꺼질 뿐입니다. 이런 모독에 수치스러운 일이 되겠지요. 친구한테 할 말이거나, 인내심과 동정심이 많은 아빠한테 말할 만한 거라면 당장 달려갈 수도 있겠지요. 그러면 그 사랑을 털어놓고도 그것을 더욱 커지게 하는 기쁨을 느낄 수 있지 않을까요. 그러면 부인의 눈물은 죄를 덧붙이는 격이 되겠지요. 그 말을 그것 때문에 고통받을 사람한테 해야 하지 않을지요. 그 은밀한 고통을 함께 나누자고 말이지요. 그의 가슴이 얼마나 찢어지겠습니까! 물론 부인의 가슴이 아픈 거야 말할 나위 없겠지만, 그것으로 끝이겠지요. 꿈은 깨지겠지요! 현실로 돌아와 비통한 마음을 보게 될 끝없는 고통 속으로… 부인은 착하고 다정하니까 사랑은 너그럽게 되돌아올 거예요."

부인은 장미의 조언을 따릅니다. 그녀는 모든 힘과 용기를 추스릅니다. 조카가 없는 점심 때 그녀는 모든 것을 말할 것입니다. 그녀는 나약하고 지친 모습으로 식탁에 앉습니다. 마치 피고처럼! 하지만 가슴은 너무 심하게 떨립니다. 혀도 굳어 잘 돌아가지 않습니다. 마침내 안간힘을 쓰면서 그녀는 남편에게 이런 한가한 생활이 과연 조카에게 좋겠느냐고 묻습니다. 학교도 졸업했으니 일찌감치, 최소한 수습 자리라도 알아봐야 하지 않겠느냐면서…. 남편은 아내를 놀란 눈으로 쳐다봅니다.

"뭐라고! 여보, 그 애는 방금 왔잖아. 그런데 돌려보내자고? 사실 당신 개한테 좀 쌀쌀맞게 구는 것 같아. 마땅치 않은 점이라도 있소?

— 아니에요, 절대!

그럼 사랑이라도 한단 말이요?

- 아이고 하느님, 그러기라도 했다면…."

그녀가 산을 움직이더라도 이보다 힘들지는 않으리! 그녀는 다시 풀이 죽습니다. 그녀는 거의 쓰러질 지경입니다. 안팎 모두 창백합니다. 하지만 남편은 마음은 상했어도 죽음에 맞설 만큼 강인하므로, 아내의 영웅적인 정절을 이해합니다. 오직 한 가지 위험천만한 걱정은, 그녀가 미덕과 고민으로 죽지나 않을까 하는 것이지요.

그는 아내의 손을 꼭 잡습니다. 또 두 사람은 조용히 손을 놓습니다. 그러나 갑자기 재 속에서 피어오르는 불꽃처럼 열정의 불길이 되살아나 그 동요와 내적인 혼란을 숨기지 못합니다.

사랑은 너무나 강한 것이라서 그 작은 불씨만으로도 모든 것을 태웁니다. 차가운 심장에도 불이 붙고, 끝 모르는 자존심, 짜릿한 기쁨, 발견의 격렬한 행복감이 정념의 즉각적인 발화에 미처 준비가 안 된 청년에게서 창조됩니다. 가족 간의 정당한 애정의 등가물로서 선호된 표현이 거기에서 어떤 것이겠습니까? 알 수는 없습니다. 하지만 딱한 부인은 거의 자신을 잃고서, 이런 갈등에 버티기에는 너무나 나약한 나머지 저녁에 잠잘 시간이 다가오자 남편의 품에 안겨 흐느껴 웁니다.

남편은 아내를 안아주면서 진정시키려 하지만 소용없습니다. 눈물바다를 쏟아낸 뒤에야 겨우 그에게 꼭 안겨 절대로 놓치지 않으려 하면서 마침내 말문을 엽니다.

"날 지켜줘요. 불쌍히 여기고, 붙잡아줘요. 무너지는 것 같아요. 내 의지가 약한지, 시간이 갈수록 힘이 더 빠지기만 하는 것 같아요. 무슨 말을 하겠어요. 나를 끌어주던 의지력이 나를 물속으로 끌어당길 뿐이니… 아, 자랑스럽지 못하게 이게 뭘까요! 그러니 벌을 받는 것이지요. 요람의 우리 아기도 나만큼 나약하지는 않아요. 여보, 제발 날 아기처럼 안아주고 대해줘요. 아기일 뿐이잖아요. 당신은 지금까지 나한테 너무 잘해주었고, 엄하기도 하고 주인 같기도 했죠. 나를 벌하세요. 몸이 짓눌리면 정신을 차리지 않을까요. 당신을 걱정할 수밖에 없고 무서워할 수밖에 없으니… 내 의지는 상관치 말고! 의지 같은 것은 이제 바라지도 않고 당신한테 맡길 거예요. 당신이 바로 내 진정한 의지이고 내 최상의 정신이니까. 아무튼 한 발짝도 내 곁에서 떠나지 말고, 모든 것을 당신한테 요구할 수 있도록. 내가 그럴 뜻이 있거나 그렇게 해야 한다면…"

순진하고 비난할 수 없는 이 여자의 깊은 수치는 그녀를 사랑했던 사람을 괴롭힙니다. 아이고! 저렇게 쓰러지는 꼴을 보시오, 이 순진의 여왕께서! 남편은 자신의 강한 인상을 감추고 애써 미소를 지어봅니다.

"여보, 그런 부탁이야 겨우? 어쨌든 내가 할 수 있어야 할 텐데… 아! 내게는 어머니 무덤보다 더 신성할지 모를 당신에 비하면 이 세상에 더 소중한 것이 어디 있겠어. 어떻게 모를 수 있어. 어디에서 내가 그렇게 거친 해법을 찾을 수 있을까?

　– 그래도 그게 나한테 좋다면, 여보 그게 나를 구해줄 거야. 솔로몬이 말했잖아, 겁이 지혜의 시작이라고. 내가 겁을 먹어야 한다고 느끼고 있어요. 부끄러운 줄도 알아야 하고. 나는 당신을 더 많이 사랑하게 될 거예요. 당신이 아는 아주 솔직하고 자부심이 강한 마담은 어느 날 나한테 이런 말을 해준 적이 있어요.

　'남편의 손에 한번 잡혀본 여자는, 그에게 그의 엄한 정에 대해서든, 과거의 추억에 대해서든 다시 되돌아올 수 있는 것에 대해서든, 남편한테 더욱 기대게 되는 법이라우.'

　– 아냐, 우리는 그런 지난날의 애정으로 아직 돌아가지 않았어. 하느님! 내가 영혼과 육체가 있는 사람과 결혼했는데, 그것으로 어떤 헛일을 해야겠습니까! 그런 생각은 당치도 않아. 하지만 여보, 당신이 뭐가 갑갑한지 모르겠지만, 내 사랑이 바라는 만큼 당신 자신을 좀 생각하고, 내가 그토록 당신한테서 뜨겁게 바라고 원하는 것을 생각해봐. 정신적인 안식처인 당신의 가장 깊은 영혼 속으로 들어가려는 것이었잖아. 내가 어떻게 해야 할까. 당신 말을 듣는다면, 당신 의지를 꺾는다면, 또 겁을 먹게 한다면? 그러면 그저 가장 소중한 희망을 영원히 잃을 뿐일 거야. 한번 흔들리면 그토록 낮은 곳으로 떨어져 다시는 일어날 수 없을 것을, 그보다 더한 것을 바라란 말이요? 그토

록 순종적인 사람에게 진실로 확실히 무엇을 기다릴 수 있겠느냐 말이야? 사람의 마음이란 스스로 포기하기도, 쉽게 부끄러워하기도, 달콤한 사랑을 맛보려 하기도 너무 쉬운 일인데.

또 내가 당신 뜻을 꺾으면 무엇으로 당신을 사랑하겠어? 아냐, 그럴 수 없어. 점점 더 당신은 한 인간이고, 자유인이고, 내게서 자유로워지고 그래야만 할 거야.

나 역시 그러길 바라지만 충분치 못했어. 나는 교양도 부족하고 당신 마음을 충분히 가꿔주질 못했어. 그러니까 이런 운명적인 사건이 터졌고. 누가 잘못이겠어? 당신과 아이들이 행복하도록 분주하게 일과 사업만 하고 관심과 배려가 부족했어. 한 치 앞도 볼 줄 모르는 사람이었어, 나는! 가족을 위해서라면서 정작 가족을 잊고 있었거든! 좋은 것이 무엇인지도 모르니, 내 복을 잃을 수밖에 더 있겠어. 내 손 안에 들어온 하늘, 바로 당신, 내 비할 데 없는 보물을… 내가 누군지 알게 된 이 잔인한 충격에 고마워해야지. 아, 그가 아니었다면 나는 더는 남자도 아니었을 거야. 나를 되찾았으니, 나를 느끼고 알게 되었어, 고통으로써. 당신도 나를 다시 보겠지. 더 이상 떨어지지 맙시다. 또 당신이 날 사랑해주어야 해(다시 큰 사람이 되고 싶으니까).

조카는 더는 내가 어떻게 할 수 있는 아기가 아니잖아. 스스로 할 수 있을 거야. 당신이 눈길을 주고 잠시 소중한 정신을 팔았던 그 아이도 자신이 영예로운 행복으로 선택받았다고 항상 느껴야 할 거야. 내가 양자로 삼겠어. 그리고 잘 성공하도록

327

하고, 그 애가 할 수 있는 한. 비록 멀리 가 있어도 그 애는 항상 우리 곁에 있는 셈이고 언제 어디서나 그 애를 도와줄 거야. 내게 편지를 쓰면서 그 애가 당신에 대해 말할 것이고, 나도 아주 좋아할걸. 고상한 추억으로 당당하고 순수한 마음을 간직할 수 있도록, 그 애가 바른 길을 걸어가면서 말이야!"

아픔을 겪은 아내는 회복할 수 없을까 걱정하는 여자가 아니었습니다. 그녀는 남편이 신중치 못한 아량에서 나온 이런 믿음 속에 잠기도록 내버려두지 않았고, 그녀는 그에게 서둘러 조카를 멀리 보내라고 간청하고 애원했습니다. 기회가 찾아왔고, 청년은 그다음 날 떠났습니다. 그녀는 이런 일을 미적거리며 미루거나 해서는 안 된다는 것을 잘 알고 있었습니다. 종종 되돌아올 수 있는 일시적 결별은 눌러 사는 것보다 더욱 위험할 수도 있었을 것입니다. 장 자크 루소가 그려낸 쥘리보다 더욱 수줍음이 많은 그녀는 생 프뢰의 거룻배나 메이유리의 바위를 걱정했을지 모릅니다. 그렇지 않습니다. 그녀는 모든 것을 단호하게 할 분명한 해결을 간절히 원했습니다. 그녀 자신 찢어지는 마음이었음에도.

그러나 그녀는 가장 아팠을 조카가 큰 어려움 없이 따르는 모습에 놀랐습니다. 미지의 세계와 여행, 새로운 생활과 눈부시고 화려한 경력, 또 하느님의 가호까지 덧붙여져 이 모든 것으로 이별의 고통을 힘차게 이겨나갔습니다. 남쪽 사람다운 활달한 상상력에 종종 걸맞지 않을 듯싶은 또 다른 것, 즉 현실과 이해에 매우 밝은 감각으로써.

덕과 용기가 있었지만, 그녀 또한 자신이 그토록 순순히 이런 현실에 순응하는 것이 한편 당혹스럽기도 했습니다. 남편은 아내가 심히 괴로워했음을 알았습니다. 누군가라도 자존심의 상처를 느꼈을 듯합니다. 하지만 남편은 그녀를 그토록 사랑하기에, 그 고통의 절반은 그의 몫이었습니다. 만약 이런 사랑의 고통이 계속 커져만 간다면 이별로도 아무 소용없었을 것입니다. 운명의 화살(사랑의 화살)이 그녀 속에서 곪아가고 있다면, 밖으로 태연한 척해봐야 무슨 도움이 되겠습니까?

아내는 자기 사랑의 슬픔을 감히 털어놓지 못하면서, 또 나약한 본능이 커다란 희생에 뒤섞이는 착잡함을 털어놓지 못하면서, 말없는 고통 속에서 죽어갈 수도 있었습니다. 만약 남편이 흔한 질투의 유혹을 받았더라면, 그녀를 세상에서 추방하고, 고독 속에 그녀를 가두어두면서 그는 자신의 소망을 채웠을지 모릅니다. 만약 그가 아내를 높은 탑에, 단테의 『신곡』에 등장하는 비련의 여성 피아가 죽어갔던 열병에 감염된 성의 바위 꼭대기 탑에 가두어놓았더라면, 그녀는 차라리 고마워했을지 모릅니다. 죄수로서 외롭게 갇혀 그녀는 울 수 있는 행복을 편안히 맛보았을 수도 있습니다.

하지만 이런 가정법과는 정반대였습니다. 그는 현명하게 판단했습니다. 즉 환상이 남는다면, 이것은 갑자기 사라져버린 사랑의 대상이 영원한 환상으로 바뀌어 여전히 이전의 매혹을 발하기 때문이었다고. 고독한 꿈을 꾸도록 놓아두는 대신 그는 이 병든 아내를, 현실을 가르치기 쉽도록 살림과 활달한 세상으로 끌어다놓고서, 또 그녀의 허구와 공상의 창작이 그런 접촉으로 살아남을 수 없다고 확신했습니다.

❧

사랑에 대한(애인에 대한) 환상과 그것이 증폭되는 가장 일반적인 원인은, 사랑하는 대상이 기적적인 존재이며 그런 장점 덕분에 "유일하다"고 생각한다는 점인데, 이는 사실 세상을 조금만 더 알게 되면 이내 평범한 자질로 드러나는 것입니다.

파리에 사는 한 청년이 보통의 용모를 지닌 아름다운 아가씨를 보았습니다. 그는 그녀에게 홀딱 반했습니다. 그는 그녀와 결혼하고서 여자의 고향을 가보고 싶어했습니다. 아를이었습니다. 그곳에서 그는 여기저기 어디서나 자신이 자기 마누라만 그럴 거라고 생각했던 모습의 여자들을 보게 되었습니다. 그 기적이 거리에 넘쳤던 것입니다. 그는 수백 명의 처녀와 수천 명의 예쁜 아가씨를 보았습니다. 그것은 그 지방 주민 모두가 지닌 미모였고, 그가 사랑하던 아를 아가씨의 미모였습니다. 그는 그렇게 시큰둥해지고 말았습니다.

이와 비슷하게, 순진한 에스파냐 숙녀가 있었습니다. 고향을 한 발짝도 벗어나본 적이 없었습니다. 그녀는 자기 선생님과 함께 그 고장을 찾아온 영국 청년을 난생 처음 보았습니다. 북쪽 지방에서만 볼 수 있는 꽃과 같은 모습을 처음으로 보았던 것입니다. 그녀는 환장하고 말았습니다. 그녀는 집 안에 갇힌 채 죽어갔습니다. 이와 정반대를 상상해봅시다. 그녀에게 독일이나 프랑스 노르망디, 영국 등 금발의 미남 미녀들이 사는 지역에서 수백만의 여자와 아기와 청년들조차 한결같이 흰 피부에, 그녀가 유일하다고 믿었던 장밋빛 피부를 갖고 있는 것 아닙니까. 그녀가 매력도 없고 심지어 흔해빠진 이런 사람들 모두에게서 그렇게 참신하게 보았던 것을 봤더라면, 그녀는 이런 천박한 인종의 자질로는 천사 노릇을 하기 어렵겠다는 것을 알게 될 것입니다.

남쪽 지방 사람들의 유혹은 우리 북쪽 지방 사람들에게 보통 일은 아닙니다. 릴, 루앙, 스트라스부르 남자라면 참지 못할 것입니다. 이는 남쪽 사내에게만 고유한 장점일까요? 그렇지 않습니다. 그 지역 혈통만으로 그 눈과 말에서 프로방스의 태양, 베아른의 우아함과 가스코뉴의 짜릿함이 녹아 있기 때문입니다. 이렇게 운이 좋은 고장의 평범한 사내라 하더라도, 그를 북쪽 지방에 데려다놓으면 종종 놀라운 환상적인 모습으로 보입니다. 초면인 많은 사람들을 대하게 되는 공식 만찬장에서 나는 남쪽 출신인 한 사람 앞에 앉은 적이 있습니다. 그의 매력적인 눈은 정말로 번뜩였습니다. 아무리 애써도 그 눈빛을 견뎌내지 못할 것입니다. 그의 눈 속에서 이탈리아 음유시인인 아리오스토 같은 로맨스가 어찌나 넘치던지요. 가볍게 반짝이는 듯하지만 거의 미친 듯이 타오르는 그 눈길 말입니다. 결국 그의 이름을 묻고 말았습니다. 중부지역의 국회의원이었습니다. 원내에서는 단 한 번도 발언한 적이 없어 나도 몰랐습니다. 하지만 다른 곳에서는 말이 많았습니다. 전체적으로, 이 불꽃놀이 같은 사람에게서 그 혈통이 모든 것이었고 그 사내 개인은 아무것도 아니었습니다.

바로 병든 젊은 아내를 우리의 신중한 남편은 미디(프랑스 남부 지방의 총칭)로 데려갔습니다. 그는 아내가 체념과 고통 속에서 지내도록 내버려두지 않았습니다. 아내가 바람을 쐬고, 기분을 바꾸고 틀에 박힌 일상에서 벗어나도록 했습니다. 옛 로마제국 지역이던 이 남쪽 지방의 아름다운 지평선과 장관은 마음을 고양시키고 튼튼하게 해줍니다. 장 자크 루소는 자기가 나약해지던 위기의 순간에, 퐁 뒤 갸르[로마제국 때 건설한 거대한 교량]의 장엄한 모습만으로도 스스로 추스르고 다시 일어설 수 있었던 경험을 감동적으로 이야기한 적이 있습니다. 그러니 피레네 산맥의 숭고한 모습은 아직도 얼마나 더 큰 용기를 주겠습니까! 그 순결한 빙하와 백설은 영혼의 눈을 맑게 해줍니다.

❧

그런데 자연을 바라보면서, 지적이고 세련된 아내는 인간을 이해합니다. 그녀는 그 고장 여기저기서 멀어진 청년을 다시 찾아봅니다. 우선, 괴롭고 눈물에 젖습니다. 그와 똑같은 쾌활함과 멋과 눈부시고 유창한 말 때문에. 무슨 말이 더 필요하겠습니까? 그녀는 한때, 그런 상황에서 오직 그에게서만 보았던 것을 다시 보고, 그 매혹적이며 반짝이던 눈길과, 마음을 두드리는 반쯤 비극적인 어둠에 파묻힌 깊은 눈길을, 그러나 아무튼 정말로 진지하지는 않은 눈길 말입니다.

❧

조카는 말솜씨가 뛰어나고 재미있었습니다. 이곳 사람들 누구나 그랬습니다. 놀랍도록 언변이 화려했습니다. 보통 상인도 술 한 병을 사도록 하면서 뛰어난 재상 열 명 이상의 외교적인 수완을 발휘합니다. 망설이신다고요? 그의 활기찬 웅변의 소용돌이에 말려들고 말 것입니다. 마치 피레네의 돌풍처럼 기슭을 쓸어버립니다. 그 앞의 모든 것을 비장하고 숭고하게 말아 가버리지요. 그런데 그가 당신이 떠날 때는 얼마나 웃어대겠습니까!

333

궤변인 줄 알지만 그래도 매력적인 것을 어떻게 합니까! 그 사람들은 거짓말을 하지 않으면서 거짓말을 하고 있으니까요. 그들의 본성입니다. 그들이 지어낸 이야기를 비난하지 맙시다. 바로 시인의 권리 아닙니까. 이런 본성은 너무나 뿌리 깊은 것이어서 그들 자신도 모르는 사이에 무심결에 드러나곤 합니다. 나는 여러 날 동안, 사실 같은 허구로 누구도 속일 수 없는 사실의 격랑을 쏟아내는 사람을 보았습니다. 하지만 관념으로는 진실입니다. 현실세계에 실제로 있는 것은 아니지만 창조적인 공상의 화려한 무대에 실재하는 것 말입니다.

타지역 사람들인 우리가 이런 신기루를 처음 보았을 때, 당황하고 멍합니다. 그런 기질을 처음 대했을 때 북쪽 부인이 느꼈던 것도 바로 이런 것이었습니다. 하지만 그녀가 이것을 군중 속에서 볼 때, 모든 사람에게서 볼 때, 그녀는 진정되고 고개를 끄덕이고 웃음을 터트립니다.

하느님은 지상으로 내려와 보통 사람과 다름없는 인간이 됩니다. 그는 세상의 질서에 따르고, 분류되고 자기 민족으로 되돌아갔습니다. 가령 천상의 피조물이 사라졌다면, 그는 좋은 청년으로 남았습니다. 조금 가볍고, 여전히 듬직하기보다 방정맞지만, 아무튼 장점이 없지는 않은 총각 말입니다.

8
마음의 치료

여자의 부정不貞과 남자의 부정은 같은 벌일까요? 그렇습니다. 부정과 약속을 지키지 않았다는 점에서—그러나 수만 가지 점에서 그렇지 않습니다.

여자의 배신은 남자와 비교할 수 없을 만큼 엄청난 결과를 초래합니다. 여자는 배신하는 것일 뿐만 아니라 남편의 인생과 명예를 가져가버립니다. 그녀는 그에게 조롱받고, 손가락질 받는 비웃음을 사게 합니다. 어쩌면 그를 죽음으로 몰아넣거나 다른 남자를 죽이게 하거나, 멍청하고 실성한 사람으로 만들 수도 있습니다. 그것은 마치 살인마에게 열쇠를 저녁 때 맡기는 것과 다름없습니다.

남편의 여생은 도덕적으로 죽은 삶 같은 것일 수 있습니다. 자기 아이가 자기 아이인지 모른다며, 그러면서도 의심스러운 자식을 부양해야 하고, 아니면 재판으로 세상의 흥밋거리가 되기도 합니다. 그는 항상 풍자신문에서 자기 이름이 돌아다니는 것을 보게 됩니다.

그는 미친 듯이 여자는 남자만큼 책임질 것이 없다고 외칩니다. 남자는 사회생활을 하고 가족을 부양할 힘이 있지만, 여자는 마음뿐입니다. 여자만이 문제의 비밀을 알고 있습니다. 오직 그녀만이 가족의 행복이라는 비밀을 지킵니다. 모든 미래가 달려 있는 자격을 갖고 있습니다. 오직 그녀만이 합법적인 친자 문제를 확신할 수 있습니다. 아내의 거짓말이 천 년의 역사를(가족의 역사를) 속일 수도 있습니다.

우리의 살아 있는 신전이요, 성소이자 제단인 그곳에서 하느님의 불꽃이 타오르고, 우리 인간이 항상 다시 생산되는 곳이 아니라면 여자의 가슴은 무엇입니까? 여자가 이런 가슴을 적에게 넘겨주지 않는다면, 남편의 생명인 불꽃을 훔치도록 한다면, 그것은 가령 그녀가 남편에게 비수를 꽂는 것보다 더 치명적일 텐데.

그녀가 행한 것이 무엇인지 안다면, 어떤 가혹한 처벌도 부족할 것입니다.

그러나 그녀는 그런 꿈을 꾸기에는 항상 백 리나 멀리 떨어져 있습니다. 배신을 꾸미고, 미움과 악의에서 그런 일을 저지르는 경우는 매우 드뭅니다. 적어도 첫 번째 실수는 우연이거나 완전히 소극적인 나약함에서 비롯하며, 저항하기에 무력한 행동이었다고조차 할 수 있습니다.

따뜻하고 다혈질인 여자들은 현혹되기 쉬운 데다 어떤 때는 정말로 미망에 빠집니다. 임파성 체질이라면 극도로 의지가 나약해집니다. 양보하는 데 익숙해지는 이런 여자들은 자신이 관대한다는 사실을 알고 있고, 자신을 그렇게 만드는 것이 무엇인지 잘 알고 있습니다. 거절하려는 노력은 지극히 힘든 대가를 치릅니다.

냉정하지 않은 여자들은 종종 쓰라린 회한을 맛보게 됩니다. 나는 충격적인 두 가지 예를 보았습니다.

매우 유복하고 아름다운 부인이지만 그녀도 어쩔 수 없이 마흔 살이 되었고, 좋은 남편과 큰 아이들과 살던 중 어느 날 아침 단조로운 행복이 지겨웠는지, 자신이 전혀 사랑하지도 않는 남자에게 안겼습니다. 그녀는 사악한 경험도 없었으니 쉽게 탄로가 났습니다. 그 나이에 빠지기 쉬운 슬픔과 자식들 보기 민망함이 그녀를 압박했습니다. 그녀는 나흘이 못 되어 사망했습니다.

스물여섯 살의 젊은 부인은 활달하고, 자신감 넘치고, 우아한 부인으로서 고상하고도 엄격한 모습에 영혼은 순수했습니다. 부인의 불행이라고 하자면, 저녁 때 살롱에서 듣고 싶어들 하는 열정적이고 아름다운 목소리를 가지고 있다는 것이었습니다―그러다가 이중창을 함께 부르던 남자가 그녀를 황홀하게 했습니다. 그녀는 열정도 없는 그의 예술에 취해버렸습니다. 그녀의 마음은 젊고 점잖으며, 그녀를 찬미하는 남편에게가 있었습니다. 불행감에 압도된 그녀는 지체 없이 남편에게모든 것을 털어놓고서 죽어버리겠다고 했습니다. 자신이 속죄할 방법을 찾아주지 않는다면. 하지만 남편은 충격에 놀라 그녀를 때릴 힘조차 없었습니다. 이 싸움에서 그녀는 노래하기시작했습니다. 그녀는 실성해버렸습니다.

내가 젊었을 때의 일이지만 이 기억은 지금도 생생합니다. 나는 그녀를 요양원에서 보았습니다. 심한 광기와 고통에 빠져의사들은 그녀를 방치했습니다. 남편은 매일 그녀를 찾았습니다. 그녀를 용서했다고 눈물로 맹세하면서, 이제 당신은 순결하고 순수하다고. 하지만 그녀는 전혀 이해하지 못했습니다. 망언을 그칠 때란 그저 그녀가 지쳤을 때뿐이었습니다. 그녀가받은 요법(약물치료 등)이 그녀를 완전히 망쳤습니다. 거의 산송장이 되어서 퇴원했지만, 그녀는 얼마 지나지 않아 사망했습니다.

그토록 심한 말인, 부정[간음]이라는 말을 판이한 다른 일에똑같이 사용한다는 것은 한심한 노릇입니다. 정말로 남편을 모욕하려 하고, 그를 조롱한 여자의 도착적 배신과, 타락한 뒤에야 자신이 타락한 것을 알 뿐인, 신중치 못해 당황해서 타락한여자에게 말입니다.

출장 중인 남편을 기다리던 부인이 깊은 그리움에 빠지다가,

338

그러다가 육체적으로 인내하지 못합니다. 그를 맞이할 저녁 준비가 되어 있었지만 그는 돌아오지 못했습니다. 남편은 열정적인 친구를 대신 보내 그 사실을 고하고 안심시키려 했습니다. 끔찍한 날씨에 친구가 물에 흠뻑 젖은 몸으로 도착했습니다. 그녀는 그를 닦아주고, 옷을 주고 저녁 식사를 해주고 재워주었습니다. 그녀는 그에게 남편만이 마시곤 했던 술을 대접했는데, 그 위험한 힘도 미처 모르고서 말입니다. 결국 두 사람은 정신을 잃었습니다. 당황해서 제정신을 먼저 차린 친구는 남편을 찾아 되돌아가 털어놓고서, 모든 것을 그의 처분에 따르겠노라고 했습니다. 어쩌겠습니까? 남편은 말했습니다.

"진짜 죄인은 술이지. 나도 죄가 있어. 여자가 기다려서는 안 되는 시간이었으니까."

폭우(피의 폭우)와 저녁에 즐거운 친구들과 친지와 우리가 철부지라 생각하는 아이들 사이에서 벌어지는 시골에서의 사소한 놀이가 지나치게 기회가 됩니다. 너무 헤프게 웃는 열띤 젊은 여자는 대담한 순간을 도발합니다. 누가 그것을 상상이나 하겠습니까? 누가 원하기나 하겠습니까? 아무도 없습니다. 그녀는 그저 울면서 돌아와야 합니다.

언제나 부정을 저지르게 하는 것은 권태와 지나친 지겨움입니다. 여자를 그렇게 내버려두는…. 남자의 생활은 더욱 바빠서 보통은 훨씬 즐겁습니다.

우리 시골에서 젊은 색시가 결혼한 지 2년도 안 돼서 이미 버림받은 모양으로, 만종 소리를 들으며 대여섯 노파들과 수다를 떨러(하품을 하며) 나가는 모습을 보는 것은 얼마나 씁쓸합니까!

또 독일을 여행하다보면 얼마나 자주, 도시의 발코니에서 작은 유리창문 뒤로 꽃과 새들 사이로 정다운 부인이 창유리 너머로 행인들을 물끄러미 바라보는 모습을 볼 수 있습니까. 아, 이 부인은 얼마나 따분했을까요! 나는 이렇게 혼잣말을 했습니다.

"사랑을 제대로 받지 못하는구나. 남편은 대체 어딜 간 걸까? 맥줏집 연기 속에 파묻혀 있겠지. 그래도 삶은 계속되고, 그의 집은 하느님의 가장 매력적인 선물을 헛되이 지키고 있으니."

사랑에 굶주린 여자들이 가장 많이 밖으로 돌아다닙니다. 반면 강하고 힘차게 사랑받는 여자들은 가장 충실합니다. 대부분의 프랑스 여자는 부부생활의 미지근한 규칙적인 생활을 못 견딥니다. 북쪽 지방의 여자들에게는 문제가 되지 않지만. 온화하고 겸손한 북쪽 여자들은 까다롭게 요구하는 법이 별로 없고, 가령 결혼이 외견상의 관계일 뿐이더라도, 즉 단순히 함께 사는 일일 뿐이라도 그냥 감수하며 불평하지 않습니다. 프랑스 여자들은 전부 아니면 전무입니다. 프랑스 여성은 최악 아니면 최상입니다. 완벽하든가 아니면 아무것도 아니든가 둘 중 하나입니다.

우리가 잘못 생각하고 있는 것이 있습니다. 종종 여자는 자신에게 즐거움과 기분 전환이 끝없이 필요하다고 생각합니다. 기본적으로, 사실은 정반대입니다. 여자들은 스스로를 잘 모릅니다. 재미를 찾아 돌아다니는 여자들은 그러느라고 정신이 없습니다. 하지만 자신들은 그것도 금세 지겨워질 것이라고 고백합니다. 그들이 진정으로 원하는 것은 "많이 사랑받고 또 자신을 돌보아주었으면" 하는 것입니다.

심지어 사업을 하는 숙녀도 일시적으로는 바쁘고 또 계산대에 붙어 있기도 하지만, 남편을 줄곧 끌어내는 바깥세상의 일의 흥분을 알지는 못합니다. 나는 여기서 젊은 가게 여주인을 봅니다. 젊고 예쁘고, 수수한 가게에 처박혀 리옹의 깊고 어두운 골목 속에 있는…. 그녀의 남편은 그녀를 사랑합니다. 단, 그는 낮에는 일하고 저녁에는 카페에서 지냅니다. 아내는 이 살아 있는 무덤이 지긋지긋합니다. 어떻게 그녀가 남자 친구의 말을 듣지 않거나 젊은 손님의 말을 듣지 않을 수 있겠습니까. 오고 또 다시 오는데 어떻게 즐거워하지 않겠습니까? 남편이 진정으로 그녀를 사랑한다면 상당한 몫을 해야 하고, 그녀를 가엾게 여기고 밖으로 나가 함께 산책을 해야 합니다.

시내를 벗어나지 않더라도 아래에서 위층으로, 밤에서 낮으로 움직이는 것만으로도 충분할지 모릅니다. 자신의 뜻보다는 상황 때문에 경박할 수밖에 없는 계산대에 나와 있는 이 작은 여인은 5층 방에서 더욱 잘 일할 수 있을 것입니다. 그곳에서 그녀는 푸르비에르의 동산과 기슭이 녹음으로 우거지는 것이나, 이보다 더욱 좋겠지만 알프스의 연봉을 바라보면서 가슴을 후련히 순화할 수 있을 것입니다.

"뭐요, 그게 다요?"

아닙니다. 이런 것은 별것도 아니겠지요. 중요한 점은 그녀를 사랑해야 하며, 그녀가 심심해하진 않는지, 고통에 예민해 있진 않은지 관심을 쏟고 등을 돌리지 말아야 한다는 것입니다. 그녀에게 다가가지는 못하더라도 그녀 곁을 떠나지는 말아야 한다는 말입니다. 그녀는 그것을 알게 되고서 이런 심경을 토로하겠지요.

"나 우울해 죽겠어!"

이 말은 "사랑이 필요해"라는 뜻입니다.

그렇다고 화내지는 마시길. 사랑이 필요하다고 했지 애인이 필요하다고 하지는 않았습니다. 사랑은 얼마나 많은 것에 적용됩니까! 이것은 어쩌면 아이에 대한 사랑이거나 어떤 생각에 대한 사랑, 또는 큰일에 대한 사랑이거나 완전히 새로운 생활에 대한 사랑, 낯선 하늘 아래서 관심을 쏟고 요구를 해대는 사랑 같은 것입니다.

다음과 같이 한심한 생각을 해서는 안 됩니다. 즉, 그런 일시적 기분 전환이나 구경이나 시골길 산책만으로 이런 심경을 바꾸기에 충분하다고 생각하지 않아야 합니다. 열정이나 커다란 변화가 필요합니다.

어떤 일이 닥치든, 또 그녀가 아무리 나약해져도 당신의 소중한 조강지처를 절대로 멀리해서는 안 됩니다. 가령 그녀가 나약하다면 그럴수록 당신이 더욱 필요합니다. 그녀가 수치스러워한다고요? 회개할 일을 저지른다면 그녀를 환자로 여기고 돌봐주고 보호해주어야 합니다. 나쁜 길로 빠져들었다면 단 한 시도 지체하지 말고서 그것을 멀리하도록 하고, 그녀에게 최상의 환경을 찾아주고서 힘차면서도 부드럽게 그녀를 교정해야 합니다.

그녀가 어떻게 했든 그녀는 당신 것입니다. 이름을 합쳤고, 육체적으로 깊고 완전하게 하나가 되었기에 두 사람의 결별은 환상일 뿐입니다. 당신의 아이를 한번 배태했던 여자는 어딜 가든 자신 속에 남편을 간직하고 다니는 셈입니다. 그 증거가 있습니다. 첫 번째 임신 기간은 얼마던가요? 10년인가요? 20년입니까? 평생입니까? 확실한 것은 과부가 종종 재혼한 남편에게서 전남편을 닮은 아이를 낳는다는 사실입니다.

여자는 자신의 모든 것을 결혼에 바칩니다. 다른 어디에 주겠습니까?

남자는 여자보다 자연으로서나 법적으로나 훨씬 유리합니다. 이혼을 요구하지 않을 아량이 있습니다. 가령 여자가 이혼을 요구한다면 그녀는 모든 것을 잃을 것이고, 이는 놀라운 일이며, 그녀가 해방되어야만 할, 학대와 잔인한 대접을 받는 경우가 아닌 한 무의미할 듯합니다.

당신 또한 그녀를 떠날 수 없습니다. 왜냐하면 그녀로서도 그것은 얼마나 위험하겠습니까. 그녀를 받아들인 애인이 당신을 통해 변신한 그녀 어디에서나 당신의 반영을 발견하고 역겨워할 때, 그녀에게서 당신의 목소리와 말과 몸짓을 보고 놀라고, 그보다 더욱 예민한 자취들까지도 보게 될 텐데 말입니다!

그녀는 심지어 애인의 아이를 갖고서도, 그 아이는 당신의 아이이고 또 그녀가 아이에게 줄 확률이 큰 당신의 용모를 보일 정도로 당신에게 속해 있습니다. 그녀의 새 남자가 그녀에게서 실제로 깊은 것이라고는 아무것도 얻을 수 없다는 것을 알게 되는 벌을 받게 될지도 모릅니다. 이렇게 가장 결정적인 점에서, 즉 생식의 결합에서 그는 그녀를 부정하게 하지는 못하니 말입니다.

이 불운한 여인이 머지않아 버림받는다면 무엇이 남겠습니까! 가령 가정을 잃고, 일시적인 쾌락만으로 그녀를 원했을 사람의 지붕 밑에서 살 수도 없게 된다면 말입니다. 그러니 어쩌다 계제가 나빠(모험에 빠진), 당신 것이었고 또 당신의 것인 사랑하는 여자를 버려서는 안 됩니다. 위험을 자초하는 여자는 매우 드물기 마련입니다. 아주 고약하게 천대를 받지 않는 한 여자가 익숙한 자기 집을 떠나는 경우는 거의 없습니다. 여전히 그것을 사랑하는데, 좀 의아하지만 확실히 그렇습니다. 변덕을 부렸던 여자들도 일시적 취미의 대상보다는 자기 남편에게 더욱 애착을 갖습니다. 만약에 그녀가 궁극적으로 누군가를 선택해야 한다면, 여자는 보통 자신의 처녀성을 바친 사람을, 자기 피 속에서, 즉 그 생명이 자신의 생명인 사람을 택하곤 합니다.

☙

"아내가 골백번 잘못했더라도 그녀를 때리지 말라. 꽃 한 송이로도 때리지 말라."

인도 사람이 먼저 한 말이지만 이 말은 우리 마음에서도 똑같습니다.

여자를 때리다니! 하느님 맙소사! 우리 사랑의 여왕인 여자는 그토록 순종하는 여왕이고 매일 밤 남자에게 그칠 줄 모르는 힘을 주고, 자신을 수태하게 하는 힘을 주는 여왕입니다.

보통은 온순하고 나약한 여자에게 가혹한 처벌로 수치를 안겨준다는 것은 얼마나 천박하고 비열한 짓입니까!

중세의 여자들과 오늘날 일부 민족의 여자들은 엄격한 부부생활을 꿋꿋하게 감내했고 또 감내하고 있습니다. 오늘날 그토록 신경이 과민한 여자들이 그렇게 한다면 이는 매우 위험합니다. 견디지 못하고 죽어버릴지도 모릅니다. 비록 죄를 짓고 겁에 질렸다 해도, 여자를 아껴야 합니다. 자기 목숨과 이성을 포기하려들 만큼 엄청나게 후회하는 절망에 빠졌을 때에, 그녀가 자신을 내놓고 간청한다면, 영혼의 고통을 줄여줄 정도의 가벼운 체벌로도 충분할 것입니다.

❧

아무튼 최상의 요법은 여행입니다. 잠시 일손을 놓고, 당신이 묶인 이해관계를 떠나서 그녀와 한 계절 멀리 함께 떠나도록 합시다. 요즘 많이 들리는 천박한 말일랑 하지 맙시다.

"더는 딴소리 맙시다. 그녀가 어떻든 나는 그녀를 여기서 지킬 것이고, 또 다른 것들도 지킬 것이니. 매일 그녀에게 고통을 주고, 그녀와 애인에게 내가 겪은 만큼 고통을 나누게 하고. 그녀는 내 곁에 가구처럼 남아 있게 될 것이고, 쾌락의 도구로서. 아, 나머지 다른 일은 아무려면 어때?"

그렇지 않습니다. 문제를 끝까지 쫓아 올라가야 합니다. 고민하고 그녀를 순화해야 합니다. 일단 그 환경을 벗어나 새로운 사회와 다른 언어 속에서만, 그녀는 오직 당신하고서만 완전히 다른 사람이 될 것입니다. 그녀를 위해 일한 당신과 또 그녀를 부양하는 당신과 더불어, 그녀에게 절대로 그녀 자신의 불운을 상기시키지 않는 사람과 함께라야만 쓰라린 생활을 가져다주지 않고, 그녀를 정답고 소중히 다루는 사람과 함께여야

만 그녀는 되돌아오고, 몹쓸 꿈에 대한 막연한 기억이라는 과
거의 세계에 더는 속하지 않을 것입니다. 수많은 새로운 필요
에 둘러싸인 완전히 새로운 상황에서 두 사람은 서로 새로워질
수 있습니다. 유럽에서 두 명의 아이를 가질 수 있다면, 그곳에
서는 열두 명을 가질 수도 있습니다. 힘차고 악착같고 아름다
운 당신의 부인은 이곳이라면 당신을 황폐하게 할지 모릅니다.
하지만 그곳에서라면 그녀는 당신을 구할 것입니다. 용감하고
부지런한 훌륭한 아내로서 그녀는 당신의 운을 도울 것입니다.
그녀는 당신과 둘이서 옛날을 되살리는 것을 좋아할 것이고,
늙어서 당신들은 함께 고국으로 돌아올 수 있을 것입니다.

9
신체의 치료

여자들을 풍부하게 치료해본 경험이 있는 외과의사는 다음과 같은 사실을 주목하라고 했습니다. 앳된 처녀 시절에는 조금 냉정하던 여자들이 반대로 중년기와 갱년기에 접어들면서 사랑받고 싶다는 간절한 욕구를 느낀다는 것입니다. 때론 서른다섯 살부터, 즉 정상적인 폐경기에 이르기 10년 전부터, 혈액순환이 불규칙해지고 멈추고 일순간에 목이 부어오르기도 한답니다. 이러면서 모든 종류의 별이 나타납니다. 열렬한 꿈과 짜증, 타오르는 욕정과 후회 등.

남편은 그녀를 멀리하고 그녀의 눈을 속이고서 자신과 즐길, 사실상 그에게 거의 관심도 없는 젊은 여자들에게 아무 생각 없이 달려갑니다! 그의 진정한 힘, 아파하는 여자의 시정신과 지성과 깊은 마음을 그는 몽땅 잊어버립니다. 얼마나 사로잡혔던 영향력이었습니까! 얼마나 강하고도 그윽했습니까! 아내

348

그 자체는 고통의 상처로 인해 과일 중의 과일이요, 수밀도요, 시련을 겪고 나서 더욱 값지게 된 존재입니다.

눈이 있고 볼 줄 아는 남자라면 이미 이때를 이해합니다. 인상은 가장 아름답게 두드러지고, 그 사랑의 상태는 고뇌의 나이를 준비하도록 하는 자연의 손에 쥐여 이미 더욱 겸손해지고, 화려함을 찾지 않고 행복을 원한다는 것을. 의무와 미덕을 다했고, 사랑을 따라 걸었으며, 또 현명했던 여자라면 자신을 벗어나는 남편을 생각하는 시간에 상당히 애처롭게 한숨지으며 이렇게 말합니다.

"이게 뭐야! 벌써 가버렸다니!"

북쪽 지방에서 날씨 탓에 흔히 발생하는 결핵을 제외하면, 유럽에는 큰 병이 두 가지 있습니다. 이 두 가지 모두 우리의 열정과 사고와 의지에서 비롯합니다.

"남자는 강하고 싶어합니다." 그러다보니 나쁜 길로 빠지고 강장제를 과용합니다. 그는 너무 지나치게 먹고 마셔댑니다. 모든 질병은 소화기관에서 비롯합니다.

"여자는 사랑받고 싶어합니다." 그러다보니 성기와 자궁이 고통을 받습니다. 직접적이든 간접적이든 이 모든 병은 자궁에서 비롯합니다.

이런 프로테우스[변화무쌍한 바다의 신]의 형태는 매우 다양합니다. 그것은 멀리까지 미칩니다. 만약 당신이 진지하게 참을성을 갖고서 환자의 삶을 거슬러 짚어본다면, 결국 가슴과 내장의 병 등 이런 이유라고 하기에는 이상하다고 생각했던 병이 10년 전, 15년 전부터 마음의 슬픔 때문에 시작되었음을 알게 될 것입니다.

여자에게서 아무것도 천박한 것은 없고 모든 것이 시적입니다. 일반적으로 여자는 사랑이, 남자는 소화불량이 화근입니다.

여자가 이런 특이한 말을 하는 것을 자주 듣고 우리는 웃지만, 이보다 더 심각한 것은 없습니다.

"어째서 골치가 아프고, 이가 아파? 울화가 나고?—제대로 사랑받지 못해서지."

이렇게 설명을 했으니, 이제 앞의 8장에서의 진흙탕을 거둬내고(간통과 이혼이라는), 나는 내 마음대로 우리의 이상형인, 타락할 줄 모르는 여자에게로 되돌아올 수 있게 되었습니다. 다정한 남편에 기대어 그에게 아무것도 감추지 않고, 어둠에 빠지지 않고서 암초를 제거한 여인 말입니다. 우리는 그녀가 어떻게 자신의 몽상에서 깨어나고 또 환상으로 품었던 우상을 지워버렸는지 보았습니다. 그렇다면 아무것도 남은 것이 없이 깨끗할까요? 그렇지는 않습니다. 덕이 있는 여자라도 아픔을 겪지 않고서는 이것을 청산하지 못하며, 자신이 사랑받지 않으면서 사랑했다고, 고통도 없이 고백하지는 못합니다. 물론 그녀는 남편의 사랑을 받았음을 알고 있습니다. 그녀는 남편의 다정한 마음과 힘을 느낍니다. 그러면서도 바로 이런 점이 또한 그녀를 괴롭힙니다. 타락했다고 느끼는 가운데, 그에게 자신이 그가 생각했던 하늘의 피조물도 하느님의 천사도 아니었다고 털어놓으면서, 결국 그가 없으면 타락했을 것이고, 자신이 보살핌을 받아야 한다는 사실을 말할 수밖에 없습니다. 그녀는 이렇게 의심합니다.

"생각만 했어도 죄를 지었다고 할 수 있는 것 아닐까? 아니면(얼마나 창피한 일이야!), 타락하지 않았다고 후회하지 않을까?"

따라서 두 가지 사랑 사이에서, 의심과 신중 사이에서, 제대로 회복되지 못한 마음의 조수에 흔들리면서 그녀는 나약해지고 기운을 잃고 시름을 앓고 창백해집니다. 다혈증과 폭풍이 지난 뒤에 거대한 탈진 상태가 찾아듭니다. 이미 병을 예상하게 됩니다.

우리 자신의 개인적인 질병 외에도, 우리는 요즘 조상으로부터 물려받은 오래되고 알 수 없는 병에 시달리고 있습니다. 우리 자신의 힘으로 나타나는 것이 아니라, 우리 속에 잠복해 있다가 우리가 약해지는 바로 그날 우리를 붙들고, 정복하고, 때로는 놀라운 모습으로 우리를 죽음과 같은 공포에 빠트리며 터져나옵니다.

이 책은 한가한 이야깃거리가 아닙니다. 만약 청년이 가벼운 마음으로, 또는 섬세하고 콧대 높은 젊은 숙녀가 우연히 이 책을 읽게 된다면, 용기가 있어야 할 것입니다. 왜냐하면 이 책은 항상 진지하고, 자연(본능) 앞에서 물러서지 않을 것이기 때문입니다. 게다가 본능은 소품이 아닙니다. 이 책의 핵심적 주제이자 사랑의 강한 증거이기 때문입니다.

희고 붉은 붓꽃을 꿈꾸는 열여섯 아이들의 사랑은 사랑이라 부르기 어렵습니다. 피상적인 욕구, 가벼운 감각의 떨림입니다. 하지만 우리가 "사랑은 죽음만큼 강하다"라고 말하는 사람의 사랑은 완전히 강건합니다. 이런 사내를 죽음 앞이 아니라 어쩌면 더욱 힘들, 병든 여자 앞에 과감하게 데려다놓아봅시다.

어떤 여자냐고요? 유전적이고 운명적인 환자, 자신도 모르는 수치스러워하는 병에 걸린 여자입니다. 순수하고 정숙한 여자가 나중에 드러나게 되는 병의 원인을 피 속에 갖고 있는 경우가 적지 않습니다. 그 고운 꽃, 눈부신 금발의 여인이(루브르 박물관에 있는 뤼벤스의 「네레이드」처럼) 이내 아기를 갖게 되면 연주창이 발생한다는 것을 알 수 있습니다. 짙은 피부의, 깊고 시원하며 고혹적인 눈의 또 다른 여인은 당신의 마음을 타오르게 할 텐데, 아이고!

그 가슴을 에는 미소 속에 당신에게 박히는 사랑의 작살은

352

그녀의 가슴을 삼키고 있는 지독한 암이 퍼트리는 아픔입니다.

탁월한 에스파냐 사람인 레몽 륄리(그의 개종의 계기가 되었다는 전설로)가 자신을 사랑하면서도 아무것도 허락하지 않았던 숙녀를 쫓아갔던 이야기를 들어봅시다. 대담한 욕망에 사로잡혀 그는 그녀를 교회까지 뒤쫓아갔습니다. 그곳에서 어둠을 핑계로(에스파냐 성당은 대개 아주 컴컴합니다), 그녀가 마침내 그를 향해 몸을 돌렸지만 그에게 자신의 썩어가는 가슴을 보여주었습니다. 그가 어떻게 했을 것이라고 생각합니까? 그는 그곳을 도망쳐 나왔습니다. 그리고 이 기사는 의사가 되었다가 설교자가, 그리고 연금술사가 되었습니다.

그는 그녀를 사랑한 것이 아닙니다. 그가 진정으로 사랑했다면, 그런 폭로로 그녀를 얼마나 더욱 애틋하게 붙잡았겠습니까! 정을 쏟는다고 할 수 있을, 강하게 묶이고 헌신할 기회 아닙니까! 반면에 우리 시대에 명예롭게도, 탁월한 사상가 한 사람은 이와 비슷한 상황에서 훨씬 많은 것을 바쳤습니다. 그는 그 무구한 희생자의 불행만큼 커다랗게 그녀를 안았습니다. 그는 섬세하게 배려했습니다. 그녀 자신도 모를 만큼 모든 사람의 눈을 피하고. 아! 그의 사랑이 얼마나 깊었습니까! 자연과 운명에 맞서 그 둘이 서로 부둥켜안고 있는, 군중 한복판의 그 사막에서, 그들은 바로 그런 것을 느끼게 할 만한 마음으로 모든 이의 선망을 받았을 것입니다. 이것이 진정한 사랑의 신전 아니겠습니까. 죽음을 이겨내고, 이 세상에 세우고 싶어했던.

고통은 여자의 삶 그 자체입니다. 여자는 남자보다 더욱 쉽게 아픔을 겪습니다. 또 거기에 더욱 쉽게 굴복합니다. 어쨌든 그녀에게 무자비한 것은, 우리 인간의 잔인한 본능을 드러내는 이런 병이 그녀에게서 셀 수 없이 많은 천하고, 슬프고, 흉측한 면으로 나타난다는 점입니다. 여자라면 누구나 우리가 그렇게 믿고 또 자기 자신도 그렇게 믿는, 이 지상에서 벗어난 신성한 순간 같은 한 시절이 있게 마련입니다.

이 시절에 대한 추억이 그녀를 따라다니고, 그녀 자신을 고상하게 합니다. 그녀를 일시적으로 자리에 눕게 하는 출산이라는 극적인 사건조차 그녀를 매우 시적인 상태로 만듭니다. 하지만 병든 여자는 이런 효과조차 없습니다. 그녀는 자연(본능)이 가장 악착같이 감추려드는 것을 늘어놓으면서, 무겁게 바닥에 끌려갑니다. 병과 그 진행된 국면과, 치료라는 세 가지 혐오스런 것들을.

이런 일을 감출 수 있기만 해도 환자는 조용히 아픔을 견딜 수 있습니다. 하지만 질병이란 흉측한 모습과, 자신을 두드러지게 하는 믿기 어려운 풍화(상처의)를 고의적으로 드러내는 도착적인 경향을 보입니다. 끝없이 고약하게 반복되는 염증 같은 것들, 머리카락 속에서 돋아나는 수포, 이런 것만으로도 절망에 빠지기에 너무나 충분합니다. 나는 이런 병으로 눈부시고 곱던 젊은 부인이 쓰러지는 것을 보았습니다. 그녀는 죽고 싶어했을 것입니다.

이때부터 목격담이 지나치게 퍼집니다. 하녀를 내보냈습니다. 남편의 질문을 받고 병든 여자는 울며 하소연합니다.

"창피해서, 여보. 이 애가 사방에 떠벌이고 다닐 테니까요.
– 울지 마. 나 혼자서 돌봐줄 테니. 누구도 그렇게 못 할 거야.
– 하지만 당신도 역겨워하고 있잖아! 당신 때문에 제일 괴롭다는 걸 몰라요?"

꽃피는 나이를 지난 여자가 병드는 심각하고 무서운 원인은 자기 능력을 의심하는 것 때문입니다. 이런 의심은 어느 날, 예상을 깨고서 남편이 성공과 야심의 절정기에 중요한 인물로서 모든 것을 잊고 모든 것을 희생하면서, 그녀에게 봉사하고 그녀를 행복하게 돌봐주면서, 그녀가 항상 가장 소중하고 유일한 생각이라는 점을 입증할 때 사라집니다.

"여보, 당신이 한창 큰일을 하느라 바쁠 때 이런 모습을 보이니 안쓰러워요, 내 불행 때문에. 안타깝기 짝이 없어요. 그냥 절 내버려두세요."

그녀는 이렇게 말하지만 흐뭇하게 웃습니다. 그녀의 정신 상태는 아주 차분해집니다.

병이란 불화입니다. 또 건강이란 조화입니다. 우선 중요한 배려는 환자 주변을 외적으로 차분하게 해주는 것입니다. 만약 매일 이웃과 친구, 어른들이 조언을 한답시고 찾아들어 당신들의 의견에 반대한다든가, 그들의 의사를 데려와 결정적인 위기를 더욱 부채질하고 심지어 안절부절 못하는 환자의 정신까지 매번 의구심에 빠지게 한다면, 이런 평안은 물 건너가고 맙니다. 그런 의구심만으로도 이미 큰 병을 계속 다른 것으로 키우고 심하게 악화시킵니다. 그렇게 되면 어떤 치료도 소용없게 됩니다. 조용히 고독 속에서 평안해야 합니다.

신체 기관이 휴식을 취하게 되면 대부분의 병은 회복에 들어갑니다. 거의 언제나 신경을 날카롭게 긴장시키고 평소의 균형을 깨뜨리는 것은 과장된 생각과 들뜬 감정입니다. 병을 초래한 원인과 멀리 떨어져서, 더욱 나약하고 쇠약해진 상태에서 몸과 마음을 일종의 침잠에 들어가도록 합니다. 그러면 사태를 더 잘 판단하게 되고 과장하지 않게 됩니다. 전체적인 조화와 하느님의 의지와 더불어 완벽하게 어울려 보람 있게 살고 싶어 합니다. 자신의 병에 무지하지 않다는 것을 이해하고, 그것을 받아들이고 겸손해집니다.

자연을 더는 비난하지 않습니다. 아무튼 다른 점에서 우리에게 절대로 무심하지 않은 자연입니다. 병에 역정을 내지 않고

급히 회복되려고 안달하지 않는 사람이 사실은 더욱 빠르게 회복합니다.

그래도 병든 여자가 자신의 완전한 세계를 삼는, 사랑하는 사람의 손을 잡고 오직 그 한 사람을 느끼는 것보다 환자를 더욱 안심시키고 인내하게 하는 것은 없습니다. 그렇게 오래 머리를 맞대고 있으면 신혼 초의 달콤하던 두 사람만의 시간이 연상되면서, 그녀는 병들었음을 겸손하게 받아들이고, 자신의 속내를 털어놓고 정신을 차립니다.

해가 지고 아직 희미한 빛이 남은 초저녁에, 약간 야윈 그 작은 손을 당신의 손에 얹고서 그녀는 가슴속의 모든 것을 털어놓습니다. 그녀는 마치 혼잣말을 하듯이 당신에게 말합니다. 당신은 그녀의 손에 입 맞추고. 그녀는 자기도 모르는 사이에 거의 꺼내지도 않던 말을 이어가게 됩니다. 나약한 여자라면 말했어야 했던 자신의 꿈과 환자로서의 선망과, 본능에 대한 사소한 두려움을 말입니다.

"내가 만약 죽으면, 여보…? 그래도 자기를 떠나고 싶지는 않아. 하지만 하느님은 우리를 불쌍히 여기시겠지!"

이렇게 말문이 터지면 이때부터 그녀는 더욱 이것저것 자신이 숨겼던 큰 잘못까지 모두 털어놓습니다. 이런 그녀는 모두 털어놓고 완전한 고해성사를 합니다.

"뭐라고? 별것도 아니잖아. 그게 다야?

– 정말이지 너무 많아요. 다른 짓도 했겠지만 기억이 안 나

357

요. 하지만 그래서 뭐 어떡하라고요? 여보, 당신 내 손에 눈물을 흘리게 해서 뭐하겠어요?"

밤이 깊어지고 달빛조차 없습니다. 하지만 반짝이는 별빛으로도 둘은 환하게 마주볼 수 있습니다. 그녀는 조금 지쳤습니다. 그녀는 잠이 들고, 당신 손을 꼭 잡은 채 이런 밤을 보내고 나서부터 큰 평안을 느끼게 됩니다.

결혼은 고백입니다. 두 사람의 결합은 두 마음의 평화입니다. 그것에서 시작했던 것으로서, 두 사람은 서로 모든 것을 털어놓습니다. 이렇게 함으로써 정신적 평화와 안정이 몸에 되돌아옵니다.

무엇보다도 그녀를 제삼자, 특히 남자에게 맡긴다면 그녀가 순화되기는커녕 그나 그녀 모두 태풍에서 태풍으로 말려드는 셈입니다. 정신이 흔들리고, 몸이 병들어 고통받는 사람이 충분한 안식을 되찾자면, 그의 이런 고통을 진정으로 나눌 수 있는 그녀의 반쪽이 그녀에게 무한한 사랑과 믿음을 주고, 또 아무것도 요구하지 않고서 그녀에게 모든 말을 털어놓도록 이끌어야 합니다. 그녀가 그 어느 때보다 사랑받고 있다고 확신하도록!

일단 이렇게 안정을 찾게 되면 이 두려움에 싸인 가엾은 여

남자로서는 당당히 죽는 것, 젊어서 죽는 것, 적어도 한창 때 죽는 것이
아름답습니다. 그를 불쌍히 여기지 맙시다. 하지만 여자는 어떻습니까! 일에
매달려 바쁘게 살아왔던 남자는 아마 이런 큰 애도를 느끼지 못할 것입니다.
하지만 여자는 아이고! 그녀에게서 그 충격은 또 얼마나 오래 질질 끕니까!
생각하기도 어렵습니다.

자를 더욱 튼튼하게 해야 합니다. 그녀가 죽음을 무서워한다고 생각해보고, 모든 일을 분명히 말해야 합니다. 공연한 영웅심을 부려서는 안 됩니다. 원래 너그러우신 하느님을 예배하면서 성장한 당신이니 우리 모두의 운명을 직시하는 것은 어렵지 않습니다. 하지만 영원한 지옥의 교리에 익숙한 그녀는, 당신의 다른 생각을 받아들이더라도 자신의 고통과 박약함 때문에 거기서 딱한 메아리만을 느낍니다. 그런 것을 감출 줄 모르는 그녀는 마치 병든 아이처럼 당신 품에 안깁니다. 바로 이때가 중요합니다.

당신은 부드러우면서도 강해야 합니다. 아내와 덩달아 나약한 모습을 보이면 안 됩니다. 눈물을 꾹 참고, 또 그러면 아내는 당신을 견고한 지지대로 여길 것입니다. 우리가 모든 것의 정확한 법에 따라 거기에 기대 사는 것 못지않게 죽기를 바라야 하는 위대한 조화의 사고로써, 고통과 걱정으로 위축된 그녀의 여성적인 혼을 펼쳐줍시다. 거기에 치러야 할 것이 무엇인지 잘 알고, 또 그 순간 당신이 역겨워하는 죽음이라는 이름의 하느님의 사업을 인정하고 용서하는 엄청난 노력을 모르지 않습니다. 그래도 그렇게 믿어야 합니다. 죽음은 종종 자신을 따뜻하게 바라보는 사람들을 아끼기도 합니다. 당신에게 완전히 의지하고 또 당신의 마음에 기대어 사는 그토록 소중한 사람이 그렇게 죽어간다는 생각을 인정한다면, 하느님이 강하게 요구하게 될 때 그녀는 살아날 기회가 더욱 많아집니다. 영생

에 대한 희망은 이 세상에서 우리를 살게 하는 데에 무용지물
만은 아닙니다.

이 엄청나고 어두운 때를 위해 필요한 권위와 힘을 비축해둡
시다! 우리가 곧은길을 지킬 수 있어야 하고 또 우리가 사랑하
는 것을 위해 유능한 고해 신부와 합당한 사제를 기다립시다.
남자의 제단이었던 여자, 그토록 번번이 남자를 무한으로 이끌
던 여자가 그렇게 어려운 날, 그녀를 위해 하느님의 용서를 빌
어줄 그 중개자로서 다시 찾도록 말입니다.

비록 당신이 무력하고, 바쁜 인생살이를 하면서 세상의 오점
에 조금 물들었더라도, 사랑이 당신을 새롭게 해줄 것입니다.
그 모든 것을 위해 사랑의 불꽃이 타오를 것입니다. 그러면 당
신은 미처 알지 못했던 마음 한구석에서, 당신에게 맡겨진 여
자를 지지하려는 신성한 욕구의 커다란 힘을 찾게 될 것입니
다. 그녀는 오직 당신만의 것입니다. 살아서든 죽어서든. 그녀
가 살든 당신 품에서 하느님께 떠나든 오직 당신에게만 기대고
있을 뿐입니다.

신부님과 의사는 어떻게 다릅니까? 나는 그 차이를 모르겠
습니다. 만약 의술이 완벽한 고백으로써, 세계의 전체적 조화
에 대한 겸손과 화해로 시작하지 않는다면 그것은 맹목적이고
비지성적이며 소용이 없습니다.

361

여자일 경우 누가 그렇게 할 수 있습니까? 이미 전부터 그녀를 알던 사람이거나 그녀 자신일 수 있습니다. 자기 자신이야말로 타고난 자신의 주치의입니다. 그 정신과 육체에 대해.

정신과 육체가 완벽하게 조화를 이룬다면 서로 불가분합니다. 사랑하는 사람을 위해 모든 것일 수 있다는 깊은 행복을 꿈꾸면서 정신적 육체적 공부에서 발견할 수 있는 용기는 얼마나 크겠습니까!

장래에 교육은(그 쓸모없는 것을 덜어내고) 항상 의학과정을 포함하게 될 것입니다. 현 상태는 모순투성이입니다. 생명이라는 것이 무엇인지, 그것을 어떻게 유지하는지, 어떻게 치유하는지 그 일차적인 것을 누구나 알아야 합니다. 그런데 이런 공부는 정신적으로는 그토록 경이로운 실험이어서 그것을 하지 않는 사람들을 "인간"이라고 하기조차 어려울 것입니다.

심지어 의사에게 아픈 것과 오해하지 않도록 그것을 정확하게 설명하려면, 자신이 의사가 되어야 합니다(4분의 3정도는).

대부분의 사람은 스스로 자신을 치료할 수 없다고 할 것이고, 자기 가족을 치료할 수 없다고 할 것입니다—이 말은 더 잘 아는 사람들을 다루기가 더욱 불가능하다는 말이겠습니다. 나는 이 문제에서 남쪽 지방의 의사 한 사람이 내게 해주었던 말을 마음에 새기고 있습니다.

"내 아들, 내 아내는 반드시 내가 치료해야 합니다. 동료들이 나보다 지식이 부족할지 모른다는 이유 때문이 아닙니다. 여기에서 나는 그들보다 훨씬 더 유리합니다. 치료할 대상에 대해 그 잎새부터 뿌리까지 철저히 알기 때문입니다. 내가 낳은 자식은 바로 나입니다. 나로 변신한 아내는 결국, 그녀 또한 나 자신 아닙니까."

개별적 인격은 항상 진보합니다. 옛날의 의술은 모르는 것이 많았는데도 종종 용했습니다. 왜 그럴까요? 환자든 병이든 모두 큰 계층적 세계로서 모든 것을 행했기 때문입니다. 누구나 의술을 행할 수 있었습니다. "전반적"으로 말입니다. 기질을 결정하고 있는 계층과 직업은 우선 병과 요법에 필요한 정보를 제공하고 또 지적했습니다. 하지만 지금 계층이 끝나고 계급에 따른 의술도 끝났습니다. 의술의 마지막 영광은 이미 말했듯이, 커다란 군대의 잔재에서 나온 의사입니다.

모두가 변했습니다. 어떤 사람도 다른 사람과 비슷하지 않고, 모두가 특별하고 독창적이며, 아주 복잡한 '개인'으로서 이전에 전혀 결정된 것이 업습니다. 이 '개인'을 이해하자면 많은 연구를 해야 합니다. 매우 꾸준하게 일련의 엄청난 관찰을 해야 합니다. 이런 관찰이란 대도시 의사들은 특히 할 시간이 없습니다.

이와 같은 수수께끼, '개인'은 그를 철저히 알지 못하는 사람의 손에서 치료될 수 없습니다. 가장 밑바닥까지, 이 부분 저 부분에서, 그의 현재와 과거에서, 또 다른 자신으로서 그의 속에 들어앉은 듯한 사람이 아닌 한.

그와 같은 사람과 함께 있는 시간이 많을수록 당신이 회복할 가능성도 그만큼 커집니다.

가령 당신이 그런 사람과 오랫동안 함께 살고, 습관과 사랑을 통해서 거의 동일해진다면, 당신 자신에게서 매번 그녀 속에서 벌어지는 것과 유사한 현상이 벌어지고, 결국 당신의 신체 기능은 그녀의 기능을 보여주게 되고, 당신은 이런 사람보다 먼저 더욱 가까이에서 그녀에게 적합한 것과 아닌 것, 진짜 아픈 것과 또 회복에 무엇이 가장 좋을지 거의 정확하게 결정할 수 있습니다.

"여자는 무엇인가? 환자다." (히포크라테스)

– 그렇다면 남자는 무엇인가? 의사입니다.

당신 외에 밖에서 부를 수 있는 최상의 의사라도 몇 가지 질문에 답할 수 있을 뿐입니다. 증상에서 그는 위기만을 봅니다. 이런 것은 무익합니다. 환자의 생활을 알아야 합니다. 환자의 완전한 고백을 듣자면 시간과 인내심과 또 재능마저 필요합니다! 그렇다 해도 환자가 답할 엄두를 낼까요? 별것 아닌 것에 그치고 말아야 하곤 합니다. 그렇지만 남편은 모든 것을 압니다.

당신은 무슨 웃기는 소리냐고 하겠지요. 어떤 사정을 가장 잘 숨길 수 있는 능란한 위장자라 하더라도, 전체적으로, 오직 함께 산다는 사실만으로도 그녀를 훤히 알 수 있다는 것까지 방해하지 못합니다. 남편은 그녀를 외적으로 드러난 모든 것에서 오감으로 간파합니다. 그는 그녀의 내부적인 작용을 알고 있고, 그녀의 시간, 하루, 한 달과 그 주기적인 변덕으로 알고 있습니다. 그녀의 기분과 생각과 아주 사소한 욕구까지 예상합니다. 누가 이렇게 끔찍한 부분까지 알 수 있겠습니까? 사랑하고 사랑받는 사람, 악착같이 만족할 줄 모르고, 그녀 자신조차 잊고 있던 것까지 모든 것을 느끼고 주목하하는 사람입니다. 게다가 더욱 좋은 것은, 그는 놀랍게 그녀에게 작용한다는 것입니다. 공동생활과 수태와 임신과 또 거기에 따르는 깊은 변신을 통해서 "그는 이 여자를 만들었습니다." 남편은 이런 의미에서 아내의 아버지입니다. 아기인 것과 마찬가지로.

그는 그녀를 만들었고 또다시 만들 수 있습니다.

최소한 누군가 그렇게 할 수 있다면 그건 바로 남편입니다.

모든 것의 창조자, 사랑의 신은 여기에서 전능한 수선공입니다. 그가 지키고, 미지근해졌을 때 힘과 열정으로 이런 상황을 얼마나 잘 타개합니까! 누가 병든 여자를 사랑하지 않겠습니까? 그녀에게 모든 마음을 줘오지 않았습니까? 그녀는 비록 한 때 잠시 경솔했다 하더라도 그런 것을 어떻게 기억하겠습니까? 자연의 손에 모욕을 당하고, 흉한 모습을 보일까 걱정하면서 사실상 그녀는 그 어느 때보다 더욱 매혹적입니다. 별것 아닌 것까지도 그녀는 이제 용서를 구합니다. 그녀는 진실로 감사하는 마음에서, 감동적이며 감미로운 말을 찾아내게 됩니다. 그녀의 마음은 완전히 달라집니다. 바로 이때 큰일이 벌어집니다. 자연의 가혹한 시련이 어떤 인간의 문화로도 빚어낼 수 없을 세련된 정신을 끌어냅니다. 사랑은 여기에서 바로 그 겸허를 통해서 더욱 깊어집니다. 부드럽게 또는 순진한 어린애 같은 수줍음, 여자는 바로 이런 모습이 됩니다. 그런데 어떻게 찬미하지 않을 수 있겠습니까?

사랑과 수치심의 눈물겨운 싸움이지요! 하지만 여자를 겁에 질리게 치료해야 할 때는 이 수치심을 거두어야 합니다, 발포제〔고약을 붙이거나 포진을 터트리는 약〕를 발라야 할 때처럼. 만약 혼자 놓아둔다면 그녀는 차라리 죽어버릴지도 모릅니다. 죽음을 물리치기보다 더한 걱정입니다.

"이런 꼴을 그이한테 어떻게 매일 보게 한단 말이야! 모든 사랑이 꺼져버릴 텐데!"

부드러운 치료의 손길을 매일 받으면서도 그토록 창피해하는 이 가엾은 여자는, 남편이 그녀를 여전히 여자로 본다고는 짐작도 못 하고 동정심만 요구합니다. 그녀는 욕망이 끝났다고 생각합니다. 또 그녀가 여전히 사랑의 불꽃이 타오르는 것을 알면 그 놀라움은 크고, 그녀의 감정은 극단적이 됩니다. 사랑이 알고 있고 보고 있는 모든 것에 여전히 남아 있다는 그 훌륭한 무심함에 말입니다.

이렇게 그녀는 이런 위대한 마음의 힘이 절대적으로 모든 것을 바꾸고 변화시킨다는 것을 이해하기 시작합니다. 자연에 복종하는 종이면서 또한 그 왕이라고 생각하는 사랑의 독립성을 이해하기 시작합니다.

"이게 뭘까, 내가 아직도 기쁨을 줄 수 있다니! 내 애무의 손길에 그이가 행복해하잖아! 내 키스가 그이의 보상이야!"

이렇게 그녀는 기운을 차립니다. 여자로서의 위신도 돌아옵니다. 건강까지 되찾는 것은 물론입니다.

우리가 사랑하는 여자가 지닌 모든 것은 소중하기 그지없습니다. 그녀의 모든 것이 우리를 매혹시키고 감탄을 자아냅니다. 모든 방향에서 사랑은 그녀에게서 나옵니다. 아무것도 제외하지 않고, 그 전체로서 그녀의 육신의 삶, 이것은 보편적인 마술입니다. 바로 여기서 여자로서는 그녀가 임신했을 때 보이던 것과 똑같은 무한한 청정의 상태, 깊은 탄복의 상태, 은총의 상태가 비롯하지만, 여기서 얼마나 힘든 상황이더랍니까! 그녀를 부끄럽고 겁에 질리게 하던 모든 것, 그녀가 벗어나고 싶어했던 것을 본다는 것은 남자에게 큰 기쁨입니다—그녀가 인내로써가 아니라 욕망과 환희로 남편을 기다릴 수 있다는 것—이런 기적이 그녀를 구합니다. 그녀는 자연의 가혹함에도 살아남게 됩니다.

제5부
다시 젊게 찾아오는 사랑

"아내의 순진무구함은 가장 성스러운 수수께끼이고, 그녀가 아닌, 밖에서는 절대로 알아챌 수 없습니다. 다른 모든 여자는 미리 꿍꿍이를 짜거나, 술에 취해 추한 상태에서나 자유롭습니다. 하지만 당신 인생의 동반자인 아내는 미래의 계책도 애교도 꾸미지 않고, 편안히 본능대로 따르며, 그렇기 때문에 바로 가장 아름답고 매력적이며 감미롭습니다. 술래잡기도 아니요 계산된 외설도 아니며, 우리 애첩들처럼 어색한 거짓 교태가 아닙니다."

여자는 남자처럼 통일된 교육적 틀에 맞춰 성장하지 않습니다. 그래서 인생의
어느 시기에서 본능과 예상치 못한 아름다움이 나옵니다. 그래서 인생의
독창성이 있습니다. 그녀 속에서 가장 단순한 것이, 남편이 십 년 이십 년 동안
결코 보지 못했던 그런 젊고 귀여운 움직임이, 활달하고 매력적인 반응과
본능적이며 은밀히 숨겨진 아름다움에서 나온 무한한 반응을 보입니다.

1
여자의 두 번째 청춘

자연은 여자에게 얼마나 가혹합니까! 남자는 심지어 열 살 연상이라도 힘에 넘치고 생산적인 활력을 다집니다. 하지만 여자는 이미 약해졌습니다. 고통에 시달려 파리합니다. 회복기조차 우울하고 꿈을 꾸는 시간입니다. 그녀는 한숨짓습니다. 무엇 때문입니까? 그토록 아름답고 두드러지던 모습이 다 끝나지 않았습니까! 위대한 초거물급 예술가로서 시간은 마음을 꼼짝 못하게 사로잡는 그 지극히 아름다운 모습을 그녀에게 주어왔습니다. 그렇습니다. 하지만 이 매력마저 사실 그녀가 쌓아온 세월의 덕분이긴 합니다. 이미 규칙성이 떨어진 생리주기로 그녀는(멀리에서 전하는 것이지만), 매달 시간을 따져보곤 했던 이 신성한 리듬, 여자 노릇을 하던 사랑의 위기에서 벗어날 것임을 알게 됩니다.

이와 반대로 밀물과 썰물을 타지 않는(즉 주기적인 생리의

371

어려움이 없는) 남자는 사랑에서 행복만을 느끼므로, 여자처럼 사랑하지 않았습니다(태어나 죽는 날까지도!). 남자는 상당히 현실적인 생활을 합니다. 그는 힘차고 거칠게 일하지만 한잠 자고 일어나면 곧 회복됩니다. 섭취와 배설은 완벽한 균형을 유지합니다. 그는 날이 가도 한결같은 모습이거나 되레 더욱 좋아지기도 합니다. 마흔 살이나 그 이후라도 그가 무리하지만 않는다면 여전히 매우 원기 왕성합니다. 그에는 청년기에 겪듯이 건강이 엎치락뒤치락하는 일이 없습니다. 즉 그는 살아오는 동안 단련이 되었고 그런 생활이 뿌리내렸습니다. 또 그렇게 삶이 저절로 굴러가듯이, 그 또한 자기가 어떻게 사는지도 모른 채 살아갑니다(신체적인 완성을 즐기며). 그는 훨씬 많은 일, 젊은이가 절대로 할 수 없는 일을 확실하고 흠잡을 데 없는 솜씨로 척척 해냅니다. 남자들 가운데 왕성하게 일하면서 자기 삶을 인류의 양식을 위해 쏟아 부었던 사람들조차 세상을 바꾼 그 위대한 작업은 이 무르익은 나이에만 나타납니다. 몰리에르가 『타르튀프』를, 루소가 『에밀』과 『사회계약론』을 내놓은 것도 그런 나이일 때입니다. 그보다 더 나이 들어서도 볼테르는 그의 천재적인 첫 번째 책, 즉 현대인에게 역사를 만들어낸 책을 써냈습니다. 정치활동도 이와 마찬가지입니다. 쉴리, 리슐리외, 콜베르〔프랑스 절대왕정시대의 정치가들〕는 마흔을 넘기고서야 큰일을 해낼 수 있었습니다.

요컨대 여자가 자신의 원칙적으로 주어진 일을 하고, 그 창조 역량을 잃게 되거나 이미 잃은 나이에 남자는 제 역량을 효율적으로 발휘하는 것입니다. 이것은 사랑이든 사업이든 사고의 영역에서든, 모든 면에서 마찬가지입니다.

그렇다면 이 모든 것에서 여자는 끝장일까요? 절대 그렇지 않습니다. 안팎으로 넘치는 매력, 우아와 재치, 더욱 세련된 개성과 관점 등 이 모든 것이 그 나이에 찾아옵니다. 또 눈에 덜 띄고 설명하기 쉽지 않지만 더욱 깊이 있을, 감동적이며 신성한 목적에서 나온 수수께끼 같은 작업에 그녀가 불려나가게 됩니다. 그러면 그것이 무엇일까요? 우리는 모릅니다. 하지만 우선 사랑의 신이 벌이는 일이라는 점은 분명합니다. 사랑에 파묻힌 요람에서부터 그것으로, 그것을 통해서 살아온 그녀는 죽을 때까지 더욱 사랑하며 살 것입니다.

그런데 그녀의 진짜 슬픔은 무엇일까요? 건강이 고르지 못한 것도 아니요, 멀어지는 젊음도 아닙니다. 아주 가까이에서 보이는데, 이는 죽음이 아니라 가장 어두운 전망입니다. 지평선에 나타나 있는 침통한 그림자 말입니다. 이렇게 슬퍼하게 되는 것은, 자신과 남편의 뜻임에도 불구하고 그들은 여러 사정상 거의 반쯤 별거 상태입니다. 이전에 그녀는 자신을 위해 희생하고 모든 것을 멀리했던 그가 여전히 자신을 사랑한다고 믿어 의심치 않습니다.

그러나 마침내 그녀가 좀 나아지자마자 그는 다시 일과 사업, 생존 경쟁에 뛰어듭니다. 나이는 먹어갑니다. 빈둥거릴 시간이 없습니다. 순수하고 젊음을 잘 유지하는 남자일수록 그는 활동적이고 나가서 일하려고 안달입니다. 그는 영광을 지향합니다. 이것이 그렇게 큰일은 아닙니다. 그렇게 강한 의지만큼 운이 따라주지 않았다 해도, 큰일을 도모하는 데에서 입증된 유능함과 꾸준한 성공과 성실성, 이것이 남자의 명예이자 영광이고 여자의 자랑거리입니다. 그렇지만 이는 또 분명히 밝혀두어야겠지만, 살면서 걱정거리가 되기도 합니다. 그는 이런 말을 하곤 합니다.

"나 사랑해줄 거지? 그럴 거라고 믿어. 내가 큰일을 할 테니까."

그는 그렇게 자기 약속을 지킵니다. 성공이란 그런 것입니다. 아내는 간접적으로 그렇게 많은 것을 하고 남편도 그것을 잘 압니다. 행복과 편안한 마음과 아내에게서 찾는 정신적으로 부드러운 제단이 없다면, 그는 매일 그런 노력을 밀어붙이지 못합니다. 아내가 그의 성공을 준비했기에. 결정적으로 중요한 날, 승리를 가져다준 불굴의 힘은 아침에 그녀가 주었던 것입니다. 엄하고도 따뜻하게 아내가 그를 살짝 뿌리치면서 이렇게 말하지 않았습니까.

"안 돼, 여보. 이따가 (해요….) 저녁이 있잖아! 이기고 돌아와야 해요!"

하느님 덕에 모든 것이 잘되었습니다. 그는 이제 힘에 넘쳐 보다 큰일에서도 영향력을 발휘합니다. 그의 배는 높은 물결을 타고 오르며, 그녀는 그것을 밀어줍니다. 바람과 조수도 도와줍니다. 그녀는 물가에 앉아 그를 찬미하지만 그를 따라나서지는 않습니다. 때로 눈을 크게 뜨지만 그 커다란 행운의 항해를 충분히 이해하지는 못합니다. 행운이라고? 진심으로 사랑하는 마음에 그런 것은 중요하지 않습니다. 그녀는 중얼거리겠지요.

"당신은 그렇게 멀리 나가 있군요. 당신과 함께 갈 수 없을까요?"

운명의 장난입니다! 그녀가 더 젊고 덜 지적이며 마음의 사랑이 아직 여물지 않았을 때, 그녀는 사랑할 줄밖에 몰랐습니다. 하느님의 훌륭한 피조물로서, 사랑받는 사람으로서 그녀는 육체적 결합으로 그의 품에 안기는 하찮은 행복밖에 몰랐습니다. 그런데 이제 그녀는 한 사람의 정신을 지닌 인격으로서, 더욱 넓은 마음에 무한한 사랑을 담고 있는 바로 이때, 남편의 행운과 성공은 이런 것을 그녀로부터 멀어지게 합니다. 그렇게 가깝고도 멀게! 언젠가 영광의 날이 찾아올지 모르겠지만… 그다음 날에 그녀의 삶은 끝날지도 모릅니다.

그토록 의젓하고 열심인 그를, 그토록 튼튼한 허리를 바라보면서, 그녀가 여전히 기다리는 자연이 준 정력의 기쁨 속에서 늠름한 멋으로 넘치는 그를 마주보면서, 그녀는 찬사를 터트리고 꿈꾸고 행복해하면서 한편 슬퍼지기도 합니다. 그는 젊음이 충만한데, 사랑할 힘이 넘치는데. 생명력이 격정으로 넘칠 때 그가 자신의 청춘기의 환상으로 돌아가는 것은 아닐까요? 모두들 그렇게 생각합니다. 모두들 그가 자기 집에 갖고 있는 보물, 너무나 완숙하며 따뜻하고 매력적인 미녀라도 그를 항상 붙잡아두지 못할 것이라고 상상합니다. 사방에서 변태적인 남자들과 수상한 여자들의 세계는 모함과 계략, 대담함과 희롱, 냉소 등 모든 수단으로 성공하고, 제날을 맞은 남자를 흔들어대고 무너뜨리려 합니다. 아내는 집 안의 가엾은 비둘기처럼 그 모든 것을 모를까요? 아닙니다. 그렇기는커녕 아내는 대범해지기에 충분할 만큼 훤히 알고 있습니다. 대체 그녀가 거기에서 어쩌겠습니까? 그녀는 이 무시무시한 세상의 괴물들이 접근하지 못하게 할 뿐입니다. 그녀가 아무것도 바라지 않을 만큼 너무 순진하게 알고 있는, 그녀에게 다가오는 이런 세상은 그녀에게 등을 돌리고 의기양양 굴러갑니다.

수줍어하는 데다 고독하기도 한 그녀는 유행을 즐기는 미녀들과 겨룰 꿈도 꾸지 못합니다. 그녀 앞으로 멀리 지나다니는 이 도도한 아마존 여인들에게 그저 감탄할 뿐이고 두려움까지 느낍니다. 여왕들일까? 공주들일까? 최소한 한눈에 알아볼 수 있는, 화려한 심부름꾼들을 호령하는 대갓집 숙녀들입니다. 그녀는 당장 자신이 패배했다고 생각합니다.

"아이고, 아무리 덕망 있고 지혜로운 사랑의 영웅이라도, 이런 화사한 여자들을 뿌리칠 수 있을까! 가엾은 집사람은 얼마나 불행할까…"

그녀는 자기 남편이 이 모든 것을, 비루하고 도덕적으로 추한 모습을 가까이에서 보고 있는 줄 전혀 모릅니다. 요즘 슬픈 우상인 "애첩", 즉 바람난 숙녀와 창부의 중간쯤 되는 상스런 여자를 가꾸느라고 아무리 난리를 피워대도 그런 여자가 아름다워지겠습니까? 이런 여자는 『이시도라』〔조르주 상드의 소설〕에서 다시금 이상적인 존재로 그려지지만, 『카멜리아의 숙녀』〔뒤마 피스의 소설. 카멜리아는 화류계 여성들이 드나드는 살롱〕에서는 가장 극단적인 대조를 보이며 거칠게 현실 속에 팽개쳐지지 않습니까. 작가는 마치 화가의 재능과 솜씨처럼 이 작품에서 그윽한 앞가슴을 출렁거리는, 이 인물의 충격적인 추태를 적지 않게 보여줍니다. 아무튼 "길바닥의 짐꾼처럼 마시고 욕설을 퍼붓는" 여자입니다.

　가령 어느 날 남편이 우연히 친구 손에 끌려 멋을 내기는 했어도 천박하기 짝이 없는 이 딱한 여자를 본다면, 그는 항상 아내에게 충실할 것입니다.

　아! 그러니 루소가 여자와 숙녀를 구별한 것은 얼마나 옳았습니까! 계층 문제일까요, 재산 문제일까요? 전혀 무관합니다. 마음의 구별입니다. 나는 숙녀였고 또 그 이상이던 늙은 세탁부를 알고 있습니다. 아, 부인은 세계의 옥좌에 앉을 만합니다.

　어느 날 남편이 방금 전 앞에서 말했던 친구와 또 술이나 마셔야 말할 줄 아는 그의 애첩을 더 이상 참지 못하고 지겨워하며 헤어지고 나서, 일 때문에 찾아왔던 진지한 사내들 사이에 둘러싸인 자기 아내를 보게 됩니다. 아내는 그 풍부한 상식과 활달한 재치로 그들을 놀라게 합니다. 남편은 말합니다.

"웬일이야? 누가 마누라한테 이런 것을 가르쳤어? 마누라는 배우지 않아도 알아."

이럴 때 그녀는 얼마나 감동했겠습니까! 이렇게 행복해하는 것을 나는 여러 번 보았습니다. 뛰어난 여자를 관찰할 기회였습니다. 그녀는 남편을 보조하고 싶어했고, 그의 생각과 사업을 파악하고, 열심히 관심을 기울이고, 남편이 결코 보이지 못했을 활달함으로 그의 의견까지 지지했습니다. 반박하기는커녕 나는 그녀의 생각에 동의하고, 언제나 그녀 앞에서 그 남편을 치켜세우며, 두 사람의 부부생활을 든든히 하는 말 한마디를 잊지 않았습니다. 나는 항상 이 세상에서 사랑이라는 종교를 믿고 또 그것을 널리 퍼트릴 욕심을 부립니다.

뜻밖에 일찍 귀가해서 자신을 위해 싸우는 아내를 보는 그 순간 행복해하는 남편을 상상해봅시다. 얼마나 놀랍고 매력적입니까! 셰익스피어의 데스데모나[오셀로의 아내]가 투구를 쓴 모습이겠지요. 그는 웃으며 그녀를 껴안고 오셀로처럼 말하겠지요.

"아, 요 귀여운 전사戰士!"

싸우고 다투는 것이야 별것 아닙니다. 그를 진실로 돕는다는 행복이 얼마나 큰지 말입니다! 그녀는 그의 남동생 같지 않을까요? 그녀는 그의 동작과 몸짓과 필체까지 닮았습니다. 때로 늦게 잠들었던 남편은 아침까지 못 일어납니다. 그런데 그녀가 사라졌습니다. 자기 서재에, 누군가 조용히 새벽 4시에 일어나 급히 편지를 쓰고 있습니다. 자신의 생각을 잘 아는 누구인 듯한데, 잘 알거나 모두 알아차리고 있음 직합니다. 학생일까요? 매력적인 비서일까요? 당신 편한 대로 불러보시면 되겠지요.

그녀는 수줍은 듯 대담함으로 양성을 모두 취하면서, 청년과 아이 같은 매력을 발휘합니다. 그녀의 나이 서른여섯이지만 마치 열다섯 살 같습니다. 그러나 거의 바라지 않더라도 순한 학생으로서 다정하고 더욱 공손한 숙녀가 됩니다. 아침에 일어난 남편은 그녀가 보이지 않자 걱정하며 불러봅니다. 그러다가 펜을 놓는 소리가 들리고, 비서는 달려가 얌전한 시동侍童처럼 침대로 돌아옵니다.

남편은 얼마나 가슴이 뭉클했겠습니까! 그는 아내를 부드럽게 끌어당깁니다. 하지만 수줍어하는 아내는 침대 모퉁이에 걸터앉습니다. 새로운 격정으로, 그는 아내의 손을 잡아 자기 마음을 전하면서, 마침내 자기 일의 수수께끼나 큰 사업의 비밀을 털어놓습니다.

"내가 당신을 위해 얼마나 시간을 내지 못하는지, 그토록 소중한 생활의 대가로 얻은 노력과 생각을 내내 함께하지 못하는지! 피곤할 줄도 모르고 세상사와 공부를, 모든 것을 사랑하면서 당신한테 전할 수 있는데!"

379

그러나 우선 첫마디에서 그는 기적이 벌어지는 것을 알게 됩니다. 하느님은 이 순수함에 특별히 빛나는 선물을 주십니다. 어떤 거짓말이나 썩어빠진 궤변으로도 절대로 속일 수 없는 직감으로 그녀는 우선 그 난해한 수수께끼의 속까지 알아봅니다. 얼마나 놀랍고 행복합니까! 철부지같이 생기에 넘쳐 그녀는 "이제 당신을 알았어요!"라고 외칩니다.

하지만 그녀는 건드린 것을 결코 잊지 않고 가꿉니다. 그녀는 남편이 했던 말을 수줍게 되새겨보려 합니다. 건조하고 희미한 것에 여자의 우아함과 타고난 참신함을 가미해봅니다. 마치 가파른 해안가, 매력적인 물결에 부딪히던 곳이 홀연히 꽃으로 덮이는 듯합니다.

처음으로 그녀를 그윽하게 다시 보게 됩니다. 사랑하는 눈밑으로 흐르는 그 우아한 매력의 신비를, 항상 청순함이 가득한 모습을! 이런 순결함, 오직 그녀만이 간직하고 있는 순결함이, 여태 피어나지 않다가 마침내 사랑이라는 영혼의 예기치 못한 꽃으로 피어납니다.

2
아내는 남편의 섭생과
즐거움을 처방하고 다스립니다

남편의 생각을 따르고 그의 말을 주워듣는 조심성 깊은 학생이
자 순종적인 아내를 보면서 당신은 주도권을 잡았다고 믿게 됩
니다. 하지만 정반대입니다.

이제 아내가 당신의 생각을 품고 거기에 잠기며 그 영혼(때
묻지 않은 부분)이 돼버린 지금, 그녀가 통제하고 지배하며 집
안에 군림한다는 것은 당신에게도 매우 유용한 일입니다.

솔직히 말하자면, 그는 이제 더 이상 어떻게 할 수 없습니다.
번잡한 생활, 늘어만 가는 활동에 날이 갈수록 떠밀리면서 그
에게 이 작은 집안 살림은 낯설 지경이 되었습니다.

시간이 지나면서 자연스레 빚어진 결과, 직장생활에 몰두했
던 결과입니다. 물론 성공의 결과이기도 합니다. 남편은 어지
러울 정도로 점점 더 자기에게서 멀어집니다. 이 원심력에 말
려든다면 그에게 무슨 일이 일어나겠습니까? 중심을 잃게 될

터이고, 아무튼 매일 본능에 따르듯이 귀가해서 힘을 되찾게
되는 그 고정점, 바로 이 고정점이 흔들리면 더는 기대지도 쉬
지도 못하게 됩니다. 주부가 남자의 확실한 지킴이로서 가정을
보살피지 못하는 어느 집에서나 볼 수 있는 일입니다.

시간의 모순은 이상합니다. 출세하고 벌고 재산을 불리려 하
는 문제에서, 남자들은 자신들이 말하듯이 "적극적"입니다. 말
하자면 천박하게 물질적이라는 뜻이지요. 기를 쓰고 힘을 새롭
게 하는 것, 돈을 벌어 눈부시게 돋보이려는 활동으로써 그들
은 정신주의자들이 신체와 무관하게 완전히 영적이라고 생각
할 만큼 [신체에] 완전히 무관심해졌습니다. 우리는 일반적으
로 하인들의 부양을 받습니다. 다시 말해서 적이 주는 것을 받
아먹는 것입니다. 그도 아니라면, 더 나쁘겠지만, 건강이나 체
질과 기질도 다르고 요구도 제각각인 수천 명을 매일 먹이는
거대한 조리실에서 나오는 똑같은 음식으로 식사를 해결합니
다. 어떤 이에게 건강에 좋은 것이 다른 사람에게는 독이 될 수
도 있는 것 아닙니까?

만약 당신이 정말로 몸을 무시한다면(당신의 활동에 불가결
한 도구인데), 당신의 사고와 의지라도 존중해야 합니다. 잘 아
시겠지만 이것들 또한 매일 음식(섭생)에 영향을 받는 것입니
다. 자존심일랑 버리고 있는 그대로 사실을 말해야 합니다. 당
신의 요리사가 당신을 지배합니다. 오늘 저녁 요리사가 내놓을
건강치 못하고 자극적인 음식은 밤이 되면 위를 뒤집어놓고 나

서 결국 정신을 흔들어놓습니다. 내일이나 그 뒤에는 뒤숭숭한 배를 움켜쥐고, 거칠고 황급한 해법을 찾을지 누가 압니까? 제 멋대로든가 황당한 방법을 말입니다.

'증권 거래'를 하는 사람들의 기분을 높이거나 낮추는 것은 어떤 생각보다 음식의 영향을 받는다는 것이 내 지론입니다.

사사건건 반대하는 나 같은 사람이 옹호하는 것은 영혼의 권리입니다. 누구나 말하는 매우 상식적인 것을 반복할 수밖에 없지만, 요즘 이야기되는 것이 모두 그렇듯이 사람들은 결코 치유법을 꿈꾸지도 않고서 가벼이 말하고 있기 때문입니다.

인간을 짐승으로 만드는 못된 키르케〔그리스 신화의 마녀〕에, 짐승을 인간으로 만드는 좋은 키르케로 맞서야 합니다. 착한 키르케는 불가피하고 고상하며 신성한 의무를 모르는 당신의 신체활동을 매일 염려하고 돌보면서 앞을 내다보는 아내입니다. 아내는 당신을 도우려고 했던 중요한 서한으로, 급하고 중요한 일거리에서 손을 놓게 되겠지만, 이는 저녁에 당신을 새로 태어나게 할 음식을 준비한다는 최상의 작업을 위해서일 뿐입니다.

아내는 어리석고 경박하게 당신의 위를 자극하고, 별것 아닌 것을 먹이며, 힘을 돋우는 대신 입맛이나 다시게 할 그런 애첩을 쉽게 믿지 못할 것입니다. 아내는 손수, 그토록 고상하고 자연이 왕들의 존경과 키스만을 받도록 만들었을까 싶을 만큼, 지극히 훌륭한 자신의 손을 놀릴 것입니다. 당신의 생명이 그녀의 생명입니다. 당신의 힘이 다시 솟는다면 그녀보다 누가 더 이롭겠습니까? 그녀는 아무것도 아끼지 않을 것입니다. 그렇게 제일 먼저 본능의 꽃으로 활짝 다시 피는 미소를 지을 사람이 그녀가 아니면 누구이겠습니까? 누구를 위해서랍니까? 사랑으로 보답할 당신을 위해서입니다.

그녀는 눈 속에, 기억과 가슴속에 완벽한 생활기록부를 갖고 있습니다. 그녀는 당신의 내적 평정과 힘의 균형을 빤히 들여다보고 있습니다. 당신은 일과 말과 행동으로 과시하지만, 그녀는 당신에게 그것들을 '즐거움을 위해 아껴두라'고 합니다. 아! 당신은 당연하다는 듯이 (투덜대면서) 얼마나 그녀를 "깍쟁이"라고 부릅니까! 그녀가 가장 아끼는 것이 돈입니까? 아닙니다. 그녀는 말을 가장 아끼고, 자기 자신처럼 여깁니다. 아내는 당신을 걱정하는 의사인 데다 예방의이기도 합니다. 늘 염려하고 항상 겸손하며, 특히 낭비는 하지 않고서 더욱 많이 벌고 고칠 것을 살핍니다. 당신이 하는 일을 훨씬 더 잘할 수 있도록 말입니다. 이런 그녀의 수고로, 당신 눈의 광채와 순수한 기운과 활력에 넘치는 활동을 만드는, 세상 사람 누구나 감탄하게 만드는 사랑입니다.

그렇게 부드럽기만 하지만 그녀는 결코 무지하지 않습니다. 그녀는 음식의 영양가뿐만 아니라 그것이 작용하는 시간, 빠르기도 하고 반대로 느리기도 해서 나중에 중요하게 영향을 미치기도 할 그런 시간도 누구보다 잘 알고 있습니다. 아내는 강하

384

고 자극적인 음식도, 며칠 전에 신체 기관에서 잘 받아들여 흡수할 수 있도록 부드러운 상태를 조성하지 않는다면, 제때 그 효과를 내지 못한다는 사실도 잘 알고 있습니다.

바로 이런 것이, 자기는 먹지도 않고 종종 남편이 먹는 것을 바라보기나 하는 아내의 근심입니다. 그에 대한 존경심 때문이지만 아무튼 그래서 그를 완전히 미더워하진 못합니다. 지쳐서 돌아온 남편은 당연히 아무 생각 없이 허기를 채우려 합니다. 힘든 일을 하는 남자라면 누구에게나 야만적인 면이 있습니다. 그는 힘이 나는 것을 원하는데 종종 그 바람이 지나칩니다. 아내는 피곤을 모르는 데다 건강하고 현명하기도 하니까, 필요하다면 그를 살짝 속이는 교묘한 솜씨로 이런 치우침에 제동을 겁니다. 사람들은 재주 없는 여자들을 칭송합니다. 하지만 나는 여자들이 재주가 많았으면 합니다. 또 정성에서 나온 꾀가 많은 여자를 바랍니다. 사랑이 우리의 행복을 위해 부추기는 꾀 말입니다. 이렇듯 순수하고 정결한 여자는 자신을 신중하게 돌보는 남자의 생각을 다른 데로 돌리려고, 필요할 경우 자신을 주저 없이 바칩니다. 이렇게 아내는 무엇보다 그를 돌보는 유모입니다. 그런데 이 어린애가 현명하지 않다면, 소란을 떨지도 않고 차라리 어린애처럼 굴도록 내버려둡니다. 이런 배려에 그는 놀라고 기분이 좋아집니다(특히 우쭐한 기분에 그렇겠지요). 그로 하여금 합리적인 것도 무력한 때가 있기 마련이며, 그 반대로 지적인 선의가 조언자나 의사처럼 그의 일을 반성하게 한다고 믿게 합니다.

❧

여자들은 자신의 능력을 잘 모르거나 그것을 가족의 이해에 활용하려들지 않습니다. 그런데 바깥일에 아무런 애착도 보이지 않고 그러려 하지도 않는 착실하고 건강한 남편과 함께라면, 아내는 어떤 때 자신이 원하는 모든 것을 할 수 있습니다. 남자에게 사랑이란 성급하고 참기 어려운 것이지요. 따라서 그는 애욕을 쉽게 만들어냅니다. 이십 일쯤 뒤면 여자에게 찾아오는 생리적 위기는 깊기도 하거니와 고통스러운 것인데, 훨씬 덜 긴요한 것이 아닌데도 남자들의 경우는 사나흘 만에 찾아옵니다(우리가 스위스 의사 할러의 표준치를 받아들인다면). 그런데 우리가 생각하듯이, 이는 단순한 쾌락적 요구가 아니라 정신적인 동시에 육체적인 갱신의 요구입니다. 이런 요구가 충족되지 못하면 신체 기관은 침울하고 혼탁해지며, 생기의 흐름은 출구가 없어 뜨겁게 끓는 늪지처럼 됩니다. 진정한 생명이란 운동입니다. 종종 병약하고 지친 여자는, 더구나 출산과 일상적인 출혈에도 남자와 그토록 다른 체질이라는 사실을 거의 이해받지 못합니다. 반면에 남자의 체질은 흐트러지지 않고 집중력을 지키므로 욕구는 아주 늙어서까지 지속

386

됩니다. 남자는 여자를 이른 나이에 지치고 피곤해지게 합니다. 그는 종종 연민도 존중도 받지 못하고 주책없는 사람 취급을 받기도 합니다.

요컨대 요구는 잘 해결됩니다. 이미 시든 아내를 성가시게 하는 대신 남자는 젊은 애인을 찾으니까요.

이런 숙녀들에게 맞서 누가 '카멜리아 여자'를 만들었을까요? 부인 자신의 얌전한 척하는 태도입니다.

어쩌다 저녁에 남편이 징그럽게 말을 걸면 이렇게 답하지 않을까요.

"아휴, 왜 그렇게 천박해요! 농담하는 거지요?"

– 그렇지 않습니다, 부인. 그는 정직하고 고민하며, 불필요할 만큼 고민합니다. 여자가 남자의 일에 빚지고 있듯이 그에게는 따뜻하고 어머니 같은 위로가 필요합니다. 그가 당신을 위해 큰 생존 경쟁을 하며 싸우고 있지 않습니까. 그래서 당신은 안락합니다. 그는 자기 사업과 부당함과 또 상사의 변덕과 경쟁자의 모함과 중상이라는 걱정을 좀 잊어야 합니다. 누가 압니까? 그런 고생 대신 당신의 포옹과 미소, 따뜻한 애정과 관심의 표시가, 즉 그런 몸과 마음이 하나가 되는 행복이 기죽은 사람을 되살릴지. 바로 그런 것이 그에게 필요한 것 아니겠습니까.

"하지만, 보세요. 이 나이에(사십대쯤) 큰 애들이 있는데…
망측하지 않을까요."

그는 매일 저녁 그렇게 으스대며 덤비는 자신에게 그윽한 눈
길로 화답하는, 젊고 기분 좋은 그녀의 모습을 봐오지 않았습
니까. 하지만 이제 그녀는 자신이 늙었다고 말합니다. 그러면
그는 그녀의 말을 듣고서 다른 데로 찾아 나설 것입니다.

그는 박탈감만이 아니라 비참한 기분으로 머쓱해하며 멀어
짐을 느낍니다. 바로 이런 날 저녁이 이혼의 빌미가 될 수 있습
니다. 그는 아내에게서 멀어지는 것이 아니라 미워합니다. 이
런 과정은 종종 급격하게 진행됩니다. 내일 그는 애인을 갖게
되고, 또 다른 생활에 뛰어듭니다. 여자와 아이에게 얼마나 불
행입니까!

여자는 이렇게 말하겠지요.

"왜 나를 비난하냔 말야? 하느님과 교회의 명대로 결혼 서
약을 따라야 하는 줄 알고 있는데… 내가 그이한테 아이들을
낳아주고 나까지 주었는데. 마지못해서라도 의무를 거부하지
않을 거야. 참아야 한다면 참아야지. 그렇지만 엉뚱한 재미나
보려드는 공상을 참을 수는 없어요."

이런 안타까운 수동적 태도를 인정해야겠습니까? 포옹 중에
서도 죽음처럼 냉랭하게 느껴지는 것 말입니다. 그 성스런 순

간에, 관찰하고 비판하고 심지어 조롱하는 냉소를… 고독한 사람들의 고독이자 완전한 결합 속의 결별이요, 절망입니다! 차라리 독신자가 이보다 낫지 않겠습니까? 오리게네스[고대의 교부철학자]처럼 차라리 그 족쇄를 내려쳐 잘라버립시다.

✢

여자들은 남편에게 정숙합니다. 잘 압니다. 하지만 다른 남자들하고는 어떨까요? 한번 따져봐야 합니다. 남편에게 거부했던 것을 친구에게 허용하지 않았다고 확신할 수 있겠습니까?

부인, 딱 알맞은 행복이 무엇인지 아는 분일 테니 이런 이야기 좀 들어봅시다.

어머니가 아이한테 맛있는 것을 먹이면서 얼마나 원하는지 묻습니다. 그러면 아이는 이렇게 답합니다.

"아주 많이."

우리는 기회가 있을 때마다 아이를 위하면서 그렇게 "너무 많은" 것을 요구하도록 해왔습니다. 아이가 원하는 것은 바로 "아주 많이" 끝이 없기 때문입니다.

사랑도 이와 마찬가집니다. "됐어"라고 하는 것은 무의미합니다.

하지만 바로 "아주 많이"라는 것이 너무나 이상하고 수치스런 것을 뜻하곤 하지 않았습니까? 여자들을 정말이지 깎아내리면서, 거리낌 없이 남편의 광적이고 무자비한 공상에 따르도록, 부부생활의 긴급한 요구에 그토록 자유롭게 불을 붙이던 과거의 도화선을 뜻하지 않았습니까.

두려워 맙시다. 올곧은 아내라면, 순진한 기쁨으로 사랑하는 사랑스러운 아내라면. 당신을 놀라게 하는 이 "너무 너무"라는 것은 종종 별것 아니기 때문입니다. 때로 여자가 싱거워 보일 만큼 그런 말을 못 할 때는 정말 불운입니다. 그것을 그저 유치하게 볼 수도 있기 때문입니다.

남자가 밖에서 긴장하고, 걱정이 많고, 틀림이 없어야 하고, 호전적인 생활을 하면 할수록 그만큼 집 안은 더욱 편안해야 합니다. 합리적인 아내는 이런 때 어떻게 할지 잘 알고 있습니다. 그녀는 그렇게 했다고 해서, 남편이 자신을 경박하거나 믿음직하지 않다고 여기지 않을 것을 잘 압니다. 반대로 남편이 그런 아내를 알면 알수록 그만큼 행복합니다. 그는 그녀의 애정을 느끼는 만큼 부드러워집니다. 남편이 그토록 열심히 아내와 이렇게 애틋하게 결합될수록 그는 사업을 잠시 잊게 되고, 그녀에게만 예민해지며, 거기서 위로를 받고 기분을 풀고, 즐거워하며 깊은 감흥을 느낍니다. 그가 웃는다면 감동받아 그러는 것입니다. 따뜻한 말 한마디, 뜻밖의 애무, 처녀처럼 다시 보이게 될 사소한 대담함이라고나 할까 뭐 그런 것 비슷한 발랄함, 이것이 거스를 수 없는 효력을 냅니다. 제아무리 심각하고 슬퍼도 여기에 맞서지 못합니다. 검은 구름만 보일 뿐인 어

두운 순간의 변덕스런 바다도, 풍랑도 이렇게 산뜻하게 개이지
는 못합니다.

　여자는 남자처럼 통일된 교육적 틀에 맞춰 성장하지 않습니
다. 그래서 인생의 어느 시기에서 본능과, 놀랍고도 예상치 못
한 아름다움이 나옵니다. 여자에게는 기막힌 독창성이 있습니
다. 그녀 속에서 가장 단순한 것이, 남편이 십 년 이십 년 동안
결코 보지 못했던 그런 젊고 귀여운 움직임이, 활달하고 매력
적인 반응, 본능적이며 은밀히 숨겨진 아름다움에서 나온 무한
한 반응을 보입니다. 결혼한 지 오래되었는데도 이런 단순성은
여전히 순진하게 남아 있고(당신이 경박하다 할지 모르지만),
나이 들고 시들었을지 모를 것들을 몽땅 잊게 합니다. 여자는
어떤 점에서 여전히 새롭고, 또 사랑의 성화에 못 이겨 자신이
배웠던 것을 특이하게 순진하고 감탄할 만큼 무구하게 내놓습
니다.

　이런 것을 결코 모방할 순 없습니다. 아내의 순진무구함은
성스러운 수수께끼이고, 그녀가 아닌 밖에서는 절대로 알아챌
수 없습니다. 다른 모든 여자는 미리 꿍꿍이를 짜거나 술에 취
해 추한 상태에서나 자유롭습니다. 하지만 당신의 인생의 동반
자인 아내는 미래의 계책도 애교도 꾸미지 않고, 편안히 본능
대로 따르며, 그렇기 때문에 바로 아름답고 매력적이고 감미롭
습니다. 술래잡기도 아니요, 계산된 외설도 아니며, 우리 애첩
들처럼 어색한 거짓 교태가 아닙니다(마치 영혼 없이 놀리는

391

활에 깡깡대는 바이올린 같은 것 아닙니까?). 놀고 웃고 이렇게 말하는 것이 여자의 달콤한 쾌감입니다.

"내가 미쳤나봐. 아무렴 어때, 당신을 위해서 그런 건데?"

이것이야말로 신곡神曲이자 초야의 비밀입니다. 여기에서 벗어나봐야 한심한 가짜나 만나게 되겠지요. 우리가 어린아이에게서 감탄하는 흐뭇한 매력 이상으로, 그토록 현명하고 또 다가올 일에 대해 그토록 진지한 이 젊은 부인에게서 보는 것이기에 더욱 매혹적입니다(더욱 뜻밖에 보게 되는 매력이므로). 모두들 이렇게 말합니다.

"그 여자 재미가 없나봐. 서방이 불행하게 했나봐…"

하지만 그가 귀가하면 아내는 편안한 기분에 신이 나서 문을 열어줍니다.

3
아내는 남편의 마음을
세련되게 하거나 영감을 줍니다

야만인은 쾌락을 두려워합니다.

그들은 "그것이 오금을 저리게 한다"고들 합니다.

가령 우리가 이백 리 길 사냥을 빈속으로 나서야 한다면, 야만인에게 종종 생기는 일이지만, 그가 다른 적대적인 부족으로부터 죽도록 쫓긴다면, 이런 끔찍한 상황에 현명하게 대처하려고 당연히 힘을 아낄 것입니다.

문명 상태에서 사정은 그렇지 않습니다. 가령 사랑이 야성적인 힘을 누그러뜨리고 또 신체적 상상이 피의 영향으로 두뇌에 거친 이미지를 떠오르게 한다면, 반대로 사랑은 미묘한 능력을 가꾸어줍니다. 서로 마음이 통하는 순수하고 사랑받은 여자를 만나는 것은 그 훌륭한 정신과 평온과 통하는 것입니다. 그러면 정신에 균형이 찾아옵니다. 그다음 날들은 감탄할 만한 빛을 발할 것입니다. 혈액순환과 또 그 동반자인, 기질에 속하는 육체와 야성적인 시詩는 잠시 억제되고, 또 그 시정신이 정신을 흐려놓았던 공상의 먹구름이 걷히면서 빛으로 충만한 진실을 보게 됩니다. 관찰과 분석과 논리라는 이 창의적인 삼위일체의 기능은 완전한 자유와 그 자양을 얻습니다.

길게 숙고하고, 알든 모르든 줄을 짓는 문제를 따라가면서만 얻을 수 있는 것인, 그렇게 이어지는 모든 것에는 조화로운 상태가 필요하고, 또 그것은 다만 그 노정에서 부딪치게 될 다혈질적인 기질을 다스려야만 얻을 수 있습니다. 이런 기질이 낳는 열에 들뜬 신기루 때문에 우리는 터무니없는 시인이 되든가 가엾을 만큼 까다롭게 되고, 바른길을 못된 길로 들어서게 하며, 번번이 진실의 곧은길을 놓치게 합니다. 발정보다, 또는 실제로 무기력한 상태인 완전한 절제라는 불건강하고 부정적인 상태보다 더 위험한 것은 없습니다. 왜냐하면 힘이 무용지물이 되고 또 스스로를 집어삼키기 때문입니다.

남성적 힘과 욕망이 삶의 거대한 동력임은 의심할 나위 없습니다. 하지만 여기서 좋은 수확을 거두려면, 그 메마르고 거친 것이 여성적 아름다움과 부드럽게 뒤섞여 녹아들어야 합니다. 이 얼마나 자연스럽고 기막힌 기적입니까! 어제까지 난해한 문제를 풀면서 창의력을 발휘하던 사람이 끙끙대고 절망하며 모든 것을 팽개치고서, 우울하게 집 안에 주저앉아 있습니다. 아내는 그의 슬픔을 잘 압니다.

"자기, 무슨 일이야? 나는 그런 꼴 보고 싶지 않아. 아! 그런 생각을 집어치우고 잊어버려, 제발. 그래야 행복할 것 아냐!"

이런 망각과 행복이 모든 것을 바꿉니다. 새롭게 눈을 뜨게 되고, 새로운 힘에 넘칩니다. 새로운 전력이 솜씨를 발휘하러 옵니다. 그는 완전히 다른 사람이 됩니다. 어떻게? 아내가 갖고 있고 또 모든 것에 주는 본능적인 매력과 사랑하는 능력, 바로 여자의 자기磁氣에 말려든 그는 어제까지 달라붙어 씨름했던 별것 아닌 가벼운 장애에 미소를 짓습니다.

몽펠리에를 찾아갔을 때, 나는 조각가 퓌제의 책갈피에 끼워놓은 얼룩덜룩한 덧대는 종이를 보고서 경건한 감정에 휩싸인 적이 있습니다. 거기에 희미하게 긁적여놓은 것 가운데, 맨 위쪽에 다음과 같은 옛 시인의 시구가 있었습니다.

"그녀의 순수함과 자발적 희생이 하느님을 기껍도록 합니다"

나는 마치 큰 성당이나 로마의 묘지나 아를의 원형극장에 들어설 때 느끼는 기분이 되었습니다. 자기 시대의 고뇌를 표현해야 하는 진지한 사명을 갖고 있던 이 사람이, 하루 일과를 시작하면서 이곳에서 하느님과 자신의 예술(일)에 자발적 제사를 올렸음이 분명합니다. 그가 책임자로서 위신과 힘을 얻고 싶어한다는 것이 느껴집니다.

그로서는 각각의 작품이 하나의 생명입니다. 그가 꿈꾸었던 것, 밀롱은 참나무에 사로잡히고, 아틀라스 거인들은 툴롱에게 고통스레 짓밟히며, 불쌍한 소녀 안드로메다는 풀려나면서도 고통에 실신했다는 것 아니겠습니까? 알 수는 없습니다. 하지만 그는 묵상 가운데 사랑과 자애의 마음으로 채우게 될 영원한 작품을 만들게 해달라고 '사랑의 신'께 힘을 구하고 있었던 것으로 보입니다.

인간의 예술이란 그저 그 신의 예술을 모방하는 과정이자 능력일 뿐입니다. 그렇다면 신은 무엇을 했고 무엇을 하고 있습니까? 삶의 거대한 격랑 속에서 사랑의 신은 세대를 이어주며, 종種으로 전해지는 모든 진보를 창조합니다. 자신이 창조한 이 격랑에서 받아낸(짜낸) 물 한 방울로 창조하고 또 창의적 세계와 모든 관념의 진보를 창조합니다.

이렇게 쾌락을 절제하고 활력을 집중하면, 사고의 작업에서 그녀는 얼마나 풍부한 보상을 받겠습니까? 단 "자유롭다는" 지극함만 따른다면 말입니다. 희생이란 자발적일 때에 진정한 희생인 것입니다. 오직 자유만이 그럴 만하고, 자유만이 비옥합니다.

벽에 갇혀 감시받는 사랑이란 어쨌든 문서일 뿐이고 썰렁합니다. 그것은 스스로를 배반합니다. 그 불꽃은 자신의 고통을 겨누며 또 타오르지도 못합니다. 독신자의 우쭐하는 나이, 중년에는 기혼자만이 큰 성과를 올릴 수 있습니다. 아벨라르〔중세 신학자]도 단테도 그랬습니다. 프리메이슨 회원들은 자기 단체에 고유한 기술을 찾아내고 실현했는데, 교회에서 가족과 함께 살았고 또 수 세기를 물려주면서 해낸 위대한 작업을 계속했습니다.

오직 결혼만이 재능의 두 역량을 동시에 발휘하게 합니다. 즉 순수한 행복을 통한 "조화"와, 행복을 의도적이며 자유롭게 조절하고 절제하는 가운데 "빛나는 순간"을 맞게 합니다.

이런 희생의 아름다움과 효력이 바로 자유입니다. 서로 사랑하는 두 사람의 완벽한 의견 일치와 이해에서 비롯합니다.

여기에서 여자는 매우 고상합니다. 여자는 남자의 강하고 유능하며 왕성한 정력을 원합니다. 개인적 사랑은 큰 사랑에 희생되므로 그 사랑의 위대성에 참여합니다.

여기에서 두 사람은 하나입니다. 미래를 인정하면서 두 사람을 구분해서는 안 됩니다. 퓌제[조각가이자 가톨릭 수도사]는 결혼했었고, 그 감동적인 작품에서 그가 겪은 일이 잘 느껴집니다. 거기에서 그의 마음을 알아볼 수 있습니다.

예술 속에서 사랑했었고 넘치는 사랑으로 대리석에 옮기려 했던, 그런 순결한 여자의 마음입니다.

그의 아내는 매력적인 안드로메다를 질시하지 않았고, 자신의 경쟁자를 위해 자신을 희생했습니다. 그 위대한 예술가가 신성한 열정을 불태우면서 우리가 읽은 글을 쓰려고 일어났을 때, 나는 그 성스러운 아내의 목소리를 듣는 듯합니다.

"여보, 저 어린 아가씨 좀 생각해보세요. 그 아이를 위해 우리가 모든 것을 참읍시다. 그녀를 사랑해주세요, 내 어린애니까."

그가 "순수함이 하느님을 기껍게 한다"고 했던 것은 옳습니다. 순수성은 우리가 하느님을 모방하도록 도와주고 또 그분처럼 창조합니다.

하지만 순수성은 야만적인 고립이 아닙니다. 그것은 때로 순수한 것과 접촉할 기회를 더 많이 마련해줍니다. 수치스런 욕망으로 비참하게 무거워진 영혼이 늪에서 허우적거리며, 내면의 폭풍이 으르렁대는 이 동요하는 밤들을 누가 겪지 않았겠습니까? 새벽이 밝아와 다행이지요. 당신은 당신 곁에서 순진하고 청정한 사람을 봅니다. 그녀는 눈을 뜨고 미소를 짓습니다. 모든 사악한 혼이 사라집니다. 당신의 꿈이었을까요? 감히 말하지 못하겠지요! 그것을 알고 싶지도 않겠지요! 사랑의 건강한 모습에서 당신은 자신을 완전히 수습합니다. 당신의 혼과 미덕과 빛을, 오로라의 광채와 신선한 아침이슬과 더불어!

남자가 진정으로 자신을 바칠 제단으로 느낀, 마음으로 결합하고 그처럼 생각하고 그처럼 되고 싶어하는 순수한 여자, 그런 여자 속에는 여전히 설명하기 어려운 정신적 풍요의 낯선 수수께끼가 있습니다. 대지의 여신의 아들이라는 우화가 무슨 이야기를 합니까? 힘을 되찾는 데에는 어머니의 젖가슴을 만지기만 해도 된다고 했습니다. 그녀는 문자 그대로 그렇게 되게 합니다. 대지의 여신은 진정 포근하고 선하며, 건강한 대자연입니다. 그 단순한 접촉만으로도 사랑의 미덕으로써 정신적 삶을 샘솟게 합니다—거창한 생각을 하고 있나요? 그것을 그녀에게 말해보지요, 저녁이나 밤에. 당신의 신뢰에 행복해하며 몸을 떨면서 마음이 흐뭇해 당신을 껴안을 것입니다.

얼마나 성스런 순간입니까! 이때를 소중히 존중합시다. 그렇게 당신 가슴은 뿌듯하고 충만할 것입니다. 그 가슴을 귀히 간직합시다. 우리가 좋아하는 것을, 그에게서 느끼는 충심과 자부심 속에서 일어서서 당신의 모든 사랑을 가져갑시다. 그녀의 하느님이 건드렸던 것은 아무것도 없습니다. 매일을 위한 행복뿐입니다.

엄격한 희생 의지, 천국의 매력, 두 가지 힘! 이 두 가지가 모두 당신 곁에 있지 않습니까. 바로 남자가 이렇게 말할 때입니다.

"오늘, 나는 힘이 넘치니 뜻하는 바를 할 수 있을 것 같아."

바로 뤼스 강이나 론 강처럼 알프스의 급류들이 그들을 잠시 붙잡는 아름다운 호수를 가로지르며 그 호수에서도 그 흐름을 멈추지 않는 것입니다. 이 강물은 호수에서 엄청난 도약의 계기를 마련합니다. 그렇게 거기에서 벗어나면서 모든 것이 가능해집니다. 푸른 물결로 변한 그 강물들은 호수가 반사하는 이 숭고한 풍경과 하늘의 반영을 싣고 흘러갑니다.

4
"늙은" 여자란 없습니다

바사리[르네상스 미술가이자 전기작가]는 이탈리아 미술의 창
조자인 옛날의 거장 조토를 이런 훌륭한 말로 표현했습니다.

"얼굴 표정을 그릴 때 그는 우선 선하게 그렸다."

착한 기운이 퍼지는 것, 이것이 근대 예술의 정신입니다. 그
의 작품은 그가 넘치는 선량함으로 표현하는 그만큼 정확하게
마음을 사로잡습니다.

우리는 라파엘로의 고귀한 성모상 그림을 보고 감탄합니다.
누가 그것을 좋아하지 않겠습니까? 반대로 티치아노의 성모는
(아니면 베누스의 소박한 두상) 아름다운 강이며, 그렇게 어리
지도 않은 순진한 고기잡이 소녀는 정말이지 눈물로써 이런 찬
사를 쏟아내게 할 만합니다.

"아! 이렇게 착한 여자를 누가 가슴 아프게 할 만큼 강심장

이란 말인가? 그러나 네가 원하는 것을 말해보렴. 내가 한껏 위로해주마!"

티치아노는 서른 살쯤 된 아름다운 숙녀를 즐겨 그렸습니다. 뤼벤스는 마흔이나 그보다 더 나이 먹은 여자도 서슴없이 그리곤 했습니다. 반 디크는 나이를 전혀 알지 못했습니다. 즉 그에게서 예술은 해방되었습니다! 그는 시간을 무시했습니다. 렘브란트라는 막강한 마술사는 이보다 더했습니다. 몸짓 하나, 시선 하나, 빛 한 줄기로 그는 모든 것을 거두어갔습니다. 삶과 선과 빛은 우리를 너무나 만족시킵니다. "모델이 뭔데?"라고 감탄할 만큼. 또 "아름다움이 뭔데?"라고 할 만큼. 나는 그런 것이 더는 기억나지도 않고, 완전히 잊었습니다.

중세의 순진한 예술은 청춘과 아름다움을 완전히 동의어라고 전제합니다. 그리스도의 어머니를 그리려고 그 예술가들은 움직임도 없는 싱거운 소녀들을 그리곤 했습니다. 현대의 거장들은 매우 영악한 관찰자들이기에, 아름다움이 다른 것과 다름없이 성숙하고 완성되자면 시간이 걸린다는 것을 잘 알았습니다. 고대에는 모르던 이런 수수께끼를 제일 먼저 알았던 사람들은, 얼굴과 몸이 그 아름다움의 절정에서 결코 동시에 그런 절정에 이르지 못한다는 것을 깨달았습니다. 즉 몸이 만개할 때 얼굴은 피로해 있다고.

여자에 대해서 잔인하고 엄한 잣대는 바로 가장 먼저 시드는

402

얼굴로 판단한다는 점입니다. 그런데 특히 프랑스처럼 표정이 풍부하고, 눈을 빠르게 굴리고, 입맛을 다시고, 웃고, 수다스런 입을 가진 사람들의 나라에서, 근육을 쉴새없이 놀리기 때문에 아주 일찍부터 모든 운동에 시달려 유연하고 덧없으며, 북쪽의 아름다움 같은 탄력을 잃어버립니다. 독일 여자가 열 가지 인상을 지을 때, 프랑스 여자는 수천 가지 다양한 인상을 짓습니다. 그래서 그 얼굴은 일찍 시듭니다. 그렇다면 우리 민족이 피부가 덜 두껍다는 말일까요? 반대입니다. 독일 여자가 성형수술을 해야 할 정도의 상처를 입었을 때, 프랑스 여자는 자연스레 회복됩니다.

프랑스 여자의 경우 몸은 스물다섯인데 얼굴은 사십인 경우가 드물지 않습니다. 뺨과 눈가의 주름이 파이는 반면, 거의 드러내지 않는 무릎과 팔꿈치는 아름다운 봉지가 됩니다. 피부도 대조됩니다. 끊임없는 근육의 움직임으로 늘어진 얼굴에 그녀는 이미 전체적인 균형을 잃었지만, 다른 곳에서는 배가 살짝 불룩해지면서 젊고 또 백합이나 장미차의 광채를 발합니다.

이런 부푸는 몸매는, 그렇게 생각할 수도 있겠지만 완전히 신체적인 결과만은 아닙니다. 정신적인 것이기도 하다는 말입니다. 이런 변화는 여자가 여자의 경쟁심과 깍쟁이 같은 태도로 덜게 되고, 또 동정하는 마음으로 기울게 될 때, 마음이 착해졌다는 표현이라 할 만한 것이 늘어나는 것으로 특별히 환영할 만한 것입니다. 백옥 같은 두 팔과 그윽하고 부드러운 살결로 더욱 원만해진 턱, 뭐라고 하기 어려운 전체적으로 부드러워진 모습은 모성의 가장 큰 매력을 보여준다고 하겠습니다. 종종 타인들에게 아주 쌀쌀맞은 젊은 여자가 아기에게 쏟는 배타적인 모성애가 아닙니다. 모든 사람에 대한 지극한 선량함입니다. 눈은 애무로 가득합니다. 또 위로할 불행 같은 무언가 해야 할 일이 있을 때 촉촉한 눈과 애정과 자애로 두근대는 풍만한 가슴입니다.

한때라도 남자들이 선량한 아름다움을 느끼지 못한다는 것은 매우 나쁜 신호입니다. 바로 이때가 역겨운 시간입니다. 되돌아갈 필요도 없으면서, 정말이지 고독한 즐거움만 찾을 뿐으로, 가장 어린 젊음에 그것을 구하고 또 더욱 사악해져 어린이에게서도 구하니 말입니다!

이런 야만인들은 여러 가지 방식으로 그런 죄를 저지릅니다. 그들은 점점 더 야만적이며 거칠어집니다. 풍습이나 언어에서… 여자다운 여자들에게 성장하지 못한 세대는 거친 세대입니다.

이기적이고 거칠고 잔인한 사랑은 여기서 샘물처럼 건조합니다. 그런 사랑이 지나간 곳에는 아무것도 남지 않습니다. 영원히 황량한 들판입니다.

결국 타락한 취미가 찾는 또 범죄의 보상으로 원하는 것에 이르고자, 그 가엾고 어린 희생자는 가슴속 깊은 곳에 자신의 맹렬한 욕구 외에는 아무런 답이 없습니다. 조악한 형태로 잘

못 부양된, 그런 희생자가 무엇을 받겠습니까? 고통뿐인 것을!

당신을 뼛속까지 녹이는 무대와 소동, 사치와 소란으로 화려하게 미소 짓는 계집들에게서 확실한 것은 이 미녀들, 그 취기로 넘치는 광기와 지옥 같은 생활과 잠자지 못하는 밤 등으로, 진정한 파리스의 심판[그리스 신화에 나오는 영웅 파리스가 미녀들을 놓고 내린 심판]에서 부드러운 식사, 현명하고 순수하게 생활하는 부인과 비교할 수 있을까요? 이런 무엄한 "암컷 사자"들이 이십 년만 젊었어도 여전히 수치를 알고 살았을 텐데 말입니다.

그런데 "여자"는 천생 여자일 뿐입니다. 그 타고난 우아함과 그녀가 간직한 조화는 마음을 사로잡고도 남습니다. 안타까운 부분에서 눈에 띄게 조화가 깨진 "어중간한 계층의 여자"가 그렇게 바라지 못할 만큼 훨씬 여성적입니다.

중세에 어린 종이 항상 발치에서 대기하거나 뒤에서 옷자락을 받치고 따르던 대부인은 변함없이 젊고 아름다웠습니다. 그녀는 무엇보다 상상과 감각을 깨웠습니다. 여느 시대와 마찬가지입니다. 오늘날 귀부인은 아침에 화장실에서, 수장식과 향수로 어린 하녀에게 명령하고 지시해야 무슨 소용이냐며, 자신이 이미 상당히 성숙하고 늙었다며 종종 가슴을 두드립니다. 하녀는 그가 취해서 나가게 할 만큼 우아미와 향기를 그에게 주니 말입니다. 누구의 착각일까요? 이 어린 하녀일까요, 아니면 안주인일까요? 그 남자가 아닌 것은 분명할 것입니다. 외적인 매력을 눈에 띄게 잃은 이 부인에게서, 그는 매우 당연한 본능으로, 그녀가 항상 행사할 수 있는 대단한 힘이 남아 있다고 느낍니다. "세상에 늙은 여자는 없습니다." 모든 여자, 모든 나이에, 여자가 사랑하고 선량하다면 남자에게 무한한 순간을 줍니다.

한순간의 무한함 이상일지도 모릅니다. 종종 미래로 이어질지 모른다는 말입니다. 여자는 남자에게 생기를 줍니다. 이는 하늘이 준 선물입니다. 그리고 나서 그를 본 사람이면 누구나 설명할 필요도 없는 말을 하지 않던가요.

"뭔 일이야? 타고난 재능이 있구먼."

루소 이전에 얼마나 많은 그 같은 사람이 있었을지 모르지만, 모두들 대단히 웅변적이고 궤변적인 사람들이었습니다. 한 사람이 세상을 끌어가지는 못했습니다. 한 여자가 바로 이런 남자에게 사랑과 모성애로 생기를 주었습니다. 루소 역시 그 결실이 아니던가요.

5
가을의 동경憧憬

내가 이 글을 쓰고 있던 9월 말쯤 한 해가 깊어가고 있었습니다. 한 해는 사실상 끝나가고 있었습니다. 추수도 했지만, 낮과 밤의 완벽한 균형과 완벽한 날씨와 모든 조화도 절정을 다하고 있었습니다. 하늘은 땅에 부응합니다. 그렇게 안개 속에서 아침을 맞으며 태양은 게으름뱅이를 만듭니다. 더는 할 일이 없다는 듯이. 또 사람들은 각자 일을 마칩니다. 일요일이나 저녁 휴식 시간 같습니다. 그렇다면 사실 한 해의 저녁이 아닐지언정 가을은 대체 무엇일까요?

완전히 흐뭇하고 차분한 아름다운 계절입니다. 꽃들이 아직 다 떨어지지 않았지만 거의 져가고 있습니다. 들국화는 여기서 버텨냅니다. 화려하고 쌀쌀맞은 다알리아도 여전히 싸우고 있습니다. 10월 내내 차가운 아침에 맞서…. 제비들은 빙글빙글 돌면서 서로를 불러 모으며 떠날 채비를 합니다. 북쪽 지방에서 두루미는 여행을 꿈꾸는 무거운 발걸음으로 지붕 위로 날아오르기 시작합니다.

바닷가 마을에서 이런 모습은 더욱 분주함을 떱니다. 이런 큰 구경거리를 볼 수 없는 대신 큰 소리를 듣게 됩니다. 이미 휴식에 접어든 대지는 조용하게 식물에 귀를 기울이고, 늙은 대양의 분노가 장엄한 리듬으로 때리고, 닥치고 물러나고 또 닥쳐옵니다. 귀보다는 가슴에 더 잘 들리는 이 깊은 소리는 해변보다 사람의 마음으로 더욱 급히 울립니다. 우울한 소식입니다. 이는 마치 시계추가 규칙적으로 울리는 부름 같습니다.

나는 여기서 한 숙녀를 봅니다(이 책에서 말한 젊고 나이에 따라 늙어가는). 나는 일찍이 꽃다운 맛은 없어진 그녀가 작은 정원에서 생각에 잠겨 거니는 것을 봅니다. 프랑스 해안 절벽 뒤에서나 홀란드 모래언덕에서 보는 것처럼 작은 정원에서. 이국적인 꽃나무들은 이미 온실로 들어갔습니다. 떨어진 잎사귀들 때문에 이제 꽃이 없는 대신 더욱 두드러진 입상이 등장합니다. 검은 비단(또는 회색일까?)과 단순한 연보랏빛 리본이 그럭저럭 어울리는, 수수하고 점잖은 부인의 지극히 소박한 화장은 예술적 화려함과 대조됩니다.

아무런 치장도 안 했다고들 할 수 있을지 모르나 그녀는 결코 우아함이 떨어지지 않습니다. 그녀의 남편에게 멋있는 존재이지만 또 가난한 사람들의 프로필처럼 소박한 모습입니다.

그녀는 골목 끝에서 몸을 돌립니다. 우리는 그녀를 볼 수 있습니다. 하지만 그녀를 이미 암스테르담이나 덴 하그의 박물관에서 보았던 것은 아닐까요? 그녀는 필리프 드 샹페뉴(프랑스 르네상스 화가)가 그린 부인을 연상시킵니다. 소박하면서도 세상의 얄팍한 술책에 말려들지 않을 만큼 꾸밈이 없어 가슴을 파고들었던 여인상 말입니다. 그 여자는 30년 동안이나 끈질기게 되돌아오면서, 나를 걱정하게 하면서 이런 말을 하도록 하곤 했습니다.

"그런데 그녀를 뭐라고 불러야 할까? 그녀에게 무슨 일이 일어났을까? 행복하긴 했을까? 또 어떻게 삶을 헤쳐나갔을까?"

그녀는 반 디크가 그린 또 다른 여인상도 환기시킵니다. 병약하고 창백한 가엾은 부인입니다. 비할 데 없이 곱고 새틴처럼 파리한 그녀의 피부는, 약해지면서 고통에 시달리는 육체를 감싸고 있습니다. 그 아름다운 눈은 깊은 우수에 젖어 있습니다. 나이와 마음의 슬픔에서 나온 우수일까요? 어쩌면 날씨 탓이기도 할 것입니다. 흐리고, 먼 곳을 바라보는 눈길로, 보통 눈앞에서 북해의 막막한 대양을 바라보던 사람의 눈입니다. 날아오르는 갈매기를 제외하면, 찌푸리고 황량하고 넓은 바다 말입니다.

그녀에게 되돌아와봅시다. 그녀의 진지한 명상을 방해해도 괜찮다고 생각한다면 나는 이런 말을 할지 모릅니다.

"부인도 우울하십니까? 당신, 그토록 현명하고 합리적이고 겸손한 당신께서?

- 선생님, 왜 그러냐고요? 지금 훨훨 날아가고 싶은데, 그런 큰 통로가 필요하고, 모든 것에서 오직 그 한 가지 욕구만 느껴집니다. 하지만 내게는 날개가 없잖아요. 백조처럼 아름다운 흰 날개도, 제비같이 작은 날개조차 없지 않습니까. 나는 지쳐서 여기 묶여 있어요… 하느님이 나를 부르기는 하지만 둥지에 갇혀 있는 기분입니다. 누가 묶어두었을까요? 바로 하느님이지요. 이게 말이 됩니까? 저 새들은 너무 행복하지요. 새들은 가족이 함께 옮겨다니잖아요. 우리는 항상 각자고, 또 다른 사람을 향해서도 고독하게 옮겨다니지요. 둘이 살지만 미지의 여로에는 혼자 떠나지요. 사랑하는 사람들에게 나이가 가져다준 슬픔과 근심은 이런 것이 아니겠어요. 나는 바라고 믿고 신뢰합니다. 다시 살기 위해서 죽을 뿐이고요. 하지만, 아이고! 내가 사랑하는 것을 다시 보지 못하면서 살아 무엇 하겠습니까!

- 내가 왜 우울한지 더 알고 싶으세요? 여전히 불완전하니까 고민이지요.

- 그는 나를 자신의 제단이라고 부르지요. 그런 이름은 내게 당치도 않잖아요! 내가 바라는 것이라고는 그가 정말이지 어린애 같은 순수함을 지켰으면 하는 것이지요. 지혜롭고 청순한 보물, 그의 가슴속에서 천국일 수 있을 편안한 자리 말입니다. 매일 그의 정원에서 가시를 뽑아내고 꽃을 심기나 하면 오죽

410

좋겠습니까. 그런데 나의 이런 생활은 거의 성공하지 못하고 여전히 아무짝에도 쓸모없으니…."

이런 것이 그녀가 산책하면서 자문하는 것이고, 요구하고 대안으로 생각하는 것입니다. 또 그 순간 고운 이마를 찡그리게 하는 의심입니다. 세월이 존중하고 또 감히 건드리지도 못하는 그토록 깨끗한 이마를 말입니다.

그런데 이런 고민뿐이겠습니까? 미래에 대한 생각과 완벽함에 대한 높은 동경만이 이런 슬픔의 원인이겠습니까? 당신을 아는 저로서는, 부인 당신은 여전히 젊고, 감히 말하지만 당신 마음속에 비밀을 간직하고 있습니다. 겉으로는 당신이 남편을 슬프게 할까 걱정하는 듯합니까? 아니면 아주 나이가 지긋해서조차 여자는 항상 어떤 것을 고백하기에는 상당히 수줍어한다고 생각해야 하지 않겠습니까?

- 그렇게 알고 싶으세요? 솔직히 숨 막히고 슬픈 사실은, 내일이면 나는 늙을 거라는 사실이지요.

물론 내가 하느님을 거역할 만큼 어리석진 않아요. 만약 내가 혼자라면 늙어간다는 것이 무슨 대수겠어요. 하지만 나는 사랑하고 항상 사랑받고 있어요. 사랑의 수수께끼는 곱절이지요. 사랑은 한 사람의 것이 아니니까요. 또 다른 사람이 있어야지요. 푸근하고 변치 않는, 젊음을 간직한 믿음직한 남편이 주는 행복이란 난처하지(당혹스럽지) 않은가요? 세월이 간다고

411

느낄 때, 그를 즐겁게 했던 것을 조금이나마 간직하고 싶은 것
도 바로 그를 위해서지요. 남편은 항상 내 속에 있고 그 사람도
직접 그런 말을 하고 있지요. 늘 새로운 마음과 삶의 즐거움을
말하지요. 그는 환상을 잃지 않지만 나는 그렇지 못해요. 내 생
각과 불안을 말할 엄두조차 나지 않습니다. 내가 입을 다물고
있고, 또 내게 걸맞지도 않은 찬사를 받고 있지만, 나는 자책하
면서도 그런 것을 바라지요. 마치 내가 공허하고 위선적인 사
람처럼 말입니다. 남편의 부드러움과 찬사는 되레 창피합니다.
그이의 열정은 내가 아닌 다른 여자를 향하고 있는 것 같아요.

 – 그렇지만, 부인. 당신의 무한한 겸손과 걱정과 애정과 인
정이야말로 절절한 사랑 아닙니까. 시간이 갈수록 가장 매력적
인 것은 많이 느끼는 것이고, 모든 것을 받아들이는 것이고 또
더 주지 못해 고민하는 것이라는 점을 잘 알게 되지 않습니까.

 당신이 고집스레 당혹해하는 것도 바로 이런 사랑 때문입니
다. 겸손하고 소박하며, 자신을 모르며, 자신의 장점을 전혀 보
려 하지도 않고 항상 그에게 은총을 주려는 그런 여자를 누가
사랑하지 않겠습니까? 얼마나 행복한 거짓말입니까! 누가 그
녀를 끊임없이 안심시키려 걱정하지 않겠습니까?

 무엇을 후회하십니까? 타고났을 아름다운 피부와 용모는 당
신 어머니의 자취 같은 것으로서, 우리 모두가 받게 되는 나이
의 은혜를 후회하십니까? 하지만 당신 같은 개성을 지닌 미인

은 보기 드물고, 그것은 순수한 생활과 고상하고 꾸준한 조화로 당신이 빚어놓은 바로 당신 자신이자 당신의 눈에 띄는 모습입니다. 그것이 바로 사랑의 은은한 불빛입니다. 우리 곁에서 밤을 지키는 충실하고 은은한 등잔의 투명한 흰 대리석처럼 말입니다.

그러니 인간이 자신을 스스로 빚는 조각가라는 사실을 언제야 알겠습니까? 아름다워지고 말고 하는 것은 자기 자신에게 달렸습니다. 소크라테스는 사실 목신牧神 사티로스처럼 흉측하고 볼품없이 태어났습니다. 그러나 그의 심오한 사상으로, 이성과 미덕과 헌신을 깎고 다듬어서 자신의 얼굴을 그토록 훌륭하게 다시 빚어냈습니다. 그 최후의 날에 거의 신과 같은 모습을 보여주며 '파이돈'〔플라톤의 저서〕 속의 모습을 발산하지 않았습니까.

나는 이런 모습을 한 훌륭한 친구에게서도 다시 보았습니다. 금세기의 제일가는 언어학자입니다. 젊어서 그는 노르망디의 왜소한 촌뜨기 같은 못난이 모습이었습니다. 하지만 그의 힘찬 의지와 엄청난 재능과 통찰하는 부지런함으로, 그의 얼굴에 미묘하고 세련된 표시들이 반짝였습니다. 서유럽 비평의 미묘한 점들과 더불어 완전히 페르시아 사람 같은 세련미가 그의 입가를 맴도는가 하면, 마치 인도인의 재능이 세계를 담아낼 수 있을 듯이 큰 이마에서 빛나는 아름다움으로 활짝 피어났습니다.

부인, 솔직히 말씀드리리다. 당신은 아름답습니까, 아름답지 않습니까? 당신은 예쁘고 아름답습니다. 왜? 사랑하고 있으니까요.

다른 사람들은 사랑받고나 있습니다. 하지만 당신은 사랑합니다. 또 항상 당신의 사랑을 친절과 순결과 희생으로 빚어왔습니다. 그 결과 사랑은 당신에게 아름다움을 주었습니다.

남녀 불문하고 최상의 인간은 신선한 첫 번째 혈통이라고 말할 수 있겠지만, 여전히 조금 건조하고 시큼한 혈통에서 나옵니다. 아이들은 무지 때문이든 아니든 본성이 잔인합니다. 청소년은 그렇지 않다 하더라도, 적어도 자신들이 생각하는 것보다 훨씬 더 냉정합니다. 모든 욕망은 그들에게 사랑으로 보입니다. 뜨거운 혈기를 그들은 따뜻하다고 합니다. 하지만 매번 돌발적이고, 급격한 동작과 가볍고 냉소적인 말 같은 그런 건방지고 무시하는 얼굴 표정은 우아함을 비웃으며 이렇게 말합니다.

"마음에 아직 감동이 없어요."

마음이 우아해지려면 시간과 시련과 고통을 견뎌내야 하고, 신념에 찬 사랑이 필요합니다. 또 이런 것이 정확한 대칭을 이루는 것이 점잖은 언행입니다.

참다운 청춘, 매력적인 젊음은 훨씬 뒤에 시작됩니다. 당신은 젊지 않을지 모르나 부인 당신은 그렇게 젊어지고 있습니다.

주목할 만한 사실은 우아하고 아름다운 수많은 것, 결국 젊은 것이 젊은 시절에는 불가능하다는 것입니다.

상황의 변화를 기대하는 데 거의 정신이 없는 처녀는 사랑과 결혼 생각뿐입니다. 다시 말해 자기 자신만을 생각합니다. 그녀에게는 자애에 대한 욕구와 후의도 없습니다. 젖을 먹이는 젊은 부인은, 최소한 아이들 곁에 붙어 있는 젊은 부인은, 그녀의 모든 생각이 요람 속에 빠져 있고 또 적선을 하더라도 "내 아들을 위해 기도합시다"라고 합니다.

이런 몰입에서 보다 벗어난 마음을 지닌 부인에게는 고통받는 사람 누구나 아기와 같습니다. 그녀는 실제로 정을 퍼트립니다. 겸손한 그녀는 자기 집에서 큰 관용, 넓고 선량한 관용을 원합니다. 소박한 식탁과 또 그곳에 모든 하느님의 왕국을 자리 잡게 하길 바랍니다. 그녀는 가난한 사람을 찾아보고, 위로 이상의 것을 줍니다. 그녀는 우는 사람과 더불어 웁니다. 그렇게 얼마나 아름다워집니까! 그녀의 손에 얼마나 입맞춰주고 싶습니까!

매번 그녀의 남편은 선행하는 그녀를 붙잡습니다. 병이 나은 환자이고, 출산 뒤에 일어난 여자는 그를 당황하게 하면서 모든 비밀을 털어놓게 됩니다. 그녀는 당황하고 있습니다. 두 사람은 허물 없이 식전 기도를 하면서 그 숨겨진 감정과 자신의 약점을 감히 털어놓지 못하는 사랑의 수치심을 고발합니다. 그는 웃으면서 "그래 당신 나한테 꼼짝없이 걸렸어. 내가 잡았어!"라고 합니다.

어느 날 그는 얼굴을 붉힌 아내를 봅니다. 왜? 어린 하녀가 실수했기 때문입니다. 부인은 하녀가 심하게 야단을 맞지 않을까 걱정이고 또 애원하는 눈길과 마주칠까봐 걱정입니다.

하지만 또 어느 날 부인은 젊은 남녀들에 둘러싸여 있을 때, 아내는 처녀들을 돋보이게 하는 익숙한 선의를 펼칩니다. 그녀는 어색하고 말없는 분위기에서 재치를 끌어냅니다. 익숙한 말과 신호 하나로. 그녀가 질투한다니 말도 안 됩니다! 그녀는 그들을 사랑하고, 또 이런 사랑으로 생각지 못했던 마음의 사랑을 깨우칩니다. 그렇게 결국 말도 못 하고, 수줍어 움직이지도 못하는 처녀를 끌어내고, 비둘기처럼 만들고 안아줍니다. 그러면 처녀는 매력적인 모습이 됩니다. 또 천국이 부인의 눈에 들어 있지 않습니까!

6
통일(하나로 결합이 되었을까?)

우리는 지금까지 거의 느끼지 못했던 것을 밝혀왔습니다.

사랑에 치명적이라 생각했던 시간이 지나고, 나이가 들고 하는 것은 자연스럽고 불가피한 진행과정이라는 것입니다(발전). 해가 갈수록 사랑에 힘이 실립니다. 그런 식으로 나이들 때마다 관계가 밀접해지고 강화되며, 확신이 깊어집니다. 이것은 허공에 걸린 잘디잔 거미줄처럼, 태풍까지 견디는 유연한 줄입니다.

사랑은 이렇게 승리합니다. 시간은 사랑의 하인일 뿐으로 사랑을 위해 일할 뿐입니다. 우리는 이제 이 책을 덮어도 좋을 듯합니다.

하지만 아직 마지막 난점이 남아 있습니다. 바로 정복자들을 정복한 이 위대한 사랑 그 자체를 극복해야 합니다. 이런 장애는 넘지 못할 수도 있습니다. 왜냐하면 사랑의 본질 속에 숨어 있는 장애이기 때문입니다.

우리가 하나라고 하면 어떻게 결합이라고 할 수 있겠습니까?—결합하자면 둘이어야 하지 않겠습니까?

완벽한 결합으로 인생을 살아가더라도, 거기에는 둘을 가르는 미묘한 차이가 있게 마련입니다. 아내는 항상 여자로 살 것입니다. 그럴수록 더욱 사랑받게 됩니다. 아무리 현명하더라도 어린애 같은 모습을 간직할 때 그녀는 더욱 찬미받을 것입니다.

아내는 이런 차이를 완전히 없애고 싶어할지 모릅니다. 남편을 더욱 즐겁게 해줄 수 없는지, 그와 좀 더 같은 마음이 될 수 없는지, 그와 더욱 긴밀하게 한 몸이 될 수 없는지 시험하고 자문하는 여자를(이것은 물론 감동적인 모습입니다) 봅니다. 그러나 단 한 가지 장애는 그녀가 여자라는 사실입니다.

언제나 그녀를 다르게 하는 그 무엇이 남아 있습니다. 세월과 의지에 따라 줄어들기는 하고 사랑은 커져가지만, 그래도 여전히 사라지지 않는 것입니다.

여자는 아름다움입니다. 부드럽기 그지없고, 약간 나약하지만 수치심과 수줍음, 변덕, 미래에 대한 막연한 추정 등 얼마나 유연한지 알 수 없지만(형태로서나 운동과 스타일에서도), 아무튼 그 아름다움과 우아함이 있습니다. 이런 것은 정확하고 똑바른 직선과는 반대입니다. 바로 남자의 위대한 방법인….

418

여자는 항상 정의보다 더 위 또는 더 아래에 있습니다. 사랑과 신성함과 예의, 아량, 그리고 명예를 여자는 놀랍도록 잘 느끼지만 법은 가장 느리게 느낍니다.

그런데 법과 정의는 현대생활에서 최고의 원칙입니다. 우월하고 완전한 원칙입니다. 왜냐하면 공평하고 선의로운 정의는 (그래야 마땅하지만 완전히 올바른 것이자면) 사랑의 결과이고, 나라를 감싸는 가장 높은 사랑입니다.

가령 여자가 옛날에 거기까지 이르렀다면, 이는 매우 보기 드문 노력이 따른 결과입니다. 지상에서 여자의 위대한 사명이 아이를 낳고 새로운 개별적 생명을 빚어내는 것인 만큼, 여자는 모든 것을 개별적으로 취하며 집단적으로 취하는 것은 아무것도 없습니다. 여자의 애덕은 요구받은 것에 대한 온정이자, 굶주린 자에게 주는 빵입니다. 하지만 남자의 애덕은 그 모든 힘을 발휘하도록 보장하는 법입니다. 그 힘을 자유롭고 힘차게 만들며, 그 힘으로 스스로를 누릴 수 있고 또 위엄 있게 살 수 있도록.

자세히 들여다봅시다. 여자는 얼마나 천천히 자기 시대의 정신을 수용하는지.

여자의 마음보다 더 따뜻한 것이 있습니까? 그 선의는 모든 본능(자연)을 끌어안습니다. 사람이든 짐승이든 고통받고 나약한 모든 것은 그녀의 사랑을 받고 보호를 받습니다. 그녀의 식솔(또는 하인)에 대한 정은 극진합니다. 과거에는 전혀 그렇지 않던 새로운 것도, 그녀는 겸손하게 존중하고 동기를 설명하면서 지시할 뿐입니다. 그렇지만 우리가 보호하려 하지 않는 자연스런 평등은 아무것도 요구하지 않습니다. 그저 바르기만 하면 되고, 불쾌하지 않기만 하면 됩니다. 그녀의 세련은(귀족적 태도일까요? 아닙니다. 우아하고 세련된 여인의 자세입니다) 하인들의 무례한 접촉을 괴로워합니다. 신세대의 신성한 말인 '우애' 라는 것은, 그녀의 입에 올려지기는 해도 아직 읽어볼 수는 없습니다.

그녀는 때로 신세대의 미덕에 초연해 보입니다. 그녀는 바른 것 이상입니다—예의 바르고 매우 관대하고. 하지만 지나친 정의는 정의 자체를 파괴하기도 합니다.

아내에게 모든 것을 털어놓는 남편은 이 밤에 잠들지 못하고 흥분해 뒤척이면서 아무튼, 이런 동요를 설명해야 하나 말아야 하나 주저합니다. 우리의 생존 경쟁의 현장에서 그는 힘든 일이 있고, 이런 슬픈 사실을 여자들이 알지 않게 하려 애씁니다. 아내는 애정과 축복일 뿐입니다. 그런데 그런 아내에게 좋은 일에 대한 사랑이라면 말할 수 있겠지만 나쁜 일에 대한 증오를 어떻게 말합니까? 정의와 명예의 불가분한 전사들이며, 정의에 대한 신성한 분노를. 이런 것을 다 털어놓는다면 마음을 조이게 할 것입니다.

그런데 이런 침묵에 아내는 불안해합니다. 아내는 밤새 참고 바라고, 기다립니다. 마침내 날이 밝으면 은밀하게 남편의 손을 잡으며 그가 아픈지 물어봅니다. 그렇게 남편은 그가 버텨온 싸움을 감추지 않고 자신이 당면한 정신적 결투를 털어놓습니다.

그는 오늘 아침 자신의 경쟁자를 쓰러뜨리거나 아니면 자신이 쓰러져야 합니다. 그는 상대에 치명적인 무기를 지니고 있는데, 즉 양자 간의 문제를 효과적으로 해결할 수 있을 결정적인 비밀 말입니다. 그는 상대방을 거꾸러뜨릴 수 있고, 그렇게 해야만 합니다. 왜냐하면 공익의 적이자 당파의 이익이나 챙기는 사람이기 때문입니다.

"그래요, 어쨌든 그는 당신의 적이에요.

– 그러니 망설일 수밖에… 내가 어떻게 해야 하냔 말이야? 내가 양보한다면 법과 정의를 내주게 되는 거잖아.

– 아이고, 여보. 내가 조금만 더 젊고 예뻤다면, 당신 아기를 갖는 행복에 젖어 있을 때였더라면 그렇게 사랑할 텐데. 아이고! 내가 그런 힘이 없으니 어떡해요? 당신을 꼭 안아주고 잘 지켰을 텐데. 오늘 아침 나가지 말라고.

– 내가 어떻게 하길 바래? 모든 것이 정해진 시간에. 내가 없

으면 모두 잃을 것이고, 그러면 결국 자책하게 되고, 불의에 승리를 건네줄 텐데.

　- 하지만 당신의 적도 구해야지요. 마음을 크게 잡수세요. 나도 그러면 좋을 거예요. 멋지게 나한테도 져봐요. 그러면 나도 다시 젊어질 거예요."

　그는 감동했습니다. 아내는 그토록 겸손하고 관대한 매력으로 넘치지 않습니까! 오직 사람만을 구하려 하고, 모든 양보와 희생만을 처음으로 요구하지 않습니까.

　그녀를 얼마나 헤아리고 존중하고 사랑하는지를 입증하지 않고서 거절하기란 얼마나 어렵겠습니까! 그녀는 울며 죽상입니다. 이것은 너무 강한 유혹입니다. 정의는 요구합니다, 조국과 이성을!

　사랑, 사랑이여! 그대는 아직도 정의가 무엇인지 알지 못합니다!

7
죽음과 애도

나이가 들면서 내 사고는 지칠 줄 모르는 여행자처럼 역사와 삶을 거쳐 나아가다보니, 어느새 두 정상에 도착했습니다. 하나는 기꺼이 안착하는 곳이고 다른 하나는 모든 세상이 보이는 곳입니다. 그 봉우리는 죽음과 사랑이라는 봉우리입니다.

그곳에서 바라보는 이 지상은 별것 아닙니다. 그 넓기도 아무것도 아닌 듯하고, 세월의 길이나 나이의 차이도 줄어드는 듯합니다. 우리의 무지는 다양성을 과장합니다. 내가 오른 곳에서는 서로 다른 풍습에 따르며 살아가는 항상 영원한 인간을 봅니다.

그렇다고 평지로 내려서지 못하는 것은 아닙니다. 다시금 인간의 역사와 자연의 역사라는 들에서 수확을 하러 말입니다. 아무튼 나는 스위스 사람처럼 합니다. 겨울에 나는 낮은 곳에서 일합니다. 일이 끝나면 나는 고독한 꼭대기로 올라가 마음을 평온히 가라앉히고서, 지극히 단순하게 사물의 분명한 싸움을 포용하게 되고, 그 불화를 겪는 듯 보이던 것의 깊은 일치를 보게 됩니다.

꽃

이 책은 죽음에서 시작했다가 이제 다시 그것으로 돌아왔습니다.

이 책 앞에서 격렬한 죽음을 보았습니다. 우리는 모든 것의 출발점이 되는 신체 기관의 수수께끼 속에서 여자(그 사랑)를 밝혀보았습니다.

이 책에서, 보이지 않지만 충실한 동반자인 죽음은 단 두 번, 요란하지 않게 등장했습니다. 또 그것만으로도 그전에 없던 강력한 신경의 힘으로 사랑의 매듭을 조이기에 충분했습니다.

죽음은 출산이라는 극적인 사건에 나타날 위협이 됩니다. 죽음은 또 병든 날의 어둠 속에서도 모습을 보입니다. 이런 것이 죽음의 잠재적 매력입니다. 서로의 마음을 이어주는, 그 두 번째 출현에서 영원한 불꽃이 타오릅니다. 나는 이것을 "사랑의 회춘"이라고 부릅니다.

하지만 죽음은 여전히 끝나지 않았습니다. 죽음은 존재의 유일한 조건이자 수단이라 믿어지는 삶을 지지하면서도, 어떤 것들의 존재를 방해하기도 합니다. 죽음은 두 영혼 사이에 여전히 구별되는 것이 있다고 주장하는 듯합니다. 가령 여자는 영원히 하느님의 은총에 헌신한다면 남자는 정의에 헌신한다고, 서로 녹아들 수 없는 이것이 삶의 결함이라고. 죽음은, 오직 자신만이 그런 마지막 차이를 없애며 또 죽음을 벗어날 수 없는 사랑이 그 슬픈 자매(인 죽음)를 통해서 궁극적인 결합에 이를 것이라고 말합니다.

그렇다면, 그럴 수밖에 없다면 죽음은 좋은 것이라고 하겠습니다. 나는 내 생각으로 빚어낸 두 자식을 방어할 수 없습니다. 아무튼 내가 만들어내고, 키우고, 아끼고 결혼시키고, 조언하고, 20년 동안 꿈꾸어왔던, 그리고 『여자의 사랑』이라는 이 책을 지난 2년에 걸쳐 써왔던…. 나는 그 주인공들을 사랑했고 이제 떠나자니 아쉽습니다. 하지만 사랑(의 신)을 다 태우지 못하게 하는 것이 바로 삶일진대, 어떡하겠습니까?

남자는 죽게 되고, 여자는 울게 됩니다.

보통은 그렇게 보는 대로입니다. 여자는 그렇게 나약한데, 애도하고 눈물을 흘리면서 아무튼 과부로 살아갑니다.

남자로서는 당당히(힘이 있을 때) 죽는 것, 젊어서 죽는 것, 적어도 한창때 죽는 것이 아름답습니다. 그럴수록 더욱 아쉽습니다. 그를 불쌍히 여기지 맙시다. 하지만 여자는 어떻습니까!

일에 매달려 바쁘게 살아왔던 남자는 아마 이런 큰 애도를 느끼지 못할 것입니다. 또 오랫동안 애도 기간을 가질 줄 모릅니다. 하지만 여자는 아이고! 그녀에게서 그 충격[죽음에의 상심]은 또 얼마나 오래 질질 끕니까! 생각하기도 어렵습니다.

❦

마치 어제의 일처럼 기억이 생생합니다. 우리가 할아버지 장례를 치르고 난 그다음 날 밤에 비가 내렸습니다. 그러자 할머니께서 아직까지도, 40년이 지난 지금까지도 귓전을 울리는 통곡의 말씀을 하셨지요.

"아이고, 하느님! 그 사람 비 맞겠어요!"

이런 것을 바꿀 수는 없습니다. 본능에서 나오는 말입니다. 모든 남자, 여자가 말하고 또 할 것입니다. 아주 나직하게 중얼댈지 모르지만, 그래도 확실히 그런 생각은 계속될 것입니다.

우리가 냉정할 때, 우리가 거의 사랑하지 않을 때, 우리는 더욱 고상하고 자부심에 넘칩니다. 우리는 마음을 무덤 속에 묻어두지 않습니다. 우리는 거기서 멋진 날개를 상상합니다. 하지만 고통에 옥죄이게 되고, 고통이 우리를 진정 사로잡을 때에 우리는 목까지 차오르는 그 보이지 않는 고통에 이렇게 소리치게 됩니다.

"그 사람이 비를 맞고 있어!"

우리가 말하듯이 이것이 단순히 옷이나 덮개를 씌운다고 될

426

일이겠습니까? 매일매일 삶을 쌓아왔던 그 육신, 모든 정념과 활동의 자취를 간직하고, 천 년 동안 또다시 그 미묘하고 감탄할 만한 치아와 비단처럼 아름다운 머리털을 간직할 그 육신이, 당신이 쓰다듬던 그 육신이, 그 모든 것이 그토록 한 여자에게 강하게 뒤섞이고, 그 마음은 거기에 얼마든지 부딪혀도 좋고, 더 이상 없는 사람을 보면서도 그렇게 말하지 않겠습니까.

"그녀 위에 비가 내리는구먼."—그것들 속에서 더는 없는 그녀를 보면서, 그것들과 혼동할 수밖에 없게 될 그의 마음….

12월입니다. 차가운 햇살이 농촌을 하얗게 덮은 서리를 반짝이게 합니다. 이전에 소란하던 집은 이제 고요하고 겨울의 숨결에 떨 뿐입니다. 둥글게 모여 앉은 가족 모두를 비추던 화덕은 그 곁에 바짝 붙어 앉은 과부조차 제대로 덮혀주지 못합니다. 방 한구석에 두 자리가 기다리고, 영원한 기다림 속에 놓여 있습니다. 그가 집으로 들어오면서 그녀에게 다가오던 의자입니다. 그곳에 앉아 그는 하루의 일을 들려주었고 내일의 계획을 들려주었습니다—그 바로 곁의 작은 의자는 아기가 방금 일어서서 아빠와 엄마에게 달려들던 의자입니다. 재롱을 떨고 두 사람을 방해하고, 웃기려고 하면서….

그녀에게 무엇이 남았습니까? 어두운 그림자입니다. 이제 흰 머리띠로 묶은 그녀의 아름다운 머리는 반쯤 헬쑥해진 관자

놀이를 덮습니다. 그녀는 여전히 우아하고, 더욱 크고, 날씬해
지고 또 그녀가 축 처진 눈길로 두리번거리며 텅 빈 아파트를
둘러볼 때 여전히 젊어 보입니다. 매력적인 얼굴에서, 충실한
마음으로 모든 운명이었던 마음을 흔드는 눈도, 거의 떠오르지
않습니다. 즉 그녀는 감출 수만 있다면 모든 것을 감춥니다. 하
지만 젊은이들이 부러워할 만한 것이 두 가지 남아 있습니다.
하나는 자기 인생에서 그것을 건드리지 않고 살아온 순진한 여
자에 대한 위로로서, 하느님이 주신 순결이라는 감탄할 만한
자질입니다. 아무런 동요의 빛도 드러내지 않는 피부는 투명하
기만 합니다. 그것은 청춘의 장밋빛에서 자개빛 엷은 장밋빛으
로, 미묘하게 반사됩니다. 과부를 치장하는 또 다른 것은, 그녀
자신이야 어떻든 그 검은 베일을 쓰고 애도하면서도 그에게 줄
지 모르는 것인데, 그가 승승장구하던 때에도 전혀 그렇지 않
았던 신비스런 광채, 그 부드럽고 힘찬 눈길입니다. 아! 눈이란
진정 얼마나 아름다운 것입니까! 세월이 가면서 존중할 수밖
에 없게 된 충실한 아름다움 아닙니까! 그러니 무슨 말을 더 하
겠습니까. 시련과 고통은 다른 모든 것을 시들게 할 수 있었습
니다. 하지만 시선만은 마음과 마찬가지로 고통을 겪으면서 아
름다워집니다.

　그녀는 반쯤 꺼진 난롯가를 떠나 창가에 기대어 하루해가 지
는 것을 행복하게 바라봅니다. 가슴에 두 손을 얹고서 그 소리
를 들으며 겨울의 애도를 주시합니다. 북쪽 하늘에서 어느새

별들이 반짝입니다. 죽음과 노쇠와 또 그 찬란한 겨울밤은 날카롭게 날을 세우고서, 그 모든 혹독함을, 영원히 꺼지지 않고 타오르는 불꽃을, 그 가엾은 노파의 가슴에 집중합니다. 그녀는 중얼댑니다.

"세상도 청춘도 소란도, 꿈같았어. 떨리는 꿈. 그 꿈속에서 내 사랑이 절대로 찬란한 적은 없었지. 오늘, 모든 것은 당신한테 가 있고, 나는 그렇게 밤새 바라보고 있어요!"

8
죽음을 넘어서는 사랑

하지만 부인, 너무 오랜 밤을 지새우고 너무 많이 울었습니다. 별들도 흐려지고. 벌써 아침이 오지 않았습니까. 이제 좀 쉬어야지요. 당신이 헛되이 찾고 있는 당신의 반쪽인 그가 없으니, 당신은 텅 빈 방 과부의 침상에서, 꿈속에 찾아와 이런 말을 해주길 기다리겠지요.

"아! 당신한테 얼마나 할 말이 많았는지! 그런데 살아 있을 적엔 거의 못 했지. 그 첫마디부터 하느님이 나를 나무라셨지. 너무나 오랜 뒤에야 가까스로 그 말을 했잖소. '당신을 사랑한다' 고. 당신한테 내 마음을 다 쏟아 붓자면 영원한 세월로도 다 못 할 거요."

"대지를 신성하게 하던 은은한 연주회가 우리 사이에서 시작되었지. 우리 속에서, 하나가 된 두 마음으로 천상의 연주자가 신성한 악기를 연주하고. 그가 서곡을 울렸고… 그 줄이 끊어진다면, 만약 그토록 요란한 불협화음 같은 죽음이 이 리라를 멈추게 한다면, 그래도 여보, 영원히 끊어졌다고, 하느님이 그것을 치워버렸다고도 생각하지 맙시다. 노래가 중단된 것은 완전히 다른 소리가 나는 곳에서 다시 시작하려는 것일 테니. 낮은 세상에서 해방된, 절대적인 자유 속에서 말이오.

내 넋이 들어 있던 내 육신 어느 부분, 어느 요소도 잃지 않았음을 당신이 알잖소. 그 몸을 이루던 것들은 그 비슷한 것들을 찾아, 그 친척들을 찾아갈 거니까. 육신을 하나 되게 해주었던 조화로운 힘이던 내 넋이 그렇게 오래오래 살아남게 되지 않겠소! 살아남아도, 하나일 뿐이고. 결합이 그 본능이니까. 그렇게 남아서 더욱더 원래 그랬듯이 견인력이 될 거요. 애당초 결합되던 그 주변 모든 것이, 물리칠 수 없이 그것으로 되돌아온다오. 사랑으로 동화되고 본능과 같아지면서 말이오.

나, 불완전하니 당신을 기다리겠소. 아직 그 세상에 살아 있는 내 소중한 절반과 간절히 하나가 되고 싶은 욕구에 넋을 잃고 있다오."

"그럴 수밖에 없었소. 우리 사랑의 고통과 혼을 나누려고 애써도 늘 불만이었고. 쾌락 속에서 무기력하고, 행복 속에서도 우울하던 것을 생각해봅시다. 눈빛과 말과 열렬한 격정이 우리의 장애였지. 하지만 어떤 장애인지 우리가 어떻게 알겠소. 마음속으로 항상 '나중에, 차차!' 라고 하고. 또 '아직 그래. 이건 아닌데' 라고 했잖소. 본능이 잠시 쉬게 되는 임신기에도 사랑은 멈추지 않았지. 당연히 사랑하는 사람의 유일한 상대인 그가 금세 눈이 멀고, 어둠 속에 빠진다는 것이었겠지. 이런 깊은 망각에서 인격은 사라지며 훼손되었고. 그는 더는 아는 것이 없다고 생각하는 '그녀' 에게서 한순간, 가령 이 여자가 '그녀라면!' 이라면서… 바로 이렇게 슬픔과 의심으로 쓰라린 말을 터트리지 않았소."

"항상 불완전하고 불확실한 이것이 대체 무엇일까. 막연하게만 채워지는 욕망에 대한 생각조차 사라지고…. 사람과 사람의 기운이 합쳐지는 가운데 모든 것이 정신을 잃고 떠나버리며, 일순간의 죽음인지 반짝하는 쾌락 속에서, 결합이 결합인지 무엇인지도 모르겠으니."

"이렇게 불타는 격정에서, 뜻밖에 제삼의 것이 뒤섞이잖소. 죽음에 대한 생각 말이오. 떨린다고? 아니오. 우울하고 매력적이기도 해요. 죽음은 이렇게 속삭이니까."

"두려워하세요, 기대해보세요. 엉터리 죽음으로는 이곳에서 한 발짝도 나갈 수 없습니다. 다른 곳이지요. 나를 통해서, 그

432

해방을 통해서 빛나는 세상의 계단을 올라가서, 당신 자신들도 빛의 해방에 참여하면서, 그렇게 서로가 서로를 관통하게 되고, 사랑의 찬란함을 한순간도 놓치지 않고서 오직 빛 속에 섞일 수 있습니다."

❧

"우리는 이렇게 올라왔소. 하지만 어떤 기술과 대가를 치렀소? 가장 단순한 수단을 찾았지요. 하느님의 수단을. 사람의 기술은 애써야 하고 힘겹고 복잡한 길을 가야 하지만, 하느님의 길은 곧장 빠르고 편하니 그렇소. 정신에서도 모든 것은 육체와 같소. 비슷한 것이 비슷한 것을 찾고, 본능적으로 결합하니까. 그렇지 않으면 무한한 힘은 흩어져 사라질 테니. 이 세계라는 기계는 살아 숨 쉬는 것들로서 그토록 조화롭고 두드러지지만, 그 반대로 보이지 않는 것에서는 불화가 두드러지지 않소. 가장 서툰 일꾼의 솜씨보다 못하게.

"이 지상에서 우리가 가장 완벽하게 닮고 동화되었을까? 우리의 이런 노력은 허사였지. 내 맹목적인 욕망 때문에, 또 모든 헌신을 다하지 않았기 때문이지. 우리는 항상 같은 노력을 되풀이하고, 우리가 서로 결합될 수 있었을, 영혼이 통하는 문에 접근할 힘도 없었소. 당신은 나를 한 사람으로 보겠지만 내 속에는 여러 사람이 들어 있소. 독신생활의 침묵과 기억력으로 그들을 차츰 되찾고, 늘 당신의 행복인 당신이 속한 무한한 영혼 속에서, 당신은 더욱 큰 행복을 찾아야 해요. 그것들, 그 힘과 사고를 모아보구려. 그것이 나를 만들었던 것이니. 그것들은 부드럽게 유연한 마음으로 사람들의 정신에서 나온 새로운 수태를 하게 할 것이니…."

"당신이 고통받는 것이 괴롭지만, 그렇게 하면서도 당신은 회복해야 하오. 사후에 하나가 되는 것은 고통과 아픈 상처로써 이뤄지니까. 이런 상처가 내 영혼을 삼킬 것이고, 또 그렇게 융화되자면 당신은 그 세상에 있을 수는 없소. 어느 날 아침 떨칠 수 없는 유혹에 사로잡혀 당신의 마음은 더 이상 없고, 당신은 마치 화살처럼 바로 내가 있는 곳으로 날아오지 않겠소. 그런 추에 매달린 스프링에서 떨고, 다시 일어서고, 원래로 되돌아오는 것은 더욱 어렵지 않은 일이오. 그런데 나는 당신의 자연이고 당신의 자연적 생명이오. 장애가 제거되면 당신은 내게 돌아오게 될 거요.

장애, 이것은 여전히 우리 사이에 실재하는 차이인데. 아, 제발, 나 자신처럼 되면 안 될까! 그러면 당신은 완전히 내 것이될 텐데."

"고통이 오늘 당신의 실존이오. 나는 당신이 실제로 고통받길 원하고 있소. 유해의 차가운 돌멩이 곁에 앉아 있지 말구려.

마음이 우아해지려면 시간과 시련과 고통을 견뎌내야 하고, 또 신념에 찬
사랑이 필요합니다. 또 이런 것이 정확한 대칭을 이루는 것이 점잖은 언행입니다.
참다운 청춘, 매력적인 젊음은 훨씬 뒤에 시작됩니다. 당신은 젊지 않을지
모르겠지만, 부인, 당신은 그렇게 젊어지고 있습니다.

깊이 애도합시다. 진정으로 나에게 어울리게. 모든 사람의 마음을 너그럽게 해주는 고상한 눈물로써.

내 영혼이 그들 위에 오락가락하는 것을 느끼지 못하는 실성한 친구들인, 이 가엾은 사람들이 보이는구려. 나는 그들 길 잃은 무리가 내가 정말로 묘 속에 있다는 듯이 황망하게 헤매는 것을 보고 있소. 당신이 그들이 절망하고 망각하지 않도록 도와주시고 이렇게 말해보구려.

'그는 아직 살아 있습니다.'"

"당신이 그렇게 확신할 때 그들도 그렇게 믿을 거요. 그들의 집이던 내 집은 그들에게 자신들의 결함을 상기시키고 계속하게 해줄 테고. 그들이 괴로워하던 불확실과 망설임 속에서, 그들은 내 가정을 다시 보고 싶어하게 되고, 다시 따뜻하게 덥힐 것이오. 그 불꽃은 당신에게서 타오르고.

바로 그곳에서 당신이 내 혼을 지킬 것이고. 누가 알겠소? 당신만이 알지. 당신을 통해서 내 영혼은 자라나고 새로운 가지를 칠 것이니. 거친 남자로서 내가 했던 것 이상으로 가지를 칠 수 있겠지. 내가 고통과 열망으로 아름다워진 여자의 매혹적인 모습에서 나를 되찾을 때."

"내 영광이던 이런 우애의 고리는 당신으로 이어지고, 그 불꽃이 내 삶을 계속하게 할 것이오. 사랑하는 그 사람들을 지키구려. 거기서 어느 날 내 생각이 그들과 함께 어우러지면 나는

당신들이 내 새로운 삶으로 찾아오는 것을 보게 되겠지. 다시
금 당신의 옛날처럼 젊고 매력적인 모습을 보지 않겠소? 일을
멈추고서 집에 들어왔을 때, 당신은 내게 오로라처럼 웃으며
이런 말을 하지 않았소?

　'좀 놀기도 하세요. 당신 친구들이 이렇게 기다리잖아요!'"

❧

　바로 이런 소리를 듣는 것이 과부와 그 독신생활입니다. 그
것은 남편의 혼의 연장입니다. 이런 충실한 절반 속에서, 여전
히 세상에서 그로부터 오는 추억과 예감으로 이승과 저승을 오
가는 것입니다.

　한쪽 발은 높은 하늘나라로 가는 길에 걸치고서, 그곳에 올
라갈 준비를 하고 천상의 생활을 바라 마지않는 대단한 종교적
입장입니다! 이 부인에게 다가서는 사람 누구나 그녀에게서
신성함을 느낍니다. 세상에 어떤 전쟁도 겪지 않고 또 선한 것
이나 하길 바라는, 고인들의 따뜻한 혼 말입니다.

　– 이쯤에서 그쳐야 좋지 않을까요! 하지만 과부의 이런 성스
런 일과는 미래의 종교들을 인간적으로 만드는 면입니다. 이제
는 너무나 많아서 더 이상 필요도 없는 종교들을!

　나는 그녀가, 우리가 교훈을 구하는 모성적 사랑으로 관계를
유지하는 옛 친구들과, 또 더 이상 살아 있지 않은 사람과 맺는

437

새로운 우정에서도 그녀를 따르지 못합니다. 남편이 그에 걸맞은 작업을 남기지 않았지만, 그 대신 항상 이야깃거리가 되는 행동을 남겼다면, 특히 그가 생전에 민중생활의 투쟁에 몸을 바쳤다면 어떻겠습니까. 그렇다면 그는 자신의 분신으로 살아남은 과부가 각별하게 그의 기억을 보살피고, 가꾸고 어설픈 평가를 방어하며, 그에게 시간을 벌어주면서 그 영광의 부활을 꾀할 것입니다.

그녀는 그의 충실한 증언자 역할을 해낼 수 있습니다. 어느 날 아침 빛이 듭니다. 오랫동안 먼저 떠난 남편처럼 어둠 속에 있던 과부는 신전 박공에서 아침햇살을 받아 신선하게 퍼지는 광채를 봅니다(전설 속의 잠들었던 요정들이 깨어나듯이).

그녀는 비록 늙었지만, 마치 그가 살아 있다는 듯이 말하는 소리를 듣는 놀라운 매혹에 사로잡힙니다.

"바로 그이야!"

사방에서 아이들은 그가 온 줄도 모르면서 바로 그 똑같은 아버지를 찾습니다. 아이들은 어려서 볼 수 없다고 아쉬워합니다. 그리고 그의 삶을 증언하는 행복이 무엇인지 어머니에게 궁금해합니다. 바로 이렇게 그는 이미 옛날의 조상이 됩니다. 그녀는 그가 자손에게 빛을 발하는 것을 봅니다.

이런 것이 모두에게 주는 그의 전설의 효과입니다. 그러니 그를 그토록 가까이에서 보고 사랑했던 그 사람을 항상 애도하던 그녀로서는, 이제 전통을 통해서 빛으로 변신한 그를 다시 본다는 그 효과는 얼마나 크겠습니까!

이제 막 사라진 사람의 제단은 다음 세대에게 종교의 대상입니다. 그곳을 찾지 않고 과부를 명예롭게 하지 않는 어떤 젊은 이도 없을 것입니다. 그들은 이미 전설로 후퇴한 나이를 상기하기 어려운 우아한 여인을 봅니다. 우아함을 간직하게 한 것은 마음이 충만하고, 모두에게 선하고 겸손하며, 어린이와 젊은이를 위한 연민과 그들의 행복을 비는 소망만을 담아주는 사랑입니다.

다정하면서도 깊은 그림자가 그녀를 감싸고 치장하며 아름답게 합니다. 비록 그가 이 땅의 사람은 아니지만, 그녀가 그렇게 늦게 태어났다는 것을 아쉬워하며 다시금 그녀 곁으로 찾아왔다가 그리움에 젖어 떠납니다. 이렇게 헤어지도록 한 시간을 원망하며 그는 깊은 마음속에 이런 말을 남깁니다.

"아. 여자여, 얼마나 사랑했는데!"

1. 고대와 근대 사회에서 사랑이 어떠했는지.

2. 오늘날 사랑은 어떨 수 있는지. 우리 여건에서, 오직 사랑만이 사회 개혁을 가능하게 하는 유일한 도덕적 · 정신적 수단이라 생각하고서.

3. 이성과 정의의 세계가 온다면 사랑이 어떻게 될는지. 우리가 고대하는 그런 날에.

바로 이와 같은 것이 전체 주제에 해당합니다. 지금은 두 번째 주제만을 다루었습니다.

첫 번째와 세 번째는 종교적 · 사회적 · 정치적 문제가 방대하고 복잡하게 얽힌 것이므로 언젠가 밝혀야 할 것입니다.

두 번째 주제는 "사랑 그 자체"입니다. 개별적으로 보이는 것으로서 집중되고, 고독하다고 생각했던 그 진보를 따르는 사랑입니다. 하지만 정신적인 문제에서 어떤 주제도 이렇게 고립되지 않습니다.

여기에서 사랑은 가정을 창조합니다. 사랑은 확고하게 가정을 창조합니다. 그렇게 그곳에서, 살아 있고 유연하며 진보하는 것을 만들어내기 때문입니다. 사랑이 작동하지 않는다면 그

불은 꺼집니다. 나무는 성장하지 않으면 죽습니다. 사랑은 그것을 황폐하게 만들고 신경을 돋우는 공허한 동요를 벗어나 자유롭게 살아 움직이면서 나아갈 때, 그토록 빈번하듯이 자연스레 진보할 것이며, 종종 역사에서 사회를 풍요롭게 했던 힘찬 빛을 발할 것입니다.

너무 간략하고 불완전한 이 책을 끝내자니 슬퍼집니다. 그 까닭은 "문화와 교육" 또는 정신의 도야라고 불러 마땅할 장들을 좀 더 심화시키지 못했기 때문입니다. 새로운 예술의 씨를 뿌린(역부족이나마) 사실상 실용적인 장들이 그렇습니다.

새롭지만 얼마나 절실합니까! 오늘날 가족은, 종교나 정치에서 거의 도움을 받지 못하는 만큼 일용할 양식을 사랑에서 구해야 하고, 끊임없이 그 깊은 샘을 길어내야 하기 때문입니다.

결혼을 전후한 신성한 순간에 여자에게 어떻게 말해야 할까요? 그녀가 이전부터 듣고 믿어온 완벽한 신앙의 시간을 어떻게 영원하게 끌어가겠습니까? 훗날 그녀의 마음이 흔들릴 때, 권태와 슬픔으로 그녀가 몽상에 빠지게 되면 그것을(그 행복한 믿음을) 어떻게 되찾도록 하겠습니까? 더욱 심사숙고했어야 할 문제들입니다.

'임신과 마음의 안정'을 다룬 장에서 나는 사랑의 실질적인 문화를 보여주는 사례들을 제시하고자 했습니다. 나는 여성 교육이, 자연이 정해준 주기적 방식과 생활 리듬을 주목할 필요가 있다는 점에서 남성과 다르다는 대단히 필수적인 점을 주목했습니다.

'유혹과 마음의 안정'이라는 장에서는 사랑을 기피하거나 회복하는 등, 사랑에 변화를 줌으로써 매우 간단한 방법들을 제시해보고 싶었습니다. 정념에서 사랑의 대상은 거의 중요하지 않습니다. 그 때가 중요한 것입니다. 사랑하는 사람은 진정 사랑할 필요가 있습니다. 유치할 정도로 그 욕구에 사로잡혀 있지만, 이는 사랑에 대한 사랑일 뿐입니다(즉 사랑하고 싶다는 강렬한 사랑입니다). 아기와 어떤 생각, 새로운 장소에 대한 사랑, 심각한 일에 대한 사랑만으로도 그 사람은 너끈히 차분해집니다. 또 드물지 않은 일이지만, 별로 경험이 많지 않은 여자도 자신이 이상형으로 삼은 남자를, 그가 신통치 않은 사람인데도 집착하곤 합니다. 하지만 진실로 우수한 점을 보여준다면 그녀는 상식을 되찾을 것입니다. 바로 이런 식으로 시골의 눈부신 수다쟁이에 홀린 여자가 정신을 차리도록 하자면 베랑제〔요양원〕을 가서 보기만 해도 됩니다.

그리고 다음과 같은 중요하고 결정적인 장을 더욱 심화시켜 보고 싶었습니다. 얌전한 아내로서(이면서도) 동시에 남자에 대해서 여자가 합리적인 영향력을 갖게 되면, 마치 젊은 아기 엄마처럼 지출을 통제하고, 생활을 재분담하고, 남자의 맹목적인 격정을 가라앉히고 즐거움을 주는 때든 힘을 행사하는 때든 항상 행복의 빛을 발하곤 합니다(5부 2·3장).

바로 이런 것에서 정신과학과 생리학이 가장 비옥한 예술, "사랑으로써 생기를 되살리는 예술"을 빚어냅니다—케케묵은 궤변의 불건전한 해악과 정반대입니다—.

이 미묘한 문제로 들어서다 말았습니다. 그래도 우리는 커튼을 내려 가리고 모든 것을 공상에 맡기면서 점잖은 척하는 것이 아무것도 순화하지 못하며, 그 이전보다 더욱 도덕적으로 만들지도 못한다는 것을 잘 알고 있습니다. 결혼의 내밀한 관계를 밝히지 않으려 하면서, 이런 점잔을 빼는 위선적인 태도는 우리가 무시할 수 있다고 생각했던 단조로운 육체적 부부관계라는 세계를 어둡게 방치합니다. 그러면서 사랑은 흥분일 뿐이라는 결정론을 폅니다. 그 속에 무한할 힘을 자극하는 바늘이 들어 있는 줄도 모릅니다.

예전에 유능한 외과의사 한 명이 학생들에게 신과 같은 존재였는데, 그들에게 위대하고 거친 스승의 이론에 따라 여성의 열등성과 남성의 절대적 존엄, 사랑의 공허함 등을 역설했습니다. 그는 학생들을 해방시킨다고 생각하면서 쾌락을 무시하도록 했습니다. 내 친구들 중에 한 유명한 생리학자가 그 제자였습니다. 그는 그 자리에서 그 양반한테 이렇게 말했습니다.

"선생님, 좀 신중하십시오! 학생들이 너무 안이하게 진지함 없이 거친 사랑만을 택하면 어떻겠습니까. 가정생활에 감춰진 따뜻한 남자의 애정도 모르고서. 너무 트집만 잡으려는 소리나들을 것입니다. 내가 의사처럼 말한다고요? 여자를 무시하는 것은 위험천만한 일입니다. 그런 말은 절제하도록 하지 않습니다. 오히려 남자를 형편없이 방황하게 하고 흥분에 들뜨게나 할 것입니다."

✣

이 책의 허술한 틈을 다시 보면서, 나는 여자가 스스로 쌓을 수 있는 내적 교양으로 여자를 이끌어보고 싶었습니다. 아내가 젊었을 때(거의 어렸을 때) 그녀를 아내로 맞은 남편은 나중에 사업에 바쁘고 일에 끌려다니다가, 저녁에 다 지친 몸으로 귀가하며 종종 풀이 죽어버립니다. 가정을 활기차게 샘솟는 천국으로 만드는 것은 여자입니다. 여자는 자신의 사랑으로 그 샘을 길어내고 하느님이 그녀에게 옮겨주는 '본능'의 순수한 목소리로써 그것을 이뤄냅니다.

'장미의 충고'는 대단히 많습니다. 나는 오랫동안 계속 이 장미가 직접 말을 하도록 해야 했을지 모릅니다. 그녀는 오늘날 여성에게 할 말이 많습니다. 또 오늘날 여성은 아주 훌륭하게 경청할 수 있습니다. 마음과 자부심이 얼마나 고운데!

자연 또는 본능이라는 이 위대한 조화의 의사는 하느님의 이름으로, 여자에게 혼자서만 꽃을 피울 것이 아니라 자신을 달고 있는 힘찬 줄기와 조화롭게 어울리라고 조언할 것입니다. 아! 꽃다발이나 숲에서 어쩌다 운 좋게 잠시 홀로 피어난 듯 뭐

444

하겠습니까? 그 줄기를 무시하지 않아야 합니다. 그 남자를 무시하지 맙시다. 비록 그가 한때 사려 깊지 못했거나 늘씬한 투사도 고대의 영웅도 못 될지 모르지만, 아가씨, 그 대신 그는 훨씬 우수한 면이 있다는 것을 생각해봅시다. 그는 억센 일꾼이지 않습니까. 바로 엊그제부터 그의 힘과 활동에서 나온 과학과 산업과 풍요로 넘치는 세상을 만드는 힘찬 일꾼 아닙니까. 그는 이렇게 모든 것을 바꾸어놓았습니다. 자연의 한쪽 곁에 그는 그 재능과 능력으로 또 다른 자연(세상)을 세웠습니다. 당신은 그 곁에 편안히 앉아서(유한계층의 여자에게나 해당되는 말이기는 합니다만), 바로 당신 아름다운 게으름뱅이는 그저 바라보고 즐기고 있지 않습니까.

"뭐라고요! 우리 서방님은 장사꾼이고 기업에서 일하는 노동자인데…."

그러니까 부를 창조하는 사람이지요.

"그럼 문인이나 화가는요?"

창작하는 예술가이지요. 원하는 대로 아주 밑바닥 일감까지 찾아보세요. 오늘날 모든 직업이 예술이니까.

보편적인 노력과 사상과 작품과 산물이 하나둘씩 빠르게 누적되면서 모든 것이 엄청나게 상승하면서 높아갑니다. "별것도 아닌 방법이군요?" 하지만 그 결과는 대단합니다! 현대인으로서 당신의 남편은 기존의 것을 찾아낸 것이 아니라 모든 것을 만들어냈습니다. 만약 우리 조상이 이 자리로 되돌아온다면, 그들은 감격해서 이 무서운 자손 앞에 무릎을 꿇을지도 모릅니다. 그러니 이렇게 일의 순교자를 존중하고 사랑하고 가엾게 여깁시다. 이 자랑스런 프로메테우스의 옷자락에 얼룩투성이라고 그 얼마 되지도 않는 흠집을 창피해하지 맙시다. 그의 창백한 이마를 보세요. 거기서 발하는 빛 사이에서 그는 땀을 비 오듯 쏟아내는데, 그것이 얼마나 번번이 피땀이더란 말입니까!

물론 그에게도 의무가 있습니다. 지나치게 일에 파묻혀 그 좁은 '궤도'만을 봐서는 곤란하고, 세부에 눈이 멀어서도 안 됩니다. 물론 사소한 것은 없습니다. 잘 압니다. 성공하려면 치밀해야 합니다. 그렇지 않고 정확하지 못하면, 결과는 불가능합니다. 하지만 노동자는 그 일보다 더욱 중요하며, 그가 그것을 지배하게 해야 합니다. 그가 일보다 위에 있도록 꼭 붙잡아주어야 합니다. 가령 일하는 사람이 그렇게 고상한 생각을 지킨다면 그는 나날이 여자에 대한 힘을 지킬 수 있고, 영향력을 행사할 수 있고 그것을 잃지도 않을 것입니다. 정이 많은 것 못지않게 정숙한 여자라면, 강하고 위대한 남자에게라면 누구에게나. 그런데 하찮아 보이는 일에서도 그 생명의 활기를 느끼는 사람, 그 예술과의 깊은 관계를 느끼는 사람은 결국 위대해집니다.

이 조용한 프로니크[프랑스 남서부] 해안에서 이 책에 공감하던 인간적인 바다 앞에서 나는 더욱 많은 이야기를 할 수 있었을지 모릅니다. 그 바다의 깊은 운율은 이 책에 큰 도움이 되

446

었습니다. 하지만 예닐곱 살짜리 소녀가 자신이 무슨 말을 한지도 모르지만 내게 해준 말을 듣고서 나는 이제 다 썼다는 생각이 들었습니다. 사람들이 목욕물을 긷고 있었습니다. 어부의 딸인 소녀는 놀지 않고 그 일을 바라보고 있었지요.

"무슨 생각을 하누, 예쁜 아가"라고 내가 물었습니다.
"할아버지, 바다는 아주 이상해요. 항상 물을 퍼내도 늘 그대로잖아요."

바로 그 무렵에 내가 했던 생각과 똑같았습니다. 물론 나의 다른 책인 바다에 관한 것이지만.

끝도 없는 이 주제를 나는 가능한 한 퍼냈습니다. 그래도 항상 문제는 그대로 남아 있습니다.

이야기(역사적) 소재는 두 권이 될 것입니다. 생리학에 관한 노트는 한 권이 넘습니다. 최소한 그 발췌와 편지와 고백들을 통해서, 내가 활용한 구체적 사실이 제시하는 것을 말할 수 있을 뿐입니다.

사랑이라는 큰 바다에서 끌어낸 이 작은 바다는 내가 빠지기에 충분할지 모릅니다. 수많은 비망록에 빠졌었습니다. 오늘 그것을 꺼내놓으려 합니다.

1. 이 책의 개괄

이 책의 끝에 와서도 우리가 그 시작하던 부분을 완전히 잊지 않았다면 우리는 사랑의 특이성을 상기해봐야 합니다. 즉 단계(나이·세대에 따른)마다 그 목적을 믿고 무한을 믿는다는 것입니다. 그러면 누구나 웃고, 그가 미쳤다고 합니다.

하지만 그렇지 않은 듯합니다. 사실 사랑은 번번이 무한한 영혼에 관심을 두고, 또 단련합니다. 하지만 우선 영혼이 담을 수 있는 미미한 한계 속에서 그렇게 할 수 있을 뿐입니다.

스무 살이 되어서 사랑의 꽃이 그토록 힘차게 말할 때가 있습니다.

"나를 바칠 거니까 모두 가져."

거짓말이 아닙니다. 하지만 줄 게 뭐 있겠습니까? 별게 없습니다. 여자는 그녀가 갖고 있던 것을 주는 것일 뿐 여전히 자신에게 없던 것을 주는 것은 아닙니다(2부를 봅시다).

여자가 임신으로 근본적으로 다른 사람이 되었을 때, 방금 핀 꽃잎이던 가벼운 금빛 비단 같은 살결이 변하기 시작했을 때, 목소리든 걸음걸이든 그 밖의 자의도 아닌 많은 신호가 이렇게 알리기 시작했을 때.

"내 속의 모든 것이 바로 그 사람이야."

물론 무한은 이루어졌습니다.

– 이루어졌다고요? 그렇습니다. 운명적으로, 하지만 영혼이 무한히 자유로워지지는 못했습니다.

그러나 결국, 변덕스레 억제되면서도 정신적·육체적 질환과 일시적인 불화를 제기하면서 꾸준히 자유를 시도하는 가운데, 조화에 자리를 마련하면서 두 사람은 다시금 더욱 다정한 결합을 추구하게 됩니다. 사랑은 이렇게 더욱 많이 분출되면서 승리를 거두고 "영원해졌다"고 장담합니다.

여자는 제2의 청춘을 맞아서도 여전히 아쉬워하며 바라는 것이 있습니다. 거의 언제나 자신의 수동적이던 매력을 벗어나 진심으로 적극적인 움직임과 행위를 보여주는데, 그렇게 여자는 임신이라는 불가항력의 운명에 따라서가 아니라, 의지와 사랑을 통해서 '자기 자신'이 됩니다(5부를 봅시다).

여태껏 일 때문에 부부는 떨어져 있었습니다. 여자는 자기 시간이 있었습니다. 이제 모든 시간이 여자의 것입니다. 밤이든 낮이든. 모든 점에서 남자는 그녀가 유용하고 매력적이라 느낍니다. 그는 그럭저럭 지내지 않습니다. 즉 아내는 차라리 어린 동무 같습니다. 진지하고 명랑하며 그가 원하는 대로 변신합니다. 아침에는 다정한 친구요, 저녁에는 여자로 그리고 언제나 천사처럼.

아내는 순종적이면서 필요한 경우 주도권을 잡기도 합니다.

그녀는 원하고 행동할 줄 압니다. 또 사업이나 생각에서 기운이 빠진 남편이 미적거리고 할 때, 뒤척이며 동요하는 밤마다 마치 마술에 걸리기라도 한 듯 그녀가 곁에서 웃고 있는 것을 봅니다. 그러면 못된 미망에서 깨어나 자신도 웃습니다. 이렇게 아내와 사랑을 하는 것만으로도 그는 날개를 되찾습니다.

바로 여기서 우리가 찾아왔을 것, 존재의 절대적 교환이 이루어지는 것은 아닐까요? 사랑이 무한하지 않습니까? 나약한 여자가 얼마나 훌륭하게 남자의 정신을 잘 받아들이고 붙잡습니까. 필요하다면 그녀가 그에게 되돌려줄 것이고 또 남성적 재능이 쇠약했을 때 그녀는 자신이 갖고 있지도 않은 것을 얼마나 그에게 주며, 잉태의 불씨는 결합의 기적이라고 할 만하지 않습니까?

아닙니다. 그 결합의 강도에 수준 차이가 있습니다. 두 사람이 선의로 만나고 진정으로 한마음이 되었다는 놀라움 속에 서로 부드러워질 때, 사랑과 연민이 한데 뒤섞여 따뜻한 눈물로 흘러내릴 때, 바로 이런 융합의 순간, 사랑이 물리칠 수 없이 승리하고 정신이 감각을 새롭게 하며, 젊은이보다 더욱 활달하게 욕망의 자극으로 되돌아올 때입니다.

좋은 것이고 얼마나 위대한 것입니까! 나머지 다른 것들은 부차적입니다. 우아, 재치, 이성, 이 모든 것은 여기에 수반될 때에나 값진 것입니다. 선善은 그 자체만으로도 전능합니다. 한 남자가 어떤 여자를 원하는 것이 다른 이유도 없이, 오직 그녀가 좋기 때문일 경우가 드물지 않습니다. 우리 인간의 심오한 조화입니다! 인간이라는 존재는 감각을 통해서 심정에 이릅니다. 육체적 결합을 통해서 거기 자기 앞에 있는 그윽한 정신을 얻고 소유하려 합니다. 거기서 하느님을 느낍니다. 그래서 결합하고 싶어합니다.

사랑은 두뇌가 맡는 일입니다. 모든 욕망은 하나의 사고입니다.

물론 이런 사고는 종종 매우 복잡합니다. 어떤 신체 상태(뜨거운 체온·취기·다혈질)에 뒤따르고 타오르는 사고, 하지만 그 이전부터 품기도 한 사고입니다. 신경활동의 두 극단에서, 아래쪽 끝에 있는 성은 주도권이 거의 없습니다. 그것은 그 위에서 명령하는 위쪽의 것이 내리는 지시를 기다립니다.

당신의 기억을 더듬어보세요. 맹목적이고 본능적으로 보이던 쾌락에서 당신은 그것을 꿈꾸면서, 어떤 기회나 사건, 새로운 상황이 이미 정신을 깨우고 있었다는 것을 알게 됩니다.

여건이 딱 맞아떨어지고 예기치도 못했던 생각이 또렷했다면, 즐거움은 크기 마련입니다. 욕망이 새로이 되살아나는 것은 정신의 영양과 사고의 독창성을 보고 또 새로운 정신적 측면을 보고 찾는 기술, 즉 "사랑의 시각"으로써 마르지 않습니다.

자리와 날씨와 습관이 바뀌기만 해도, 때로는 모든 것을 바꾸고도 남습니다. 마레〔파리 시내 가장 오래된 구시가지 중심가]의 아내에게 지겨워하는 사람이 알프스에서는 그녀를 사랑하게 됩니다. 루소는 퐁 뒤 가르를 보면 고결한 마음가짐이 된다고 했습니다. 그런 사람은 베네치아의 대운하, 콜로세움, 베수비오스 화산을 보면서 사랑을 되찾을 것입니다. 농담일까요? 아닙니다. 더 좋은 결과를 바란다면 권태로운 사람들을 미국으로 데려가보세요. 그들을 낯선 언어와 새로운 풍습과 거대한 숲과 마주치게 해보시지요. 그들은 함께 있다는 것에 매우 정겨워할 것이고, 서로가 동포와 세계와 어울린다는 것에 매우 편안해할 것입니다. 처녀 적에 소중하던 여자는 다시금 젊어질 것이고, 처음 만났을 때처럼 간절히 구애를 받게 되고 풍부해질 것입니다. 그녀는 단김에 그렇게 될 것입니다. 새로운 세계에 새로운 사랑입니다!

갑자기 아름다움을 주는 이런 큰 정신적 행복이 부부 각자에게 찾아온다면 욕구가 얼마나 더 강렬하게 되살아나겠습니까! 예컨대 영웅적 행위나 당당한 의견, 그런 것들이. 극장에서 성공했던 내 친구는 그렇게 성공을 거둘 때마다 자기 집에서 보상을 받고, 매우 사랑받습니다. 훌륭하고 장한 일을 하고 한 생명을 구하는 사람은 짐작건대, 자신의 삶의 위험을 무릅쓰고서 자기 아내에게 절대로 늙은 남편이 아니라 젊은 애인입니다. 이런 상황에서 사랑은 그 무한한 힘을 되찾고, 절대로 도달한 적이 없는 낭만적인 생활의 격랑을 되찾아줍니다.

2. 우리가 여전히 사랑할 수 있다는 생각이 무리일까요?

이미 말했듯이 나는 이 주제를 여러 차례 생각했습니다. 1836년에 역사를 통해서, 1844년에는 삶이 곧 자살 행위였던 청년에 대한 연민 때문에, 그리고 1849년에는 사회적 고통으로 인해. 나는 세상 있는 그대로의 현실과 그 악과 치유법을 느꼈습니다. 상심한 마음으로 대중 정서에 맞서면서 이렇게 중얼댔습니다. "그래서 뭐 어떻다는 거야?"

그러면서도 시시때때로 끔찍하면서 부인하기 어렵고 공시적인 수치는 내 귀에 조종弔鐘처럼 울렸습니다. 또 내게 민족 자체가, 이 민족의 물리적 기초가 흔들리고 있다고 경고했습니다. 예컨대 병역 의무에 부적합한 청년, 즉 난쟁이, 곱추, 농아 등이 1831년부터 1837년 사이에 46만 명이었던 것이 그 뒤 단 일곱 해 만에 3만1천 명 더 늘어났습니다. 결혼하는 사람은 줄었고, 또 1851년 같은 해에는 그 전년도보다 9천 쌍이 줄었으며, 1852년에는 1851년보다 7천 쌍이 줄었습니다. 이는 1850년보다 1만6천 쌍이 줄어든 수치입니다.

1856년의 공식 통계는 인구가 줄면서 정체되고 있음을 보여줍니다. 홀아비의 재혼은 여전했지만 과부는 그렇지 못했습니다. 여기에 자살하거나 비참하게 사망한 여성들의 숫자는 엄청납니다. 이 책의 후속편 『여자의 삶』에서 「후생과 법의학 연감」을 참조해봅시다.

그렇다면 유럽은 프랑스보다 덜 병들었습니까? 그렇게 보이지 않습니다. 유럽의 생활을 봅시다. 지금까지 그것은 이 세계의 생활이었습니다. 유럽이 죽는다면 세계도 끝장입니다. 아메리카는 아일랜드와 수백 가지 요소로 뒤섞이며, 가톨릭과 야만 세계의 정복에서 보여준 야만성이 승리하고 있습니다. 거기서 아메리카는 여전히 젊은 것, 인류의 다른 나머지(유럽을 제외한)에서 가능한 한 젊게 되살아날 가능성을 잃어버릴 위험에 처했습니다.

유럽은 이미 로마제국이 멸망한 이후 쇠퇴 일로였습니다. 하지만 상황은 달랐습니다. 어떤 점에서는 반대이기도 합니다. 정신이 극도로(이상하게) 허약해지면서 정치적 사건들이 뒤따랐습니다. 여기서 반대로 지난 3세기 동안(이것 또한 1천 년에 걸친 소산이지만) 창조적 재능의 진보는 더욱 힘차게 불타올랐습니다. 기적 중의 기적이 성취되는 것도 멀지 않고, 또 정말로 이 세상의 가장 위대한 사건은 전선으로 이어진, 시시각각 그 사고를 의식하기도 전에, 세계가 일종의 동일체가 되고 마치 한 사람의 인격처럼 되고 있다는 것입니다.

도대체 이런 기적적인 기술은 어디에서 왔습니까?

모든 과학을 동원해 세운 거대한 탑이 발하는 전광에서 나옵니다—바벨탑일까요? 아닙니다. 경이로운 조화입니다. 단견인 사람은 바벨이라고 합니다. 왜냐하면 코 밑의 돌만 보고 있어 그 옆의 돌이나 건물까지는 보지 못하기 때문입니다. 그렇지만 이 거창하고 견고한 탑은 웃음을 살 만합니다. 수학에 발을 담그고, 머리는 은하수에 닿아 있으니까요.

셀 수 없는 힘입니다. 단지 지성이 아니라 생명과 힘에서 나온 힘입니다. 구체적 행위에서 비롯하지만 큰 능력을 발휘하지 않는 것은 합리적인 진실이 아닙니다.

이런 위대한 계몽 속에서 어떻게 죽을 수 있습니까? 세계와 당신 자신에 대한 그토록 완벽한 지식 속에서! 로마제국이 붕괴될 때 그것은 어둠 속으로 내려갔습니다.

혹 도덕심이 떨어졌다고 해서 정신이 패배한 것은 아닙니다. 두뇌는 직접 공격을 받지 않습니다. 하지만 두뇌는 헤매고 떠다닙니다. 내부 기관의 흥분 때문에. 우리는 어마어마한 힘을 갖고 있지만, 그 힘은 터무니없을 정도로 산만하고 낭비되고 있습니다. 이 책의 모든 것은 이렇게 귀결됩니다.

집중할 것인가 죽을 것인가—생명력의 집중은 무엇보다 가정의 안정을 전제로 합니다.

무시하면서 팔짱을 끼고 수수방관할 일은 아닙니다. 그렇다면 모든 것은 끝장일 테니까요.

우리는 사실 썩었습니다. 하지만 썩은 물은 다시 마실 만해지기도 합니다. 우리의 영웅적 조상이 성자였던 것은 아닙니다. 그런 생각은 늪에서 우울하게 거닐면서 찾아낸 것입니다. 그러다가 그들은 하늘을 쳐다보지 않았습니까. 그 영원한 아름

455

다움에 사로잡혀 그들은 더는 자신들을 서로 알아보지 못했습니다. 그들의 겨드랑이에서 날개가 돋았지 뭡니까!

오늘의 우리 민족은 전체적으로 내 어린 시절보다 못할까요? 그 반대로 보입니다. 그 시절은 무서운 불모의 시절이었던 것으로 기억됩니다. 오늘날 누가 그 '순교자'들의 끔찍한 권태를 지지하겠습니까? 주프루아 수사, 드 주이, 바우르 등은 언론을 지배했습니다. 자연(본능)에 대한 감정은 전혀 없습니다. 새도 울지 않고 꽃도 피지 않습니다.

나는 그들이 차례로 들어오는 것을 보았습니다. 수국水菊은 마흔 살에, 다알리아는 서른 살에 들어왔습니다. 오늘날 오두막 문간에는 장미꽃이, 8층 다락방 창가에도 꽃이 핍니다. 철도 인부는 그 공사장을 떠나지 못하지만, 열차가 지나는 사이의 시간을 쪼개 꽃밭을 가꿉니다.

내가 예순한 살이 되었을 때 인간 정신의 가장 위중한 시위라고 할, 죽음을 예찬하고 무덤을 꾸미는 모습이 늘어나는 것을 보게 되었습니다. 1810년에 나는 열세 살이었습니다. 그러니 기억이 생생합니다. 기억에도 뚜렷한 것은 그 당시 묘지는 아라비아 사막처럼 아무도 찾지 않는 곳이었다는 사실입니다. 오늘날 묘지는 묘비와 꽃으로 넘치는 정원입니다. 부의 성장이 여기에 큰 몫을 했을 테지만, 마음도 크게 넉넉해졌기 때문입니다. 사람들이 그곳을 찾기 때문입니다. 왜냐하면 가난한 사람들이 화환과 기억을 그곳에 전할 수단을 찾았기 때문입니다.

한 해의 중요한 때에 가난한 노동자의 아내는 생활비를 절약해서 사자들에게 꽃을 전합니다.

죽음은 사랑의 자매입니다. 이 두 종교는 파괴할 수 없는 영원한 친척관계입니다. 이렇게 죽음이 빤히 살아 있는데 어째서 사랑이 그렇지 못하겠습니까?

1855년 겨울에 추위 속에서 사람들이 새가 우는 소리를 듣고 있지 않았었나 싶습니다. 참을성 없는 울새가 눈이 아직 녹지도 않았는데 날아가버렸던 것입니다. 하지만 사람들은 울음소리를 듣고 있었습니다. 나는 또 개미들이 윙윙대는 소리를 그렇게 들을 수 있을까 의심했습니다. 사람들은 하지만 그 울음에 감격해 그렇게 듣고 있었습니다. 눈에 띄지도 않는 깊은 어둠 속에서 일하는 세계에서, 어떻게 우아한 날개도 없는 피조물이 깊은 감명을 줄 수 있었겠습니까? 모든 것에 흐르는 사랑의 신을 알아보았기 때문입니다.

따라서 "모든 것에도 불구하고" 나는 희망을 품었습니다. 또 넘치는 사악함이 오히려 용기를 북돋았습니다. 그토록 많은 미친 짓거리와 낭비가 멈춰지지 않았는데, 지쳐서 그치기라도 해야 하지 않겠습니까? 권태도 만연했습니다. 요즘의 결혼에서 이혼으로 두 사람이 무엇을 얻습니까? 마담 조르주 상드가 지적한 이런 진실을 너무 깊이 실감할 뿐 아니던가요?

"남편 못지않게 애인도 지겹기는 마찬가지인 것을…."

한편 딱한 남편은 그다지 즐기지도 못합니다. '창부娼婦'들 뿐이니까요. "백짓장처럼 병든 여자"와 "슬픔에 찌든 여자"들 뿐입니다.

적어도 이른바 '사교계'가 자기 혁신을 하지 않는 한, 프랑 스에는 삼천만 국민과 유럽의 일억 내지 이억의 사람들이 전혀 이런 세계에 속하지 않고, 증권시장이나 여자들의 무도회도, 파트너가 돼주는(춤판에서) 여자도 모르는 그런 사람들이 있 습니다. 이천만 남성은 여전히 사랑에 굶주려 있습니다.

사랑은 죽을 줄 모릅니다. 그것이 모든 것을 다시 만들 것입 니다. 사랑은 당신 자신을, 서른 살 청년을(파리에서 결혼하는 보편적 나이), 이미 피로해서 그렇게 젊지도 않은 청년을 다시 만들 것입니다. 당신은 튼튼하게 일어서고 싶어하겠지요. 하지 만 오늘날 황폐한 열차 같은 생활 앞에서 감히 엄두를 못 내는 것이지요. 당신이 긍정적이라면 이 책을 읽어보시기 바랍니다. 그 형식이야 어떻든 매우 실용적인 것을 보게 될 것입니다. 우 리가 싸우고 있는 모래바다 같은 세상의 동향에서 당신에게는 정직한 동반자가 필요합니다. 완전히 기성품처럼 다 준비된 여 자가 아니라, 이 책에서 그런 동반자를 만드는 법을 배울 수 있 을 것입니다. 어머니는 결혼한 딸의 적극적인 역할이 무엇인지 미리 알지도 못하고 준비도 되어 있지 않습니다. 요즘 모든 것 이 개인적이니까요. 결혼은 남편에 따라 아주 다양합니다. 어떤 직업에서 여자는 '동업자'가 될 수도 있습니다. 예컨대 가게 같은 것을 운영할 때. 다른 경우 예술처럼, 여자는 비서처럼 곁에서 영감을 주고 "사고의 동반자"가 됩니다. 결국 가장 힘겨운 남자의 활동적인 사업에서 여자는 자연스레 "믿음직한 반려자"로서 정신적인 지주이자 위안입니다. 만약 당신이 그녀를 무시하지 않고 끊임없이 그녀를 붙잡는다면, 그녀와 함께 완전한 의사소통을 한다면, 당신은 사람들이 무용하다고 생각하는 몇몇 직업에서 여자가 얼마나 힘이 되는지 알게 될 것입니다. 모든 것이 요동치는 세상에서 차분히 기댈 정착점이 있어야 합니다. 그런데 그 지점이 바로 가정입니다. 가정은 사람들이 말하듯이 돌이 아니라 심장이요, 여자의 가슴입니다.

3. 과학으로 재활하고 용서받는 여자

과학은 이 세상의 여주인입니다. 그것은 명령하지도 않고서 지배합니다. 교회와 법은 그 법령을 알려야 하고 그 가르침에 따라 자기 혁신을 하곤 합니다. 그런데 지금까지 종교와 민간의 법들은 여자에 관한 한 한마디로 이렇게 요약했을 뿐입니다.

"여자는 물건으로 간주됩니다. 그렇지만 사람으로서 벌합니다."

이런 신체에, 이런 법이 적용됩니다. 이런 법의 모순은 원래 야만시대의 황당한 생리학에서 나왔습니다. 그것들은 한결같이 이런 말을 합니다.

459

"여자는 '불순한 요물'이다—그러나 책임을 면할 수 없는 인간이다."

"정말로 불결한" 것입니다. 바로 모세가 한 달의 일정한 기간에 여자에게 접근하는 남자에게 죽음을 선고할 정도로.

"정말로 책임을 면할 수 없는" 인간입니다. 인류의 의지를 단 한 번이라도 어기기만 해도 그 잘못은 충분할 만큼.

기독교 세계는 모세를 따릅니다. 교부들은 여자를 비난하며, 여자에 비해 순결하고 우수한 존재인 남성의 하인으로 삼았습니다. 이들의 사고방식을 규정한 형이상학자로서 결정적이고 가장 무서운 인물은 성 토마스 아퀴나스입니다. 그는 심지어 여자는 "우연하고 모자란" 존재라면서, 태초의 창조과정에 들어서지도 못했다고 했습니다.

엄청난 착각 아닙니까! 하느님은 속았습니다. 자기 작품을 "모자라다"고 하시다니!

그런데 도대체 뭐가 "모자란다"는 말입니까? 아름다움이 부족한가요? 물론 아니지요. 우리는 야만적인 신체라는 유치한 생각만 둘러댔습니다. "여자는 불순하다"고.

교황 인노켄티우스 3세는 이런 격한 설명을 둘러댔습니다.

"악취와 더러움이 여자와 항상 붙어다닌다."

이런 교리는 폐기되지 않았습니다. 1858년에 리옹의 한 의사는 중세의 모든 오류를 고집스레 옹호하면서 이런 주장을 폈습니다.

460

"생리에서 흐르는 피는 얼마나 불순한가."

이제 사실을 짚어봅시다.

1. "여자도 남자처럼 순결합니다." 우리의 부샤르다나 드니 등을 비롯한 일급 화학자들은 여자의 피를 분석하고서 그것이 모든 신체 기관을 흐르는 것과 다름없음을 밝혔습니다.

2. "여자는 책임을 져야 합니까?" 물론입니다. 인간이니까. 하지만 "병든" 인간이거나, 아니면 더 정확히 말해 매달 "상처 받는" 인간입니다. 거의 언제나 외상과 상처에 고통을 받습니다. 바로 1827년부터 1847년까지 난자학卵子學(바에르, 네그리에, 푸셰, 코스트)이 훌륭하게 정립된 바 있습니다.

병이라고 할 때, 가령 법이 공정하다면 여자는 줄곧 모든 처벌 행위에서 이 나약해진 사정을 감안해야 합니다. 환자에게 건강한 사람과 똑같이 아픈 벌을 준다는 것은 공정하지 못합니다. 불평등하고 부당합니다.

법이 바뀌겠지요. 나는 의심하지 않습니다. 하지만 우선 입법 실제와 사법제도부터 교정해야 합니다. 앞서 말했듯이 우리의 법관들은 여자의 행위에서 "자유로운, 즉 자의적인" 부분이 있는지 판단하고 처벌하자면, 이 환자를 얽매고 있는 '운명'의 몫을 감안해야 한다고 느낄 것입니다. 의사 배심원의 '상시적' 인 배석이 법정에는 불가피합니다.

나는 아무튼 사형선고는 여자들에게 절대로 적용할 수 없다는 확고한 입장입니다. 그렇지만 이런 수정을 적용할 수 있는 헌법 조항은 거의 없고, 특히 여자가 임신 중일 때 그렇습니다. 여자가 어떤 물건을 훔쳤다고 합시다. 무엇을 하겠습니까? 참기 힘든 '선망'으로 그랬던 것입니다. 그녀를 체포해야 할까요? 하지만 사태를 더욱 악화시킬 뿐입니다. 구속하겠다고요? 그녀는 죽고 말 것입니다. "개인의 소유물은 신성하다"고 하시겠지요. 잘 압니다. 노동으로 벌어들인 것 아닙니까. 하지만 존중해야 할 보다 상위의 '일'이 있습니다. 그녀의 가슴속에 들어 있는 결실, 인류의 결실입니다. 이렇게 당신 것을 되찾으려고, 두 푼도 안 되는 것을 가지고, 당신은 두 사람을 죽일 위험한 짓을 하게 된다고 생각해봅시다! 특히 그 물건이 하찮은 것일 경우 선의로 가져가게 내버려둘 수도 있을 것이고, 고발하지 않을 수도 있지 않을까요. 독일의 옛 법에서는 과일을 훔칠 수 있는 권리를 명백하게 허용했었습니다.

이런 인간적 사고에 아주 잘 결부되는 것이 내가 앞서 말한 과학의 두 분야의 결합입니다. 즉, 법학과 자연과학의 결합. 여기서 우리가 많이 부족한 것은 그 관계를 느끼는 감정입니다. 여러 가지 점에서 그 둘은 하나입니다. "정의는 의술처럼 펼쳐야 합니다"라고 생리학에서는 밝히면서 자유로운 행위에 뒤섞인 불가피한 운명의 몫을 인정합니다. 결국 처벌이 상책이 아니라 치료해야 한다는 것입니다. "의술은 정의롭고 도덕적인 것이어야 합니다." 다시 말해서, 내적 활동의 지적인 판단자인 의사는 육체적 질병을 일으키는 정신적 원인을 조사하고 또 그 깊은 샘으로 파고들어야 합니다. 환자들을 낳는 습관을 개혁하려 해야 합니다. 삶 전체에서 비롯하지 않는 병은 없습니다. 어떤 진료 행위도 개인과 그 완전한 고백을 절대적으로 알지 못하는 한 맹목적입니다.

4. 참고 자료에 관하여

이 책 『여자의 사랑』과 또 생리학의 원천적 소재.

내가 풍부하게 활용한 자료라면, 친구와 많은 사람이 내밀한 생활을 털어놓은 신뢰입니다. 그들은 내게 아주 호의적으로 공감하고서, 종종 가족에게조차 숨길 미묘한 부분까지 알려주곤 했습니다. 나는 이 모든 것을 활용했고, 너무 지나치게 그 개인의 신상이 드러나지 않도록 했습니다. 하지만 여기서 일반적으로 독자 여러분에게 알릴 것은, 독자가 따라 걷는 길은 견고하며 현실에 바탕을 두고 있다는 사실입니다. 문학적 형식을 빌렸던 그런 말도 그 바탕은 오늘날의 삶에서 나온 일화이자 사건입니다.

아무튼 인간 정신을 공부하는 데 그토록 소중한 이런 풍부한 소재는 거의 도움이 못 되었을지도 모릅니다. 만약 내가 편견에 치우쳐 이 연구에 앞서 밝혀진 것을, 최근의 생리학이 내놓은 것을 확고한 출발점으로 삼지 않았다면 말입니다. 나는 의사들의 책과 또 지극히 교훈적인 그들과의 대화에 크게 의존했습니다.

나보다 먼저 같은 주제를 다루면서 이런 혜택을 받지 못한 문인들은 우연하게 여기저기를 짚어대거나 애매하고 부조리하게 이야기하곤 했습니다.

가장 최근의 것들은 미처 검토할 시간이 없었습니다. 저자들의 능력을 깊이 존경하지만 말입니다. 과거의 책들에서 대중을 염두에 둔 것으로 두 권을 꼽겠습니다. 하나는 세낭쿠르의 진지한 저작이고 다른 하나는 오노레 드 발자크의 농담에 가까운 것입니다. 이 두 책은 완전히 상반됩니다. 1800년에 세낭쿠르는 부정不貞을 가장 강력하게 고발합니다. 그런데 1830년에 발자크는 이런 말로 책을 시작하고 끝냅니다. "간통은 소파에서 벌어지는 일일 뿐이다." 발자크는 진지한 작품을 쓰고 싶어했다고 했지만 그렇게 하지 못했습니다. 게다가 그의 그 책은 정확하게 "꽝"입니다. 웃기지도 진지하지도 않습니다. 반면 세낭쿠르의 책은 당대의 영감을 받은 두어 쪽만 제외하면 매우 훌륭하고 견고하며, 생각이 깊습니다. 그의 슬픔은 웅변적입니다. 숭고하게 느껴지는 것도 있습니다.

"오, 여인이여, 내 얼마나 사랑했는데." 나는 바로 이 문장을 훔쳤습니다. 내 책의 마지막 문장으로 삼았습니다.

의사에게 다시 돌아오면, 우리 시대에 그들은 스스로의 얼굴

464

에 침을 뱉고 있는 모습입니다. 그들에게 분명 위선자라는 딱지를 붙일 수는 없습니다. 학교에서 수술 칼을 쥐고 하던 거친 수련을 쌓은 자부심으로, 그들은 사실 상당히 인간적인 이론을 세웠습니다. 엄하고 냉혹한 모습으로, 그들은 정말이지 우리가 "연민론"이라고 할 만한 것을 세웠습니다.

그들은 물질주의자를 자처합니다. 하지만 바라는 만큼 그렇지는 못합니다. 그들이 물질계에서 발견한 것들은 정신의 목소리에 감탄할 만한 확신을 주었습니다. 자연의 역사를 도덕 그 자체라도 되듯이 말합니다. 자연은 정신처럼 말합니다.

이런 혁명만큼 순수하고 고상한 것도 없습니다. 정신이 거둔 승리입니다.

중요한 세 가지 결실이 있습니다.

1. 여자의 주기적 위기(생리)로 빚어지는 기본적이고 구체적인 관념이 드러나고 폭로되고 순화되고 정신적인 것이 되었습니다.

2. 그토록 빈번히 부당하게 얼굴을 근거로 하는 신체적이고 거친 판단은 무효가 되고, 또 결혼은 두 마음의 믿음과 일치를 끌어낸다는 것입니다.

3. 하지만 이와 동시에 본능 자체의 심각한 축성도 인정됩니다. 첫 번째 결혼에서 그토록 강하고 결정적이어서 그 신체적 효과는 재혼에서까지 지속된다고.

아주 간략하게 신혼을 다룬 장에서, 나는 단순하게 편의에 따라 내가 의사들을 믿고 따른 사실들을 요약했습니다. 그들의 의견대로 나는 아무것도 입증하지 못하는 증거란 무의미하다고 주장했습니다. 오늘날 특히 교양 있는 계층은 신경질적이고 종종 병약하며, 혈기가 거의 없습니다. 과거의 야만스런 사람들은, 이른바 영적인 시대까지 지속된 것이지만, 결혼을 불신으로 시작하고 고통을 강요하며 슬픔과 수치로 가엾고 순진한 처녀에게 영원한 충격을 주곤 했습니다. 비열하고 잔인한 물질주의입니다. 당신의 삶과 미래를 믿고 맡길 만큼 평가하는 여자라면, 당신은 우선 그녀의 과거를 자랑스러워해야 합니다. 그런데 가령 여자가 당신에게 당신의 과거를 감히 묻는다면 어쩌겠습니까? 맙소사! 그녀가 불행을 겪든가 병들기라도 한다면, 당신은 그녀가, 사랑이 모욕이었을 뿐인 잔인하고 비열한 사람보다 그녀를 받아주는 사람을 사랑할 것이라고 믿게 될 것입니다.

의술이란 이런 때에 몸에서 일어나는 사건이 완전히 부차적 문제란 사실에 따릅니다. 정신의 권리를 다시 찾게 됩니다. 그렇게 되면 결혼은 오직 사랑일 뿐입니다. 한 사람에게는 축제였고 다른 사람에게는 눈물이었던 그런 날을 요구하기보다 사람들은 어머니, 남편, 고통을 덜어주는 예방 조치 등에서 조언을 구합니다(파브르, 1 · 3 · 9장, 망빌 2부 103쪽, 라치보르스키, 133쪽 등).

466

여자의 이른바 불순이란 것, 그 주기적 고통과 이른바 영성주의자들의 외형적인 야만성에 그토록 심각한 점이 있습니다. 반대로 의사들은 이런 현상을 순화하면서, 매우 감동적이며 고양된 성격을 확립했습니다. 어리석게 속죄라고 하는 것은 여러분의 어머니들이 품었던 사랑의 신성한 상처입니다.

난소가 찢어지고 회복되고 하는 것은 출산이 항상 이어지는 것 때문만은 아닙니다. 1821년부터 1826년까지 영국인 파워와 거우드 두 사람은 이런 법칙을 의심했습니다. 하지만 그들의 연구는 영국에서도 알려지지 못했습니다. 1827년에 독일인 바에르는 여자 몸에 있는 난자의 실재를 확인했고, 프랑스에서 네그리에는 1831년부터 1838년까지 매달 난자가 성숙했다가 그 포장을 뜯고 또 난소에서 자궁으로 그 길을 터나간다는 사실을 밝히는 등 완전히 새롭고 개별적인 관찰이 이루어졌습니다.

푸쉐의 위대한 연구서(『자율적 배란』, 1842/1847)는 생식의 체계적 기초를 다졌습니다. 모든 계층의 사람들에서 관찰할 수 있는 유사한 사실들을 예시함으로써 이런 법칙이 인류만이 아니라 다른 종種에서도 가능하다는 것을.

푸쉐가 내놓은 법칙은 네그리에와 라치보르스키(과학 아카데미상을 받은 논문)의 것을 수정하고 보완한 것입니다. 또 코스트는, 그의 미발표 연구에 따르면, 출혈이 난자의 출현을 알리는 때에 벌어진다는 개념을 세웠습니다. 다시 말해 생리 기간 중에 일어나며, 그 기간을 전후한다는 것입니다. 결국 매달 일정 기간에는 불임이 가능하지 않을까 하는 것입니다.

과학원의 판정과 '콜레주 드 프랑스'의 강의에서 권위를 얻은 사실들은 코스트와 제르브 두 사람의 연구로 빛을 보았습니다. 두 사람은 10여 년 동안 자살한 여자들을 관찰한 결과로써 놀라운 사실들을 밝혀낸 실증적인 책과 도해(불멸의 걸작입니다)로 이 법칙을 확고하게 했습니다.

인간 난자학의 역사는 새롭고 독창적인 사실이 풍부한 탁월한 로뱅과 베로, 두 사람의 저서 『생리학』에서 가장 만족스럽게 정리되었습니다. 이 위대한 해부학자 로뱅은 프랑스 최초의 현미경학자로서 자궁점막에 대한 설명과 남성 정자에 관한 설명을 논문을 통해서 발표했습니다. 암컷이든 수컷이든, 짐승이든 식물이든, 거기서 자연(본능)의 동일한 과정을 엿볼 수 있는 생식의 비밀을 생생하게 밝혀내었습니다.

1847년은 바로 코스트가 수많은 해부의 결과를 책으로 출간하고 여성 난자학을 정착시킨 해였습니다. 또 루카스 박사는 『신체 유전』(전2권, 8절판)을 내놓았습니다. 이 책은 결정적으로 중요한 것입니다. 추상적인 부분이 없지 않지만, 당시 무명이던 저자에게서 위대하고 탁월한 정신을 알아보게 합니다. 언론은 거의 무관심했습니다. 저자는 어떻게 되었습니까? 알 수 없습니다. 나는 그를 찾았지만 허사였습니다. 그가 살아 있다면 내 감사와 존경을 받아달라고 간청할 텐데 말입니다.

그 책 제2권 4장 53~65쪽에서 루카스는 최하등부터 최고등 생물에 이르기까지, 마지막까지 생존한 곤충들과 새와 포유류와 인류를 망라해서, 수태는 바로 지금의 현실을 훨씬 능가해서 퍼져 있으며, 생식 작용은 유일한 결과만 초래하는 것이 아니라 다중적이고 지속적인 효과를 낳으며 종종 미래까지 오래 지속된다고 입증하는 수많은 사실을 한데 모았습니다.

진딧물은 한 번에 장차 40차례 분을 번식합니다(보네). 이 숫자를 줄이는 사람도 있지만, 그 사실을 부인할 수는 없습니다. 애벌레는 서너 차례의 번식을 합니다(베르누이이). 벌은 한 해에 한 번(레아뮈르), 암탉은 다음 번 수태를 위해(하베이) 그렇게 합니다.

포유류에 대한 가장 정확한 관찰은 유능하고 끈질긴 영국 목축인들 덕분에 알게 되었습니다. 경주마의 혈통과 그 교배와 다른 낮은 혈통과의 교배는 족보에 지난 2백 년간 기록되었습니다. 어떤 왕족의 족보도 그와 같은 길을 따른 과학으로 세심하게 기록되지는 못했습니다. 우리는 보고 관찰하고 실험하는 것을 배웠습니다. 우리는 당나귀에게 구애하는 변덕을 부리는 (단 한 번이지만) 아랍의 암말은 자신이 나중에 얻을 수 있는 훌륭한 애마들에게 당나귀를 낳아줄 뿐이라는 사실을 알았습니다. 적어도 그 혼혈 새끼들은 털이나 생김새가 그 어미의 탈선을 우울하게 상기시킵니다. 푸아투 지방의 목축업자들은 이런 사실을 잘 알고서 주의를 기울입니다(마뉴). 하지만 아프리

카에서, 어머니들이 거의 감시받지 않는 그곳에서 바르바리아
말들은 가장 빼어난 아랍 순종 말 이상으로 종종 형편없고 이
상한 생김새로 첫사랑의 열등성을 상기시킵니다.

개의 경우도 이와 같습니다. 첫 번째 차지한 놈이 그다음 스
무 놈보다 더욱 영향을 끼칩니다. 그 닮은꼴을 새끼들에게 남
기는 것입니다(스타크, 버다크). 프랑스 남부 지방에서는 흔히
볼 수 있습니다. 사육하는 멧돼지의 경우, 거친 야생 수컷에 놀
란 암컷은 야만적인 교제를 꺼리게 되고, 나중에 조용한 계승
자들에게 털이 뻣뻣한 야생의 새끼들을 낳아줍니다(메켈). 암
컷에게 그 첫사랑을 두드러지게 새겨놓고 그다음 사랑을 하는
놈들에게 이의를 제기하는 이런 법칙은 고등동물에서 일반적
인 듯합니다.

이런 현상이 인류에게도 마찬가지일까요? 난자의 성장에 따
른 주기적 위기가 다른 포유류와 유사하게(수의사회보, 1846)
이런 것이 또한 가임의 지속성에도 적용될까요? 첫사랑과 첫
아기가 미래를 결정하고 또 이 아기의 아버지는 자신의 부성父
性을 여자가 두 번째 남편이나 애인에게서 낳게 될 아이에게도
퍼트릴까요?

우리도 그렇지 않을까요. 정신과 의지가 그토록 강하게 신체
생명활동에 개입하고, 일반법칙의 운명성은 헤아리기 어려운
개인적 열정과 자유의 반작용과 부대끼게 되니 말입니다.

그렇더라도 우리 공통의 본능은 저항하고 또 첫 번째 수태에

지속성을 준다는 사실을 증명할 수 있을 것입니다(루카스, 2권 60쪽). 피뉘스, 아돌브랑드 등 과거의 의사들은 무엇을 주목했습니까. 외도한 여자가 종종 애인에게서 자기 남편을 닮은 아기들을 낳는다는 것이었습니다. 당시로서 이것은 속담이었습니다.

"바람난 여자의 자식들이 제 어미를 용서한다."

여자는 수태를 위한 성행위를 하는 동안 그녀가 두려움을 느꼈던 사람을 생각하게 되고, 이런 두려움이 결과적으로 남편의 특징을 남기게 된다는 가설이 있습니다. 하지만 동물의 암컷에 이런 설명을 할 수는 없습니다. 암컷들이 두 번째 또는 그 이후의 배우자와 낳은 새끼들에게 첫 번째 교미한 수컷의 이미지를 재현하도록 하는 것이 두려움은 아닙니다.

그런데 첫 번째 결혼에서 출산의 경험이 있는 과부들이 재혼해서 아주 사랑하는 남편과 아기를 낳는데, 이때도 첫 번째 남편을 닮는다는 것을 알고 있습니다. 전남편과 사별한 지 오랜 시간이 지난 뒤이고 그를 거의 그리워하지도 않는데 말입니다. 여기서 영향을 주는 것은 두려움도 사랑도 아닙니다. 이런 신체적 결과는 신체 기관이 변화하기 때문입니다. 첫 번째 임신이 장차 여러 해 뒤로도 또 어쩌면 평생 동안 영향을 미치게 됩니다.

항상 이런 경우였다면, 가령 초임初任이 여자를 돌이킬 수 없이 영원히 교정한다면, 부정이란 불가능할 것입니다(적어도 그 결과에서). 남편의 지분은 지울 수 없게 되고, 오직 애인만이 속게 될 것입니다.

여자의 이런 변신은 생식활동의 결과만이 아니나 사실상 모든 면에서 나타납니다. 여자는 아주 젊은 나이에 결혼하고 한두 해 만에 입가에 가벼운 솜털이 돋습니다. 금발의 경우에는 눈에 띄지 않지만 갈색머리의 경우는 두드러집니다. 목소리와 걸음걸이도 현저히 여자답지 않은 모습인데 새로운 면모로 두드러집니다. 그러나 놀라운 일은, 자주 목격했지만, 필체가 달라진다는 사실입니다. 차츰 남편의 것과 비슷해집니다.

옛날의 의사들(베르톨랭, 페로, 스투름)과 또 최근에 그라스마이어는 임신하지 않고서도, 결혼생활만으로도 결국 여자가 남성화할 수 있다고 생각했습니다. 내 친구 로뱅 박사는 현미경적 관찰에 몰두하면서, 저자들의 기본 이론을 인정하지 않고서도 여러 가지 이유로 이런 변신을 믿고 있습니다.

미래에 돌연히 나타나는 지속 가능한 수태의 원리는 우선 운명적인 것처럼 우울합니다. 하지만 다른 한편, 이런 원리는 사랑의 어두운 위기를 깊은 정신으로 밝히고 또 그것을 고상하게 합니다. 이런 원리는 지금 이 순간 모든 사람에게서, 남자에게서 더욱 분명하게, 무한을 행한 기상처럼 영원으로의 기상을 깨웁니다.

가장 큰 것부터 가장 작은 것까지 이렇게 우리에게서 벌어지는 것은 물질의 일반적인 현상을 거의 닮지 않았으니, 가장 낮은 곳을 주시하면서도 이런 말을 하고 싶습니다. "물질은 아무 것도 아니다. 모든 것이 정신이다."

모든 살아 있는 생명에서 더 높은 것이든 더 낮은 것이든 한 마디가 울려나옵니다(사랑은 단 하나밖에 모릅니다).

"나 자신 너머 그 무언가를 원해… 나는 너무나 원해… 모든 것을 원해! 영원히!"

열등한 종에서 욕망의 복잡한 소망은 무한히 거친 힘이며, 그것이 수를 끝없이 늘이고, 그 끝없는 지속을 보장합니다. 고등한 종의 소망은 위로 향하는 무한한 아름다움과 선이며, 무한한 자질입니다. 욕망은 이렇게 만질 수는 없다면 최소한 무한을 생각할 수 있는, 힘차고 집중된 존재들을 창조합니다.

이렇게 사랑은 항상 종점 없이 높이 올라갑니다. 그것은 오직 절대만을 바랍니다. 끝도 없고, 경계도 한계도 없이. 깊은 본능에서 나온 사랑은 그 자신 영원한 사랑의 신이길 바랍니다. 사랑은 그런 것을 빛으로 느끼고 하느님을 느끼지만, 스스로에게 현혹됩니다. 밤이 그를 가둡니다. 무한이 나타났다 사라집니다.

"아이고, 사랑에 할 말이 좀 많아!"

473

나다르가 찍은 미슐레의 모습(1856년)

위대한 역사가, 쥘 미슐레의 『여자의 사랑』(원제 *L'amour*)
은 1859년 파리에서 출간되었다. 그 뒤 지금까지도 수많은 이
본으로 속간되고 있다. 그러나 이 역사가의 방대한 전작집에
포함되거나 별도의 단행본으로 출간되면서 판형과 장정은 달
라지고, 다른 필자가 해설을 붙이기도 했지만, 그 본문은 변함
없으므로 중쇄만 거듭했다고 할 수 있다.

번역의 원전으로 1899년 칼망 레비 출판사 판을 사용했다.

미슐레의 저작은 보통 역사학도가 피하기 어렵기 마련이다.
반면에 이 책 『여자의 사랑』은 적어도 프랑스와 프랑스어를 사
용하는 지구촌 여러 고장에서, 일반인이라도 피하기 어려운 책
이 되었다. 누구나 나름대로 일가견을 가질 수밖에 없는 그토
록 중시하는 사랑에 대해서, 상식과 교양이 있는 사람이라면,
지성과 인류애가 남다른 이 훌륭한 역사가가 무슨 말을 했을까
궁금해할 것이 당연하기 때문이다. 이런 기대에는 실망이 따르
지 않는다. 그렇지 않다면 여러 나라에서 150년 가까이, 여러
세대에 걸쳐 수많은 사람이 이 책을 "사랑을 다룬 고전 중의 고
전"으로 즐겨 읽지 않았을 것이기 때문이다. 어떤 이본에서는
"남녀가 함께 읽어야 할 책"이라는 부제를 붙이기도 했다.

출간 당시 이 책은 외설스럽다는 평가를 받았고, 엄숙한 보수주의자들이 금기시할 만큼 요란한 화제를 불러일으켰다. 저자가 인간의 자연스런 본능, 자연 그 자체라고 할 수 있는 본능의 전모를 꼼꼼하게 합리적으로 파헤치려 했기 때문이다. 또 그 중심이 바로 역사적으로 가장 이해받지 못하던 여자였기 때문이다. 당시 다른 혁신적 사회사상은 말할 것도 없고, 주로 병원의 임상을 통해 해부학과 생리학이 비약적으로 발전하고 있었다. 이에 따라 요즘으로 치자면 생명공학 연구와 비슷하게, 생명의 탄생과 죽음에 대한 온갖 수수께끼가 밝혀지던 차였다.

일각에서는 저자가 이 책으로 "사랑이라는 새로운 예술의 씨"를 뿌렸다는 평가를 내리기도 했다. 저자는 그때까지 기존의 이념, 학문, 예술 그 어떤 것도 사람이(혹은 동물조차) 살아가면서 가장 소중히 여길 사랑에 대해 몽매한 신비주의적 자세로 일관했다고 여겼고, 이에 계몽적인 입장에서 이 책을 썼다. 저자가 밝히고 있듯이 집필 기간은 길지 않았지만, 그것을 구상하고 수집하고 사람들의 육성 증언 등 자료를 수집한 기간은 거의 사반세기에 걸친 것이었다.

성스러운 임신으로 인류를 계속 살아남게 하는 과업과 또 엄연한 자연스러운 일인 모든 여자의 생리적 · 심리적 · 사회적 활동은 당시 무지와 억측, 궤변과 형이상학으로 억압되었다. 그런 세태를 목격한 미슐레는 사랑의 신이 살아나야만 행복할 수 있는 세상이 우울한 절망에 빠져 있다고 보았던 것이다.

저자는 당시 막 보통 교육을 받기 시작했지만, 여자가 읽을 만한 유익한 교양을 주는 책이 별로 없다는 점에 주목했다. 소설류가 쏟아져 나오고 있었지만, 저자는 대부분 그런 순수문학의 감상주의와 공상이 여자의 이성을 깨우고, 사랑을 제대로 이해하고, 삶을 더욱 행복하게 이끄는 데 방해가 되거나 해롭기도 하다고 생각했기 때문이다.

더군다나 역사조차 남성의 전유물이었다. 역사는 교회와 왕실, 국가를 중심으로 펼쳐지는 정치 · 경제 · 혁명 등의 거창하고 화려하며 피비린내 나는 남성 영웅들의 극적인 사건 위주로 기록되었다. 그런 역사에서 "작고, 소박하고, 민중적인" 세계는 대부분 소외되었다. 그로서는 이런 것이야말로, 즉 여성이 일구는 우리의 가정생활이야말로 영웅적으로 역사를 움직이는 거대한 바탕이며, 그 동력은 사랑, 특히 여자의 사랑이라고 보았던 것이다.

그는 이렇게 남성적 시각 위주의 반편의 역사에서 제외된 자연의 역사라는 큰 주제로 일련의 새로운 역사 쓰기를 시작했다. 그 작업은 1856년 『새』에서 시작해서 1867년 『산』으로 마감되었는데, 이 가운데 바로 『여자의 사랑』과 그 속편 『여자의 삶La femme』이 절정을 이룬다.

저자의 개인적인 강력한 동기도 있었다. 쿠데타로 집권한 나폴레옹 3세에 반대해, 한때 이탈리아로 떠나 생활하기도 했던 어려운 시기였다. 그런데 그는 그 얼마 전 재혼한 아내와 더불어 삶과 역사에 대한 새로운 관점과 열정을 불태우게 되었다. 서른 살 가까이 나이 차가 났던 젊은 아내는 대단히 명석했다고 알려지는데, 이 부인이 그와 함께 스위스, 이탈리아, 남프랑스 등지를 누볐다. 그리고 그곳들에서 자연을 관찰하고 사람을 만나면서, 외롭고 의기소침해질 수도 있었던 남편이 새로운 자연의 역사를 집필하는 데에 큰 도움을 주었다고 한다.

이런 배경 때문일까. 저자는 '르네상스'라는 개념을 내세우기도 했지만, '회춘'과 제2의 청춘을 유난히 역설한다. 또 '소박한 한 여자'를 가상으로 내세운 이 이야기를 따라가다보면, 우선 저자의 가슴에 넘치는 절절하고 고우며, 영원히 시들지 않을 듯한 사랑이 느껴진다. 그 진솔한 고백처럼 들리기도 하기 때문에 때로는 현재 우리의 정서로 미루어 다소 어색하게 다가오는 부분에서조차 고개를 끄덕이고 말게 된다.

아무튼 영원한 수수께끼이자 영원한 믿음 같은 것인 사랑의 정체와 본질을 이해하려 노력하면서, 우리는 우선 다시 한 번 저자를 따라 어두운 중심인 모성의 뱃속으로 들어가야 할지 모른다. 그러나 무엇보다도 "여자라는 종교"를 믿고 떠받들자면, 그 과학적이고 합리적인 교리문답이라 할 수 있는 이 경전을 읽어야 그 신전과 제단 앞으로 다가갈 수 있을 듯하다.

독자의 이해를 돕기 위해 본문에 언급되는 그림을 가능한 한 원색 도판으로 찾아 실었다. 또 본문 속의 단색 도판에서 각 장의 머리에 저자의 동포로 같은 시대를 살았던 낭만파 화가, 샤세리오의 그림을 붙였다. 본문에 수록한 무명 화가의 판화는 훗날 다른 판에 수록된 것이다.

2009년 6월

지은이 쥘 미슐레

프랑스 역사가. 국립고문서보관소에서 근무하고 고등사범학교와 '콜레주 드 프랑스' 교수를
역임하였다. 30여 년에 걸쳐 저술한 『프랑스 역사』를 비롯해 방대한 『프랑스 대혁명사』 등 수
많은 걸작을 남겼다. 프랑스를 한 사람의 인격처럼 다루었다는 프랑스 민족주의 역사의 거장
으로 통한다. 중세사와 여성사의 선구자로서 역사에서 정치사 등 남성적 성향을 지양하고, 자
연사를 개척해 양성의 조화를 꾀했다. 르네상스, 잔 다르크 등을 되살렸고, 독창적인 문체로
역사를 쉽고 재미있는 이야기로 풀어냄으로써 역사 대중화에 크게 이바지하였다.

옮긴이 정진국

미술평론가. 빅토르 타피에의 『바로크와 고전주의』를 비롯해 주로 프랑스 학파의 미술사를
번역해왔다. 에밀 부르다레의 『대한제국 최후의 숨결』 등의 역사서도 번역했다. 『유럽의 책
마을을 가다』 『사진 속의 세상살이』 등의 기행문과 평론집을 내놓았다. 현재는 귀스타브 반
지프의 『베르메르, 방구석에서 그려낸 역사』 등 예술가 전기를 번역하는 한편 저술·창작활
동을 하고 있다.

여자의 사랑

초판인쇄 2009년 6월 26일
초판발행 2009년 7월 6일

지은이 쥘 미슐레 | 옮긴이 정진국 | 펴낸이 강성민
편집장 이은혜 | 마케팅 신정민

펴낸곳 (주)글항아리 | 출판등록 2009년 1월 19일 제406-2009-000002호

주소 413-756 경기도 파주시 교하읍 문발리 파주출판도시 513-8
전자우편 bookpot@hanmail.net
전화번호 031-955-8888(관리부) 031-955-8898(편집부)
팩스 031-955-2557

ISBN 978-89-93905-00-7 03900

이 도서의 국립중앙도서관 출판시도서목록(CIP)은 e-CIP홈페이지(http://www.nl.go.kr/ecip)에서
이용하실 수 있습니다. (CIP제어번호 : CIP2009001797)